TRANZLATY

El idioma es para todos

ژبه د هر چا لپاره ده

I0090593

El llamado de lo salvaje

د وحشي غږ

Jack London

جیک لندن

Español / پښتو

Copyright © 2025 Tranzlaty
All rights reserved
Published by Tranzlaty
ISBN: 978-1-80572-877-1
Original text by Jack London
The Call of the Wild
First published in 1903
www.tranzlaty.com

-Hacia lo primitivo
په ابتدايي حالت کې-

Buck no leía los periódicos.
باک ورځپاڼې نه لوستلې.
Si hubiera leído los periódicos habría sabido que se avecinaban problemas.
که هغه ورځپاڼې لوستلې وای نو هغه به پوهېدلی وای چې ستونزه په راپورته کېدو ده.
Hubo problemas, no sólo para él sino para todos los perros de la marea.
یوازې د هغه لپاره نه، بلکې د هر سمندري سپي لپاره ستونزه وه.
Todo perro con músculos fuertes y pelo largo y cálido iba a estar en problemas.
هر سپی چې عضلات یې قوي وو او ګرم او اوږده ویښتان یې درلودل، له ستونزو سره مخ وو.
Desde Puget Bay hasta San Diego ningún perro podía escapar de lo que se avecinaba.
له پوګټ خلیج څخه تر سان ډیاګو پورې هیڅ سپی نشو کولی له هغه څه څخه وتښتي چې راتلل.
Los hombres, a tientas en la oscuridad del Ártico, encontraron un metal amarillo.
سړیو، چې د شمالي قطب په تیاره کې یې لاس وهلو، یو ژیړ فلز وموند.
Las compañías navieras y de transporte iban en busca del descubrimiento.
د بخارۍ او ترانسپورټ شرکتونه د دې کشف په لټه کې وو.
Miles de hombres se precipitaron hacia el norte.
په زرګونو سړي د شمالي سیمې په لور منډه وهله.
Estos hombres querían perros, y los perros que querían eran perros pesados.
دغو سړیو سپي غوښتل، او هغه سپي چې دوی یې غوښتل درانه سپي وو.
Perros con músculos fuertes para trabajar.
هغه سپي چې قوي عضلات لري چې کار پرې وکړي.
Perros con abrigos peludos para protegerlos de las heladas.
سپي چې د یخنۍ څخه د ساتنې لپاره د ویښتو پوښونه لري.

Buck vivía en una casa grande en el soleado valle de Santa Clara.

باک د لمر ښکل شوي سانتا کلارا درې په یوه لوی کور کې ژوند کاوه.

El lugar del juez Miller, se llamaba su casa.

د قاضي میلر ځای، د هغه کور بلل شوی و.

Su casa estaba apartada de la carretera, medio oculta entre los árboles.

د هغه کور د سړک څخه شاته و، نیم یې د ونو په مینځ کې پټ و.

Se podían ver destellos de la amplia terraza que rodeaba la casa.

یو څوک کولی شي د کور شاوخوا د پراخ برنډې لید ترلاسه کړي.

Se accedía a la casa mediante caminos de grava.

کور ته د جغل لرونکو لارو له لارې نږدې کېدل.

Los caminos serpenteaban a través de amplios prados.

لارې د پراخو چمنونو له لارې تېرېدې.

Allá arriba se veían las ramas entrelazadas de altos álamos.

د لوړو چنارونو څانګې په سر کې سره یو ځای شوې وې.

En la parte trasera de la casa las cosas eran aún más espaciosas.

د کور په شا کې شیان نور هم پراخ وو.

Había grandes establos, donde una docena de mozos de cuadra charlaban.

هلته لوی اصطبلونه وو، چیرې چې دولس زومان خبرې کولې

Había hileras de casas de servicio cubiertas de enredaderas.

د انګورو پوښل شویو نوکرانو د کورونو قطارونه وو

Y había una interminable y ordenada serie de letrinas.

او د بهر کورونو بې پایه او منظم لړی وه

Largos parrales, verdes pastos, huertos y campos de bayas.

د انګورو اوږده ونې، شنه څړځایونه، باغونه، او د بیري توتې.

Luego estaba la planta de bombeo del pozo artesiano.

بیا د آرتیسین څاه لپاره د پمپ کولو فابریکه وه.

Y allí estaba el gran tanque de cemento lleno de agua.

او هلته د سمنټو لوی ټانک وو چې له اوبو ډک و.

Aquí los muchachos del juez Miller dieron su chapuzón matutino.

دلته د قاضي میلر هلکانو سهارنۍ غوټه واخیسته.

Y allí también se refrescaron en la calurosa tarde.

او دوی هلته په گرمه ماسپښین کې هم سره شول.
Y sobre este gran dominio, Buck era quien lo gobernaba todo.
او په دې لويه سيمه کې، بک هغه څوک و چې په دې ټولو يې واکمني کوله.
Buck nació en esta tierra y vivió aquí todos sus cuatro años.
باک په دې ځمکه کې زيږيدلی و او خپل ټول څلور کاله يې دلته ژوند کړی و.
Efectivamente había otros perros, pero realmente no importaban.
په حقيقت کې نور سپي هم وو، خو هغوی په ريښتيا سره مهم نه وو.
En un lugar tan vasto como éste se esperaban otros perros.
د دې په څېر پراخ ځای کې د نورو سپو تمه کېده.
Estos perros iban y venían, o vivían dentro de las concurridas perreras.
دا سپي راغلل او لاړل، يا يې په ګڼه ګونه لرونکو کينالونو کې ژوند کاوه.
Algunos perros vivían escondidos en la casa, como Toots e Ysabel.
ځينې سپي په کور کې پټ اوسېدل، لکه توتس او يسابيل.
Toots era un pug japonés, Ysabel una perra mexicana sin pelo.
توتس يو جاپاني سپی وو، يسابيل يو مکسيکويي بې ويښتان سپی وو.
Estas extrañas criaturas rara vez salían de la casa.
دا عجيب مخلوقات په ندرت سره له کوره بهر قدم اېښود.
No tocaron el suelo ni olieron el aire libre del exterior.
دوی نه ځمکې ته لاس ورغی او نه يې بهر خلاصه هوا بوی کړه.
También estaban los fox terriers, al menos veinte en número.
د ګيدړ تيريرونه هم وو، چې لږترلږه شل يې شمير وو.
Estos terriers le ladraron ferozmente a Toots y a Ysabel dentro de la casa.
دغو تيريرانو په کور دننه په توتس او يسابيل باندې په سختۍ سره غپا وهله.
Toots e Ysabel se quedaron detrás de las ventanas, a salvo de todo daño.
توتس او يسابيل د کړکيو شاته پاتې شول، له زيان څخه خوندي وو.
Estaban custodiados por criadas con escobas y trapeadores.
د کور د نوکرانو لخوا د جارو او مسح سره ساتل کيده.

Pero Buck no era un perro de casa ni tampoco de perrera.
خو بک د کور سپی نه و، او نه هم د کینیل سپی و.
Toda la propiedad pertenecía a Buck como su legítimo reino.
ټوله ملکیت د بک د هغه د قانوني سیمې په توګه و.
Buck nadaba en el tanque o salía a cazar con los hijos del juez.
بک په ټانک کې لامبو وهله یا د قاضي د زامنو سره ښکار ته لاړ.
Caminaba con Mollie y Alice temprano o tarde.
هغه به د سهار یا ناوخته له مولي او الیس سره ګرځېده.
En las noches frías yacía junto al fuego de la biblioteca con el juez.
په سړو شپو کې به هغه د قاضي سره د کتابتون د اور په وړاندې پروت و.
Buck llevaba a los nietos del juez en su fuerte espalda.
باک د قاضي لمسیانو ته په خپل قوي شا باندې سواری ورکړه.
Se revolcó en el césped con los niños, vigilándolos de cerca.
هغه د هلکانو سره په واښو کې ګرځېده، او په کلکه یې ساتنه کوله.
Se aventuraron hasta la fuente e incluso pasaron por los campos de bayas.
دوی د فوارې په لور لاړل او حتی د بیري کروندو څخه تیر شول.
Entre los fox terriers, Buck caminaba siempre con orgullo real.
د ګیدړو تیریرانو په منځ کې، بک تل په شاهي ویاړ سره ګرځېده.
Él ignoró a Toots y Ysabel, tratándolos como si fueran aire.
هغه ټوټس او یسابیل له پامه غورځول، او له هغوی سره یې داسې چلند کاوه لکه دوی هوا وي.
Buck reinaba sobre todas las criaturas vivientes en la tierra del juez Miller.
باک د قاضي میلر په ځمکه کې پر ټولو ژوندیو موجوداتو واکمني کوله.
Él gobernaba a los animales, a los insectos, a los pájaros e incluso a los humanos.
هغه په څارویو، حشراتو، مرغیو او حتی انسانانو واکمني کوله.
El padre de Buck, Elmo, había sido un San Bernardo enorme y leal.
د باک پلار ایلمو یو لوی او وفادار سینټ برنارډ و.
Elmo nunca se apartó del lado del juez y le sirvió fielmente.

ایلمو هیڅکله د قاضي له څنګ نه ووت، او په وفادارۍ سره یې د هغه خدمت وکړ.
Buck parecía dispuesto a seguir el noble ejemplo de su padre.
داسې ښکاریده چې باک د خپل پلار د عالي مثال تعقیبولو ته چمتو و.
Buck no era tan grande: pesaba ciento cuarenta libras.
هګی دومره لویه نه وه، وزن یې یو سل او څلوېښت پونده وو.
Su madre, Shep, había sido una excelente perra pastor escocesa.
د هغه مور، شیپ، یو ښه سکاټلینډي شپانه سپی وو.
Pero incluso con ese peso, Buck caminaba con presencia majestuosa.
خو حتی په دې وزن سره، بک د شاهي حضور سره روان شو.
Esto fue gracias a la buena comida y al respeto que siempre recibió.
دا د ښه خوړو او هغه درناوي څخه راغلی چې هغه تل ترلاسه کاوه.
Durante cuatro años, Buck había vivido como un noble mimado.
څلور کاله، باک د یو خراب شوي اشراف په څیر ژوند کاوه.
Estaba orgulloso de sí mismo y hasta era un poco egoísta.
هغه په ځان ویاړ درلود، او حتی یو څه مغرور هم و.
Ese tipo de orgullo era común entre los señores de países remotos.
دا ډول غرور په لرې پرتو کلیو بادارانو کې عام و.
Pero Buck se salvó de convertirse en un perro doméstico mimado.
خو بک ځان د لاډ پالل شوي کور سپي کیدو څخه وژغوره.
Se mantuvo delgado y fuerte gracias a la caza y el ejercicio.
هغه د ښکار او تمرین له لارې کمزوری او پیاوړی پاتې شو.
Amaba profundamente el agua, como la gente que se baña en lagos fríos.
هغه له اوبو سره ژوره مینه درلوده، لکه هغه خلک چې په سړو جهیلونو کې حمام کوي.
Este amor por el agua mantuvo a Buck fuerte y muy saludable.
د اوبو سره دې مینې بک پیاوړی او ډیر روغ وساته.

Éste era el perro en que se había convertido Buck en el otoño de 1897.

دا هغه سپی وو چې بک د ۱۸۹۷ کال په مني کې بدل شوی وو.

Cuando la huelga de Klondike arrastró a los hombres hacia el gélido Norte.

کله چې د کلونديک برید سړي کنګل شوي شمال ته کش کړل.

La gente acudió en masa desde todos los rincones del mundo hacia aquella tierra fría.

خلک له ټولې نړی څخه سړې ځمکې ته ورغلل.

Buck, sin embargo, no leía los periódicos ni entendía las noticias.

خو، باک نه ورځپاڼې لوستلې او نه يې خبرونه درک کول.

Él no sabía que Manuel era un mal hombre con quien estar.

هغه نه پوهيده چې مانويل يو بد سړی دی چې شاوخوا وي.

Manuel, que ayudaba en el jardín, tenía un problema profundo.

مانويل، چې په باغ کې يې مرسته کوله، يوه ژوره ستونزه درلوده.

Manuel era adicto al juego de la lotería china.

مانويل په چينايي لاټرۍ کې د قمار کولو روږدي و.

También creía firmemente en un sistema fijo para ganar.

هغه د ګټلو لپاره په يو ثابت سيستم هم قوي باور درلود.

Esa creencia hizo que su fracaso fuera seguro e inevitable.

دې باور د هغه ناکامي يقيني او نه ختميدونکې کړه.

Jugar con un sistema exige dinero, del que Manuel carecía.

د سيستم لوبول پيسې غواړي، کوم چې مانويل يې نه درلود.

Su salario apenas alcanzaba para mantener a su esposa y a sus numerosos hijos.

د هغه معاش په سختۍ سره د هغه ميرمنې او ډيرو ماشومانو ملاتړ کاوه.

La noche en que Manuel traicionó a Buck, las cosas estaban normales.

په هغه شپه چې مانويل له باک سره خيانت وکړ، شيان عادي وو.

El juez estaba en una reunión de la Asociación de Productores de Pasas.

قاضي د کشمش کروندګرو ټولنې په غونډه کې وو.

Los hijos del juez estaban entonces ocupados formando un club atlético.

د قاضي زامن هغه وخت د اتليټيک کلب په جوړولو بوخت وو.

Nadie vio a Manuel y Buck salir por el huerto.
هيچا مانويل او بک د باغ له لارې د وتلو په حال کې ونه ليدل.
Buck pensó que esta caminata era simplemente un simple paseo nocturno.
باک فکر کاوه چې دا يوازې د شپې يو ساده ګرځېدل دي.
Se encontraron con un solo hombre en la estación de la bandera, en College Park.
دوی يوازې يو سړی سره د کالج پارک په فليګ سټيشن کې وليدل.
Ese hombre habló con Manuel y intercambiaron dinero.
هغه سړي له مانويل سره خبرې وکړې، او دوی پيسې تبادله کړې.
"Envuelva la mercancía antes de entregarla", sugirió.
هغه وړانديز وکړ ": د توکو له سپارلو دمخه يې وتړئ."
La voz del hombre era áspera e impaciente mientras hablaba.
د سړي غږ سخت او بې صبره و کله چې هغه خبرې کولې.
Manuel ató cuidadosamente una cuerda gruesa alrededor del cuello de Buck.
مانويل په ډېر احتياط سره د باک په غاړه کې يو غټ رسی وتړلو.
"Si retuerces la cuerda, lo estrangularás bastante"
"رسی تاو کړه، او ته به يې ډېر خفه کړې"
El extraño emitió un gruñido, demostrando que entendía bien.
اجنبی سړی يو غضبناک غږ وکړ، او و يې ښودله چې هغه ښه پوهيږي.
Buck aceptó la cuerda con calma y tranquila dignidad ese día.
باک په هغه ورځ په ارام او ارام وقار سره رسی ومنله.
Fue un acto inusual, pero Buck confiaba en los hombres que conocía.
دا يو غير معمولي عمل و، خو بک په هغو سړيو باور درلود چې هغه يې پيژندل.
Él creía que su sabiduría iba mucho más allá de su propio pensamiento.
هغه باور درلود چې د دوی حکمت د هغه له خپل فکر څخه ډېر لرې و.
Pero entonces la cuerda fue entregada a manos del extraño.
خو بيا رسی د هغه نا اشنا کس لاس ته وسپارل شوه.
Buck emitió un gruñido bajo que advertía con una amenaza silenciosa.
باک يو ټيټ غږ وکړ چې په خاموش ګواښ سره يې خبرداری ورکړ.

Era orgulloso y autoritario y quería mostrar su descontento.
هغه وياړلی او امر کوونکی و، او غوښتل يې چې خپله نارضايتي وښيي۔
Buck creyó que su advertencia sería entendida como una orden.
باک باور درلود چې د هغه خبرداری به د امر په توګه درک شي۔
Para su sorpresa, la cuerda se tensó rápidamente alrededor de su grueso cuello.
هغه حيران شو، رسی يې د هغه د غټې غاړې شاوخوا په چټکی سره تينګه شوه۔
Se quedó sin aire y comenzó a luchar con una furia repentina.
د هغه هوا پرې شوه او هغه په ناڅاپي ډول په قهر سره جګړه پيل کړه۔
Saltó hacia el hombre, quien rápidamente se encontró con Buck en el aire.
هغه په سړي توپ وواهه، چې په چټکی سره يې په هوا کې له بک سره وليدل۔
El hombre agarró la garganta de Buck y lo retorció hábilmente en el aire.
سړي د باک ستونی ونيو او په مهارت سره يې په هوا کې تاو کړ۔
Buck fue arrojado al suelo con fuerza, cayendo de espaldas.
باک په زور سره وغورځول شو، په شا يې سم ولوېد۔
La cuerda ahora lo estrangulaba cruelmente mientras él pateaba salvajemente.
رسی اوس هغه په ظالمانه ډول ودراوه پداسې حال کې چې هغه په وحشيانه ډول لات وهلو۔
Se le cayó la lengua, su pecho se agitó, pero no recuperó el aliento.
ژبه يې ولوېده، سينه يې تکان وخوړ، خو ساه يې ونه اخيسته۔
Nunca había sido tratado con tanta violencia en su vida.
په خپل ژوند کې يې هيڅکله داسې تاوتريخوالی نه و ليدلی۔
Tampoco nunca antes se había sentido tan lleno de furia.
هغه هم مخکې هيڅکله د دومره زور غوسې څخه ډک نه و۔
Pero el poder de Buck se desvaneció y sus ojos se volvieron vidriosos.
خو د باک ځواک کم شو، او سترګې يې بنيښې شوې۔
Se desmayó justo cuando un tren se detuvo cerca.
هغه بې هوښه شو کله چې نږدې يو اورګاډی ودرول شو۔

Luego los dos hombres lo arrojaron rápidamente al vagón de equipaje.

بیا دواړو سړیو هغه په چټکۍ سره د سامان په موټر کې وغورځاوه.

Lo siguiente que sintió Buck fue dolor en su lengua hinchada.

بل شی چې باک احساس کړ هغه د هغه په پړسېدلې ژبه کې درد و.

Se desplazaba en un carro tambaleante, apenas consciente.

هغه په یوه لړزېدونکې ګاډۍ کې حرکت کاوه، یوازې په تیاره توګه یې هوش نه درلود.

El agudo grito del silbato del tren le indicó a Buck su ubicación.

د اورګاډي د سیټي تیز چیغې باک ته د هغه موقعیت وښود.

Había viajado muchas veces con el Juez y conocía esa sensación.

هغه ډېر ځله له قاضي سره موټر چلاوه او احساس یې پوهیده.

Fue una experiencia única viajar nuevamente en un vagón de equipajes.

دا بیا په سامان بار موټر کې د سفر کولو یو ځانګړی تکان و.

Buck abrió los ojos y su mirada ardía de rabia.

باک خپلې سترګې پرانیستې، او سترګې یې له غوسې ډکې وې.

Esta fue la ira de un rey orgulloso destronado.

دا د یو مغرور پاچا غوسه وه چې له خپل تخت څخه ایستل شوی وه.

Un hombre intentó agarrarlo, pero Buck lo atacó primero.

یو سړی د هغه د نیولو لپاره لاس ورغی، خو بک لومړی ګوزار وکړ.

Hundió los dientes en la mano del hombre y la sujetó con fuerza.

هغه خپل غاښونه د سړي په لاس کې ډوب کړل او ټینګ یې ونیول.

No lo soltó hasta que se desmayó por segunda vez.

هغه تر هغه وخته پورې نه پرېښود چې دوهم ځل یې سترګې پټې شوې.

—Sí, tiene ataques —murmuró el hombre al maletero.

سړي د سامان وړونکي ته په غوسه وویل" :هو، تېوونه یې راغلي دي."

El maletero había oído la lucha y se acercó.

د سامان وړونکي د مبارزې غږ واورېد او نږدې راغی.

"Lo llevaré a Frisco para el jefe", explicó el hombre.

سړي تشریح کړه" :زه هغه د مشر لپاره فریسکو ته وړم."

"Allí hay un buen veterinario que dice poder curarlos".

هلته یو ښه سپي ډاکتر شته چې وایي هغه کولی شي د دوی درملنه " وکړي."
Más tarde esa noche, el hombre dio su propio relato completo.
وروسته په هغه شپه سړي خپل بشپړ حساب ورکړ.
Habló desde un cobertizo detrás de un salón en los muelles.
هغه د ډاکونو په سر د سالون شاته له یوې کوټې څخه خبرې کولې.
"Lo único que me dieron fueron cincuenta dólares", se quejó al tabernero.
هغه د سالون سړي ته شکایت وکړ " :ما ته یوازې پنځوس ډالر راکړل شول."
"No lo volvería a hacer ni por mil dólares en efectivo".
زه به بیا دا کار ونه کړم، حتی د زرو پیسو لپاره هم نه"."
Su mano derecha estaba fuertemente envuelta en un paño ensangrentado.
د هغه ښي لاس په وینه لړلي ټوکر کې کلک نغښتل شوی و.
La pernera de su pantalón estaba abierta de par en par desde la rodilla hasta el pie.
د هغه پتلون پښه له زنګون څخه تر پښو پورې پراخه خیرې شوې وه.
—¿Cuánto le pagaron al otro tipo? —preguntó el tabernero.
"د سالون سړي وپوښتل" :بل پیاله ته څومره پیسې ورکړل شوې؟
"Cien", respondió el hombre, "no aceptaría ni un centavo menos".
سړي ځواب ورکړ، "سل، هغه به یو سینټ هم کم نه اخلي."
—Eso suma ciento cincuenta —dijo el tabernero.
د سالون سړي وویل" :دا یو سل او پنځوس ته رسیږي."
"Y él lo vale todo, o no soy más que un idiota".
او هغه د دې ټولو ارزښت لري، که نه نو زه د یو بې کاره کس څخه " غوره نه یم."
El hombre abrió los envoltorios para examinar su mano.
سړي د لاس د معاینې لپاره لفافې خلاصې کړې.
La mano estaba gravemente desgarrada y cubierta de sangre seca.
لاس یې ډېر سخت ځورند او په وچو وینو لړلی و.
"Si no consigo la hidrofobia..." empezó a decir.
که زه د اوبو فوبیا نه پوهیږم"--هغه ویل پیل کړل "-
"Será porque naciste para la horca", dijo entre risas.

دا به ځکه وي چې ته د ځړولو لپاره زیږیدلی یې، "خندا راغله".
"Ven a ayudarme antes de irte", le pidieron.
له هغه څخه وپوښتل شول" :راشه مخکې له دې چې لاړ شې زما سره مرسته وکړه."
Buck estaba aturdido por el dolor en la lengua y la garganta.
باک د ژبې او ستوني د درد له امله په بې هوښه حالت کې و.
Estaba medio estrangulado y apenas podía mantenerse en pie.
هغه نیم ژندی شوی و، او په سختۍ سره یې مستقیم ودریدای شو.
Aún así, Buck intentó enfrentar a los hombres que lo habían lastimado.
بیا هم، باک هڅه وکړه چې د هغو کسانو سره مخ شي چې هغه یې دومره ځورولی و.
Pero lo derribaron y lo estrangularon una vez más.
خو هغوی هغه وغورځاوه او یو ځل بیا یې ساه بنده کړه.
Sólo entonces pudieron quitarle el pesado collar de bronce.
یوازې بیا دوی وکولی شول چې د هغه درنه پیتل کالر ووینې.
Le quitaron la cuerda y lo metieron en una caja.
هغوی رسۍ لرې کړه او هغه یې په یوه صندوق کې واچاوه.
La caja era pequeña y tenía la forma de una tosca jaula de hierro.
صندوق کوچنی و او د یوې غټې اوسپنې پنجرې په څیر شکل یې درلود.
Buck permaneció allí toda la noche, lleno de ira y orgullo herido.
باک ټوله شپه هلته پروت و، له غوسې او ټپي غرور څخه ډک و.
No podía ni siquiera empezar a comprender lo que le estaba pasando.
هغه نشو کولی یوه شي چې څه ورسره پیښیږي.
¿Por qué estos hombres extraños lo mantenían en esa pequeña caja?
ولې دې عجیبو خلکو هغه په دې کوچنی بکس کې ساتلی و؟
¿Qué querían de él y por qué este cruel cautiverio?
دوی له هغه څخه څه غوښتل، او ولې دا ظالمانه اسیر؟
Sintió una presión oscura; una sensación de desastre que se acercaba.
هغه یو تیاره فشار احساس کړ؛ د ناورین احساس نږدې کیده.

Era un miedo vago, pero que se apoderó pesadamente de su espíritu.

دا یوه ناڅرګنده ویره وه، خو په روح یې سخته اغیزه وکړه.

Saltó varias veces cuando la puerta del cobertizo vibró.

څو ځله هغه پورته شو کله چې د کوټې دروازه ټک ټک شوه.

Esperaba que el juez o los muchachos aparecieran y lo rescataran.

هغه تمه درلوده چې قاضي یا هلکان به راشي او هغه به وژغوري.

Pero cada vez sólo se asomaba el rostro gordo del tabernero.

خو هر ځل به یوازې د سالون ساتونکي غوړ مخ دننه کتل.

El rostro del hombre estaba iluminado por el tenue resplandor de una vela de sebo.

د سړي مخ د یوې تورې شمعې د تیاره رڼا څخه روښانه شو.

Cada vez, el alegre ladrido de Buck cambiaba a un gruñido bajo y enojado.

هر ځل، د باک د خوښۍ غږ په ټیټ او غوسه ناک غږ بدل شو.

El tabernero lo dejó solo durante la noche en el cajón.

د سالون ساتونکي هغه د شپې لپاره په کریټ کې یوازې پریښود.

Pero cuando se despertó por la mañana, venían más hombres.

خو کله چې سهار راویښ شو، نور سړي هم راتلل.

Llegaron cuatro hombres y recogieron la caja con cuidado y sin decir palabra.

څلور سړي راغلل او پرته له څه ویلو یې په احتیاط سره بکس پورته کړ.

Buck supo de inmediato en qué situación se encontraba.

باک سمدلاسه پوه شو چې هغه په کوم حالت کې وموند.

Eran otros torturadores contra los que tenía que luchar y a los que tenía que temer.

دوی نور ځورونکي وو چې هغه یې باید مبارزه او ویره ولري.

Estos hombres parecían malvados, andrajosos y muy mal arreglados.

دا سړي ډېر بد اخلاقه، چټل او ډېر بد سینګار شوي ښکارېدل.

Buck gruñó y se abalanzó sobre ellos ferozmente a través de los barrotes.

باک چیغه کړه او د بارونو له لارې یې په کلکه وویشتله.

Ellos simplemente se rieron y lo golpearon con largos palos de madera.

هغوی یوازې وخندل او د لرګیو په اوږدو لرګیو یې هغه وواهه۔

Buck mordió los palos y luego se dio cuenta de que eso era lo que les gustaba.

بک په لرګیو چیچلی وکړ، بیا پوه شو چې دا هغه څه وو چې دوی یې خوښول۔

Así que se quedó acostado en silencio, hosco y ardiendo de rabia silenciosa.

نو هغه په خاموشۍ سره پروت و، خپه او د خاموش غوسې څخه سوځېدلی و۔

Subieron la caja a un carro y se fueron con él.

دوی صندوق په یوه ګاډۍ کې پورته کړ او له هغه سره یې وتښتول۔

La caja, con Buck encerrado dentro, cambiaba de manos a menudo.

هغه کریټ، چې بک یې دننه تړلی و، ډېر ځله به یې لاسونه بدلېدل۔

Los empleados de la oficina exprés se hicieron cargo de él y lo atendieron brevemente.

د ایکسپریس دفتر مامورینو دنده په غاړه واخیسته او په لنډ ډول یې ورسره چلند وکړ۔

Luego, otro carro transportó a Buck a través de la ruidosa ciudad.

بیا یو بل واګون بک د شورماشور ښار ته ورساوه۔

Un camión lo llevó con cajas y paquetes a un ferry.

یوې لارۍ هغه د بکسونو او پارسلونو سره په یوه بېړۍ کښتۍ کې یوړ۔

Después de cruzar, el camión lo descargó en una estación ferroviaria.

د تیریدو وروسته، لارۍ هغه د اورګاډي په یوه ډیپو کې کښته کړ۔

Finalmente, colocaron a Buck dentro de un vagón expreso que lo esperaba.

بالاخره، بک د انتظار په یوه ایکسپریس موټر کې کېښودل شو۔

Durante dos días y dos noches, los trenes arrastraron el vagón expreso.

د دوو ورځو او دوو شپو لپاره، اورګاډي ایکسپریس موټر لرې کړ۔

Buck no comió ni bebió durante todo el doloroso viaje.

باک په ټول دردناک سفر کې نه څه وخوړل او نه یې څښل۔

Cuando los mensajeros expresos intentaron acercarse a él, gruñó.

کله چې ایکسپریس پیغام رسوونکو هڅه وکړه چې هغه ته نږدې شي، هغه وخندل۔

Ellos respondieron burlándose de él y molestándolo cruelmente.

هغوی په ملنډو وهلو او په ظالمانه ډول یې ځورولو سره ځواب ورکړ۔

Buck se arrojó contra los barrotes, echando espuma y temblando.

باک ځان په بارونو کې وغورځاوه، فوم یې کاوه او لړزېده

Se rieron a carcajadas y se burlaron de él como matones del patio de la escuela.

هغوی په لوړ غږ وخندل، او د ښوونځي د ځورونکو په څېر یې ورته ملنډې ووهلې۔

Ladraban como perros de caza y agitaban los brazos.

دوی د جعلي سپو په څیر غپېدل او لاسونه یې ښورول۔

Incluso cantaron como gallos sólo para molestarlo más.

دوی حتی د چرګانو په څیر بانګونه کول ترڅو هغه نور هم خپه کړي۔

Fue un comportamiento tonto y Buck sabía que era ridículo.

دا احمقانه چلند و، او بک پوهیده چې دا مسخره وه۔

Pero eso sólo profundizó su sentimiento de indignación y vergüenza.

خو دې کار د هغه د غوسې او شرم احساس یوازې ژور کړ۔

Durante el viaje no le molestó mucho el hambre.

د سفر په جریان کې هغه د لوږې څخه ډیر ځوریدلی نه و۔

Pero la sed traía consigo un dolor agudo y un sufrimiento insoportable.

خو تندې سخت درد او د نه زغملو وړ کړاو راوړ۔

Su garganta y lengua secas e inflamadas ardían de calor.

د هغه وچ، پړسوب شوی ستونی او ژبه د تودوخې له امله سوځېدلې وه۔

Este dolor alimentó la fiebre que crecía dentro de su orgulloso cuerpo.

دې درد د هغه په ویاړلي بدن کې د تبې راپورته کېدل تغذیه کړل۔

Buck estuvo agradecido por una sola cosa durante esta prueba.

باک د دې محاکمې په جریان کې د یوې شی لپاره مننه وکړه۔

Le habían quitado la cuerda que le rodeaba el grueso cuello.

رسۍ يې د هغه د غتې غاړې څخه ليرې شوې وه.
La cuerda había dado a esos hombres una ventaja injusta y cruel.
رسۍ دغو سړيو ته غير عادلانه او ظالمانه ګټه ورکړې وه.
Ahora la cuerda había desaparecido y Buck juró que nunca volvería.
اوس رسۍ ورکه شوه، او بک قسم وخوړ چې هيڅکله به بيرته نه راځي.
Decidió que nunca más volvería a pasarle una cuerda al cuello.
هغه هوډ وکړ چې بيا به هيڅکله د هغه په غاړه کې رسۍ نه ګرځيږي.
Durante dos largos días y noches sufrió sin comer.
د دوو اوږدو ورځو او شپو لپاره، هغه پرته له خوړو څخه رنځ وړه.
Y en esas horas se fue acumulando en su interior una rabia enorme.
او په دې ساعتونو کې، هغه دننه يو لوی غوسه جوړه کړه.
Sus ojos se volvieron inyectados en sangre y salvajes por la ira constante.
د هغه سترګې د دوامداره غوسې له امله په وينو لړلې او وحشي شوې.
Ya no era Buck, sino un demonio con mandíbulas chasqueantes.
هغه نور باک نه و، بلکې يو شيطان و چې ژامې يې ماتې وې.
Ni siquiera el juez habría reconocido a esta loca criatura.
حتی قاضي به دا ليونی مخلوق نه پيژندلی.
Los mensajeros exprés suspiraron aliviados cuando llegaron a Seattle.
د ايکسپريس پيغام رسوونکو سيټل ته د رسيدو پر مهال د ارام ساه واخيسته
Cuatro hombres levantaron la caja y la llevaron a un patio trasero.
څلورو کسانو صندوق پورته کړ او شاته انګړ ته يې يوړ.
El patio era pequeño, rodeado de muros altos y sólidos.
انګړ کوچنی و، د لوړو او کلکو ديوالونو په شاوخوا کې و.
Un hombre corpulento salió con una camisa roja holgada.
يو غټ سړی په سور سويټر کميس کې راووت.
Firmó el libro de entrega con letra gruesa y atrevida.
هغه د تحويلۍ کتاب په غټ او زړور لاس لاسليک کړ.

Buck sintió de inmediato que este hombre era su próximo torturador.

باک سمدلاسه احساس وکړ چې دا سړی د هغه راتلونکی ځورونکی دی.

Se abalanzó violentamente contra los barrotes, con los ojos rojos de furia.

هغه په زوره په بارونو وواهه، سترګې یې له غوسې سره سورې وې.

El hombre simplemente sonrió oscuramente y fue a buscar un hacha.

سړي یوازې په تیاره موسکا وکړه او د کوټې د راوړلو لپاره لاړ.

También traía un garrote en su gruesa y fuerte mano derecha.

هغه په خپل غټ او قوي ښي لاس کې یو کلچه هم راوړه.

"¿Vas a sacarlo ahora?" preguntó preocupado el conductor.

"موټر چلوونکي په اندېښنه کې وپوښتل" :ته اوس هغه بهر بوځې؟

—Claro —dijo el hombre, metiendo el hacha en la caja a modo de palanca.

هو، "سړي وویل، د کوټې کوشه یې د لیور په توګه په کریټ کې بنده " کړه.

Los cuatro hombres se dispersaron instantáneamente y saltaron al muro del patio.

څلور سړي سمدلاسه خواره واره شول، د انګړ دیوال ته یې ټوپ وواهه.

Desde sus lugares seguros arriba, esperaban para observar el espectáculo.

دوی د پورته خوندي ځایونو څخه د دې تماشا لیدلو لپاره انتظار کاوه.

Buck se abalanzó sobre la madera astillada, mordiéndola y sacudiéndola ferozmente.

باک په ټوټه ټوټه لرګي ټوپ وواهه، په زوره یې چیچلو او لړزېدو.

Cada vez que el hacha golpeaba la jaula, Buck estaba allí para atacarla.

هر کله چې کوڅه په پنجره ولګېده(، باک هلته وو چې پرې برید وکړي.

Gruñó y chasqueó los dientes con furia salvaje, ansioso por ser liberado.

هغه په وحشي غوسه چیغه کړه او چیغه یې کړه، د خلاصون لپاره لیواله و.

El hombre que estaba afuera estaba tranquilo y firme, concentrado en su tarea.

بهر سړی ارام او ثابت و، په خپل کار کې هوډمن و.

"Muy bien, demonio de ojos rojos", dijo cuando el agujero fue grande.

همدا اوس، ته سرې سترګې شيطانه، "هغه وويل کله چې سوری لوی و".

Dejó caer el hacha y tomó el garrote con su mano derecha.

هغه کوڅه وغورځوله او ډنده يې په ښي لاس کې ونيوله.

Buck realmente parecía un demonio; con los ojos inyectados en sangre y llameantes.

باک په ریښتیا هم د شیطان په څېر ښکارېده؛ سترګې يې وينې بهېدلې او سوځېدلې وې.

Su pelaje se erizó, le salía espuma por la boca y sus ojos brillaban.

د هغه کوټ يې ښځېدلی و، په خوله کې يې ځګ راوتلی و، سترګې يې ځلېدلې.

Tensó los músculos y se lanzó directamente hacia el suéter rojo.

هغه خپل عضلات راټول کړل او مستقيم په سور سويټر باندې منډه کړه.

Ciento cuarenta libras de furia volaron hacia el hombre tranquilo.

يو سل او څلوېښت پونده غصه په ارام سړي باندې وخوځېده.

Justo antes de que sus mandíbulas se cerraran, un golpe terrible lo golpeó.

مخکې له دې چې د هغه ژامې وتړل شي، يو وحشتناک ګوزار پرې وشو.

Sus dientes chasquearon al chocar contra nada más que el aire.

غاښونه يې يوازې په هوا کې سره وخوځېدل

Una sacudida de dolor resonó a través de su cuerpo

د درد يوه څپه يې په بدن کې خپره شوه

Dio una vuelta en el aire y se estrelló sobre su espalda y su costado.

هغه په هوا کې وغورځېد او په شا او اړخ يې وغورځېد.

Nunca antes había sentido el golpe de un garrote y no podía agarrarlo.

هغه مخکې هيڅکله د کلب ضربه نه وه احساس کړې او نه يې درک کولی شو.

Con un gruñido estridente, mitad ladrido, mitad grito, saltó de nuevo.

هغه د یوې چیغې، یوې برخې د ږیرې او یوې برخې د چیغې سره بیا
توپ وواهه.
Otro golpe brutal lo alcanzó y lo arrojó al suelo.
یو بل ظالمانه ګوزار پرې وشو او هغه یې په ځمکه وغورځاوه.
Esta vez Buck lo entendió: era el pesado garrote del hombre.
دا ځل باک پوه شو - دا د سړي درنه لښته وه.
Pero la rabia lo cegó y no pensó en retirarse.
خو غوسې هغه ړوند کړ، او هغه د شاته تګ هیڅ فکر نه درلود.
Doce veces se lanzó y doce veces cayó.
دولس ځله یې ځان وغورځاوه، او دولس ځله یې ولوېد.
El palo de madera lo golpeaba cada vez con una fuerza
despiadada y aplastante.
د لرګیو ډنډ به هر ځل هغه په بې رحمه او ماتوونکي ځواک سره ماتاوه.
Después de un golpe feroz, se tambaleó hasta ponerse de
pie, aturdido y lento.
د یوې سختې ضربې وروسته، هغه په خپلو پښو ودرېد، حیران او ورو
شو.
Le salía sangre de la boca, de la nariz y hasta de las orejas.
د هغه له خولې، پوزې او حتی غوږونو څخه وینه بهېده.
Su pelaje, otrora hermoso, estaba manchado de espuma
sanguinolenta.
د هغه یو وخت ښکلی کوټ په وینو لړلی فوم پوښل شوی و.
Entonces el hombre se adelantó y le dio un golpe tremendo
en la nariz.
بیا سړی پورته شو او په پوزه یې یو ناوړه ګوزار وکړ.
La agonía fue más aguda que cualquier cosa que Buck
hubiera sentido jamás.
درد تر هغه څه ډېر تیز و چې بک یې هیڅکله احساس نه و کړی.
Con un rugido más de bestia que de perro, saltó nuevamente
para atacar.
هغه د سپي په پرتله د حیوان په لوړ غږ سره بیا کودتا وکړه چې برید
وکړي.
Pero el hombre se agarró la mandíbula inferior y la torció
hacia atrás.
خو سړي خپله ښکته ژامه ونیوله او شاته یې تاو کړه.
Buck se dio una vuelta de cabeza y volvió a caer con fuerza.
باک خپل سر د پښو په سر وخوځاوه، بیا په زوره وغورځېد.

Una última vez, Buck cargó contra él, ahora apenas capaz de mantenerse en pie.

يو وروستی ځل، بک په هغه برید وکړ، اوس په سختۍ سره د ودريدو توان لري.

El hombre atacó con una sincronización experta, dando el golpe final.

سړي په ماهر وخت سره ګوزار وکړ، او وروستی ګوزار يې ورکړ.

Buck se desplomó en un montón, inconsciente e inmóvil.

باک په یوه ګنه ګونه کې راپرېوت، بې هوښه او بې حرکته.

"No es ningún inútil a la hora de domar perros, eso es lo que digo", gritó un hombre.

يو سړي چيغه کړه" :هغه د سپو په ماتولو کې سست نه دی، دا هغه څه دي چې زه يې وايم."

“Druther puede quebrar la voluntad de un perro cualquier día de la semana”.

ډروتر کولی شي د اونۍ په هره ورځ د سپي اراده مات کړي"."

“¡Y dos veces el domingo!” añadió el conductor.

موټر چلوونکي زياته کړه" :او دوه ځله د يکشنبې په ورځ."

Se subió al carro y tiró de las riendas para partir.

هغه په ګاډۍ کې وخوت او د وتلو لپاره يې باموته مات کړل.

Buck recuperó lentamente el control de su conciencia.

باک ورو ورو د خپل شعور کنترول ترلاسه کړ

Pero su cuerpo todavía estaba demasiado débil y roto para moverse.

خو بدن يې لا هم ډېر کمزوری او مات و چې حرکت يې نشوای کولای.

Se quedó donde había caído, observando al hombre del suéter rojo.

هغه په هغه ځای کې پروت و چې غورځېدلی و، او د سور رنګه سړي په لټه کې و.

“Responde al nombre de Buck”, dijo el hombre, leyendo en voz alta.

سړي په لوړ غږ وویل، "هغه د باک نوم ته ځواب ورکوي."

Citó la nota enviada con la caja de Buck y los detalles.

هغه د هغه یادښت څخه نقل وکړ چې د باک د بکس او جزئیاتو سره لیږل شوی و.

—Bueno, Buck, muchacho —continuó el hombre con tono amistoso—.

،ښه، بک، زما هلک، "سړي په دوستانه غږ سره دوام ورکړ"
"Hemos tenido nuestra pequeña pelea y ahora todo ha terminado entre nosotros".
موږ خپله کوچنۍ جګړه درلوده، او اوس زموږ ترمنځ پای ته ورسېده"-"
"Tú has aprendido cuál es tu lugar y yo he aprendido cuál es el mío", añadió.
هغه زیاته کړه" :تاسو خپل ځای زده کړی دی، او ما خپل ځای زده کړی دی-"
"Sé bueno y todo irá bien y la vida será placentera".
ښه اوسه، او هرڅه به ښه شي، او ژوند به خوندور وي"-"
"Pero si te portas mal, te daré una paliza, ¿entiendes?"
"خو بد شه، او زه به ستا ډکول مات کړم، پوهېږې؟"
Mientras hablaba, extendió la mano y acarició la cabeza dolorida de Buck.
کله چې هغه خبرې کولې، هغه لاس پورته کړ او د باک دردمن سر يې وخوځاوه-
El cabello de Buck se erizó ante el toque del hombre, pero no se resistió.
د سړي په لمس کولو سره د باک ویښتان پورته شول، خو هغه مقاومت ونه کړ-
El hombre le trajo agua, que Buck bebió a grandes tragos.
سړي ورته اوبه راوړې، چې باک په ډېر ژړا سره وڅښلې-
Luego vino la carne cruda, que Buck devoró trozo a trozo.
بیا خام غوښه راغله، چې بک توته توته وخوړله-
Sabía que estaba derrotado, pero también sabía que no estaba roto.
هغه پوهیده چې وهل شوی و، خو دا هم پوهیده چې مات شوی نه و-
No tenía ninguna posibilidad contra un hombre armado con un garrote.
هغه د يو وسله وال سړي په وړاندې هیڅ چانس نه درلود چې په لرګیو سمبال و-
Había aprendido la verdad y nunca olvidó esa lección.
هغه حقیقت زده کړی و، او هغه هیڅکله دا درس هیر نه کړ-
Esa arma fue el comienzo de la ley en el nuevo mundo de Buck.
دا وسله د باک په نوي نړۍ کې د قانون پیل و-

Fue el comienzo de un orden duro y primitivo que no podía negar.

دا د يو سخت او ابتدايي نظم پيل و چې هغه يې رد نشواى كړاى.

Aceptó la verdad; sus instintos salvajes ahora estaban despiertos.

هغه حقيقت ومانه؛ د هغه وحشي غريزونه اوس ويښ وو.

El mundo se había vuelto más duro, pero Buck lo afrontó con valentía.

نړى سخته شوې وه، خو باک په زړورتيا سره ورسره مخ شو.

Afrontó la vida con nueva cautela, astucia y fuerza silenciosa.

هغه له ژوند سره د نوي احتياط، چالاكى او خاموش ځواک سره مخ شو.

Llegaron más perros, atados con cuerdas o cajas como había estado Buck.

نور سپي هم راغلل، لكه بک چې په رسۍ يا صندوقونو کې تړل شوي وو.

Algunos perros llegaron con calma, otros se enfurecieron y pelearon como bestias salvajes.

ځينې سپي په ارامه راغلل، نور يې په غوسه شول او د وحشي ځناورو په څير يې جګړه وکړه.

Todos ellos quedaron bajo el dominio del hombre del suéter rojo.

ټول يې د سره رنګه سړي تر واکمنۍ لاندې راوستل شول.

Cada vez, Buck observaba y veía cómo se desarrollaba la misma lección.

هر ځل، باک ورته درس ليدل او څرګنديدل يې وليدل.

El hombre con el garrote era la ley, un amo al que había que obedecer.

هغه سړى چې د كلپ سره و، قانون و؛ يو بادار چې بايد اطاعت يې وشي.

No necesitaba ser querido, pero sí obedecido.

هغه ته اړتيا نه وه چې خوښ شي، مګر بايد د هغه اطاعت وشي.

Buck nunca adulaba ni meneaba la cola como lo hacían los perros más débiles.

باک هيڅكله د كمزورو سپيو په څير نه شواى ښورولى او نه يې ښورولى.

Vio perros que estaban golpeados y todavía lamían la mano del hombre.

هغه سپي وليدل چې وهل شوي وو او بيا هم د سړي لاسونه چاټ کول.
Vio un perro que no obedecía ni se sometía en absoluto.
هغه يو سپی ولید چې هیڅ یې اطاعت یا تسلیم نه کړ.
Ese perro luchó hasta que murió en la batalla por el control.
هغه سپی تر هغه وخته پورې جګړه وکړه چې د کنټرول لپاره په جګړه کې ووژل شو.
A veces, desconocidos venían a ver al hombre del suéter rojo.
نا اشنا خلک به کله ناکله د سره رنګه سړي ليدو ته راتلل.
Hablaban en tonos extraños, suplicando, negociando y riendo.
دوی په عجيبو غږونو خبرې کولې، زاری یې کولې، معامله یې کوله، او خانده.
Cuando se intercambiaba dinero, se iban con uno o más perros.
کله چې پیسې تبادله شوې، دوی د یو یا ډیرو سپیو سره لاړل.
Buck se preguntó a dónde habían ido esos perros, pues ninguno regresaba jamás.
باک حيران شو چې دا سپي چيرته لاړل، ځکه چې هيڅ يو بيرته نه دی راغلی.
El miedo a lo desconocido llenaba a Buck cada vez que un hombre extraño se acercaba.
هر کله چې يو عجيب سړی راغی، د نامعلوم ويره به ډکه وه بک
Se alegraba cada vez que se llevaban a otro perro en lugar de a él mismo.
هغه به هر ځل خوشحاله و چې د ځان پر ځای به بل سپی تښتول کېده.
Pero finalmente, llegó el turno de Buck con la llegada de un hombre extraño.
خو بالاخره، د باک وار د يو عجيب سړي په راتګ سره راغی.
Era pequeño, fibroso y hablaba un inglés deficiente y decía palabrotas.
هغه کوچنی، چالاک و، او په مات انګليسي ژبه يې خبرې کولې او لعنتونه یې ويل.
—¡Sacredam! —gritó cuando vio el cuerpo de Buck.
مقدسه".هغه چيغه کړه کله چې يې د باک په چوکاټ سترګې ولګېدې ".
—¡Qué perro tan bravucón! ¿Eh? ¿Cuánto? —preguntó en voz alta.

دا یو ډېر بدمعاش سپی دی".اه؟ څومره؟ "هغه په لوړ غږ وپوښتل .
"Trescientos, y es un regalo a ese precio".
"،درې سوه، او هغه په دې قیمت یوه ډالی ده"
—Como es dinero del gobierno, no deberías quejarte, Perrault.
څرنګه چې دا د حکومت پیسې دي، نو ته باید شکایت ونه کړې، " پیرولټ."
Perrault sonrió ante el trato que acababa de hacer con aquel hombre.
پیرولټ په هغه معامله موسکی شو چې هغه یې له سړي سره کړې وه.
El precio de los perros se disparó debido a la repentina demanda.
د ناڅاپي تقاضا له امله د سپیو بیه لوړه شوې وه.
Trescientos dólares no era injusto para una bestia tan bella.
د داسې ښکلي حیوان لپاره درې سوه ډالر غیر عادلانه نه وو.
El gobierno canadiense no perdería nada con el acuerdo
د کاناډا حکومت به په دې تړون کې هیڅ شی له لاسه ورنکړي.
Además sus despachos oficiales tampoco sufrirían demoras en el tránsito.
او نه به د دوی رسمي لیږدونه په لیږد کې ځنډول کیږي.
Perrault conocía bien a los perros y podía ver que Buck era algo raro.
پیرولټ سپي ښه پیژندل، او لیدلی یې وو چې بک یو نادر شی دی.
"Uno entre diez diez mil", pensó mientras estudiaba la complexión de Buck.
په لسو لسو زرو کې یو، "هغه فکر وکړ، لکه څنګه چې هغه د باک " جوړښت مطالعه کړ.
Buck vio que el dinero cambiaba de manos, pero no mostró sorpresa.
باک د پیسو د بدلون شاهد وو، خو هیڅ حیرانتیا یې ونه ښوده.
Pronto él y Curly, un gentil Terranova, fueron llevados lejos.
ډېر ژر هغه او کورلي، یو نرم نیوفونډلینډ، لرې بوتلل شول.
Siguieron al hombrecito desde el patio del suéter rojo.
دوی د سور سویټر انګړ څخه د کوچني سړي تعقیب وکړ.
Esa fue la última vez que Buck vio al hombre con el garrote de madera.
دا د باک وروستی ځل و چې د لرګیو د لرګي سره سړی یې ولید.

Desde la cubierta del Narwhal vio cómo Seattle se desvanecía en la distancia.

د ناروال له ډیک څخه هغه د سیټل لیدل چې په لرې واټن کې ورک شو.

También fue la última vez que vio las cálidas tierras del Sur.

دا وروستی ځل هم و چې هغه ګرم ساوتلینډ ولید.

Perrault los llevó bajo cubierta y los dejó con François.

پیرولټ هغوی د ډیک لاندې بوتلل، او فرانسوا ته یې پرېښودل.

François era un gigante de cara negra y manos ásperas y callosas.

فرانسوا یو تور مخی لوی سړی و چې لاسونه یې سخت او بې حسه وو.

Era oscuro y moreno, un mestizo francocanadiense.

هغه تیاره او تیاره رنګ درلود؛ یو نیم نسل فرانسوی - کاناډایی.

Para Buck, estos hombres eran de un tipo que nunca había visto antes.

د باک لپاره، دا سړي داسې وو چې هغه مخکې هیڅکله نه وو لیدلي.

En los días venideros conocería a muchos hombres así.

هغه به په راتلونکو ورځو کې ډېر داسې سړي وپیژني.

No llegó a encariñarse con ellos, pero llegó a respetarlos.

هغه له هغوی سره مینه نه درلوده، خو د هغوی درناوی یې کاوه.

Eran justos y sabios, y no se dejaban engañar fácilmente por ningún perro.

دوی عادل او هوښیار وو، او په اسانۍ سره د کوم سپي لخوا نه غولیدل.

Juzgaban a los perros con calma y castigaban sólo cuando lo merecían.

دوی د سپو په اړه په ارامۍ سره قضاوت کاوه، او یوازې هغه وخت یې سزا ورکوله کله چې مستحق وو.

En la cubierta inferior del Narwhal, Buck y Curly se encontraron con dos perros.

د ناروال په ښکته ډیک کې، بک او کرلي دوه سپي ولیدل.

Uno de ellos era un gran perro blanco procedente de la lejana y gélida región de Spitzbergen.

یو یې د لرې، یخ سپیتزبرګن څخه یو لوی سپین سپی و.

Una vez navegó con un ballenero y se unió a un grupo de investigación.

هغه یو ځل د نهنګ کبانو سره په سمندر کې سفر کړی و او د سروې ډلې سره یوځای شوی و.

Era amigable de una manera astuta, deshonesta y tramposa.

هغه په چالاک، پټ او چالاک ډول دوستانه و.
En su primera comida, robó un trozo de carne de la sartén de Buck.
د دوی په لومړي ډوډۍ کې، هغه د باک له لوښي څخه د غوښې یوه ټوټه غلا کړه.
Buck saltó para castigarlo, pero el látigo de François golpeó primero.
باک د سزا ورکولو لپاره ټوپ وواهه، خو د فرانسوا کوټه لومړی ولګېده.
El ladrón blanco gritó y Buck recuperó el hueso robado.
سپین غل چیغه کړه، او بک غلا شوی هډوکی بیرته ترلاسه کړ.
Esa imparcialidad impresionó a Buck y François se ganó su respeto.
دې انصاف باک متاثر کړ، او فرانسوا خپل درناوی ترلاسه کړ.
El otro perro no saludó y no quiso recibir saludos a cambio.
بل سپي سلام ونه کړ، او په بدل کې یې هیڅ ونه غوښتل.
No robaba comida ni olfateaba con interés a los recién llegados.
هغه خواړه نه غلا کول، او نه یې په لیوالتیا سره نوي راغلي کسان بوی کول.
Este perro era sombrío y silencioso, melancólico y de movimientos lentos.
دا سپی ډېر بد او خاموش، خپه او ورو حرکت کوونکی و.
Le advirtió a Curly que se mantuviera alejada simplemente mirándola fijamente.
هغه کرلي ته خبرداری ورکړ چې یوازې هغې ته په کتلو سره لرې پاتې شي.
Su mensaje fue claro: déjenme en paz o habrá problemas.
د هغه پیغام واضح و؛ ما یوازې پرېږده یا ستونزه به وي.
Se llamaba Dave y apenas se fijaba en su entorno.
هغه ډیو نومېده، او هغه په سختۍ سره خپل شاوخوا ځایونه ولیدل.
Dormía a menudo, comía tranquilamente y bostezaba de vez en cuando.
هغه ډېر وخت ویده کېده، په ارامه به یې خوړل، او کله ناکله به یې ارږمۍ وهله.
El barco zumbaba constantemente con la hélice golpeando debajo.
کښتۍ په دوامداره توګه د لاندې ضربه کوونکي پروپیلر سره غږېده.

Los días pasaron con pocos cambios, pero el clima se volvió más frío.

ورځې په لږ بدلون سره تېرې شوې، خو هوا سړه شوه.

Buck podía sentirlo en sus huesos y notó que los demás también lo sentían.

باک دا په خپلو هډوکو کې احساس کولی شو، او ولیدل چې نورو هم دا احساس کاوه.

Entonces, una mañana, la hélice se detuvo y todo quedó en silencio.

بیا یوه سهار، پروپیلر ودرېد او هرڅه ولاړ وو.

Una energía recorrió la nave; algo había cambiado.

په کښتۍ کې یوه انرژي خپره شوه؛ یو څه بدل شوي وو.

François bajó, les puso las correas y los trajo arriba.

فرانسوا ښکته راغی، په پټیو یې وتړل او پورته یې کړل.

Buck salió y encontró el suelo suave, blanco y frío.

باک بهر راووت او ځمکه یې نرمه، سپینه او سړه ومونده.

Saltó hacia atrás alarmado y resopló totalmente confundido.

هغه په وېره کې بیرته ټوپ کړ او په بشپړ ګډوډۍ کې یې خوله ووهله.

Una extraña sustancia blanca caía del cielo gris.

له خړ اسمان څخه عجیب سپین شیان راوتل.

Se sacudió, pero los copos blancos seguían cayendo sobre él.

هغه ځان وښوروه، خو سپینې ټوټې یې پر سر راپرېوتې.

Olió con cuidado la sustancia blanca y lamió algunos trocitos helados.

هغه سپین شیان په دقت سره بوی کړل او یو څو یخ ټوټې یې وختلې.

El polvo ardió como fuego y luego desapareció de su lengua.

پوډر د اور په څېر وسوځېد، بیا یې له ژبې څخه سمدلاسه ورک شو.

Buck lo intentó de nuevo, desconcertado por la extraña frialdad que desaparecía.

باک بیا هڅه وکړه، د عجیب ورکیدونکي سړې هوا له امله حیران شو.

Los hombres que lo rodeaban se rieron y Buck se sintió avergonzado.

د هغه شاوخوا سړي وخندل، او باک شرمنده شو.

No sabía por qué, pero le avergonzaba su reacción.

هغه نه پوهېده چې ولې، خو د خپل غبرګون څخه شرمېده.

Fue su primera experiencia con la nieve y le confundió.

دا د واورې سره د هغه لومړۍ تجربه وه، او دې کار هغه مغشوش کړ.

-La ley del garrote y el colmillo
د کلب او فنګ قانون

El primer día de Buck en la playa de Dyea se sintió como una terrible pesadilla.
د ډایا ساحل کې د باک لومړی ورځ د یو وحشتناک خوب په څیر احساس شوه.
Cada hora traía nuevas sorpresas y cambios inesperados para Buck.
هر ساعت د باک لپاره نوي ټکانونه او ناڅاپي بدلونونه راوړل.
Lo habían sacado de la civilización y lo habían arrojado a un caos salvaje.
هغه له تمدن څخه ایستل شوی و او په وحشي ګډوډۍ کې اچول شوی و.
Aquella no era una vida soleada y tranquila, llena de aburrimiento y descanso.
دا د لمر او سست ژوند نه و چې ستړیا او آرام پکې وو.
No había paz, ni descanso, ni momento sin peligro.
نه سوله وه، نه ارام و، او نه له خطر پرته شیبه وه.
La confusión lo dominaba todo y el peligro siempre estaba cerca.
ګډوډي په هرڅه واکمنه وه، او خطر تل نږدې و.
Buck tuvo que mantenerse alerta porque estos hombres y perros eran diferentes.
باک باید هوښیار پاتې شي ځکه چې دا سړي او سپي مختلف وو.
No eran de pueblos; eran salvajes y sin piedad.
دوی د ښارونو نه وو؛ دوی وحشي او بې رحمه وو.
Estos hombres y perros sólo conocían la ley del garrote y el colmillo.
دا سړي او سپي یوازې د کلب او فینګ قانون پوهېدل.
Buck nunca había visto perros pelear como estos salvajes huskies.
باک هیڅکله سپي د دې وحشي هسکیانو په څیر جنګ نه وو لیدلي.
Su primera experiencia le enseñó una lección que nunca olvidaría.
د هغه لومړی تجربې هغه ته داسې درس ورکړ چې هیڅکله به یې هیر نه کړي.
Tuvo suerte de que no fuera él, o habría muerto también.

هغه بختور و چې دا هغه نه و، که نه نو هغه به هم مړ شوی وای.
Curly fue el que sufrió mientras Buck observaba y aprendía.
کرلي هغه څوک و چې ځورېدلی و پداسې حال کې چې بک یې لیدل او زده کړه یې کوله.
Habían acampado cerca de una tienda construida con troncos.
دوی د لرګیو څخه جوړ شوي دوکان ته نږدې کمپ جوړ کړی و.
Curly intentó ser amigable con un husky grande, parecido a un lobo.
کرلي هڅه وکړه چې د یو لوی، لیوه په څیر هسکي سره دوستانه وي.
El husky era más pequeño que Curly, pero parecía salvaje y malvado.
هسکي د کورلي په پرتله کوچنی و، خو وحشي او بدمرغه ښکارېده.
Sin previo aviso, saltó y le abrió el rostro.
پرته له خبرتیا، هغه ټوپ کړ او د هغې مخ یې خلاص کړ.
Sus dientes la atravesaron desde el ojo hasta la mandíbula en un solo movimiento.
غاښونه یې په یوه حرکت کې د هغې له سترګې څخه تر ژامې پورې پرې کړل.
Así era como peleaban los lobos: golpeaban rápido y saltaban.
لیوه په دې ډول جنګېدل — په چټکۍ سره به یې ووهل او ټوپونه به یې وهل.
Pero había mucho más que aprender de ese único ataque.
خو د هغه برید څخه د زده کړې لپاره ډیر څه وو.
Decenas de huskies entraron corriendo y formaron un círculo silencioso.
لسګونه هسکي په منډه راغلل او یوه خاموشه حلقه یې جوړه کړه.
Observaron atentamente y se lamieron los labios con hambre.
دوی له نږدې وکتل او له لوږې یې خپلې شونډې وڅټلې.
Buck no entendió su silencio ni sus miradas ansiosas.
باک د دوی چوپتیا یا د دوی لیواله سترګې نه پوهیدې.
Curly se apresuró a atacar al husky por segunda vez.
کرلي د دوهم ځل لپاره په هسکي برید ته منډه کړه.
Él usó su pecho para derribarla con un movimiento fuerte.
هغه د خپلې سینې په کارولو سره هغه په یو قوي حرکت سره وغورځوله.

Ella cayó de lado y no pudo levantarse más.
هغه په خپل اړخ ولوېده او بیرته پورته نشوه.
Eso era lo que los demás habían estado esperando todo el tiempo.
دا هغه څه وو چې نور یې له ډېرې مودې راهیسې په تمه وو.
Los perros esquimales saltaron sobre ella, aullando y gruñendo frenéticamente.
هسکي په هغې توپ وواهه، په لیونتوب سره یې چیغې وهلې او چیغې یې وهلې.
Ella gritó cuando la enterraron bajo una pila de perros.
هغې چیغې وهلې کله چې دوی هغه د سپیو د یوې ډېرې لاندې ښخه کړه.
El ataque fue tan rápido que Buck se quedó paralizado por la sorpresa.
برید دومره ګړندی و چې باک د حیرانتیا له امله په خپل ځای یخ شو.
Vio a Spitz sacar la lengua de una manera que parecía una risa.
هغه ولیدل چې سپیتز خپله ژبه په داسې ډول راښکته کړه چې د خندا په څېر ښکارېده.
François cogió un hacha y corrió directamente hacia el grupo de perros.
فرانسوا یو تبر واخیست او مستقیم د سپیو په ډله کې منډه کړه.
Otros tres hombres usaron palos para ayudar a ahuyentar a los perros esquimales.
درې نورو سړیو د هسکیانو د وهلو لپاره له کلپونو څخه کار واخیست.
En sólo dos minutos, la pelea terminó y los perros desaparecieron.
یوازې په دوو دقیقو کې، جګړه پای ته ورسېده او سپي لاړل.
Curly yacía muerta en la nieve roja y pisoteada, con su cuerpo destrozado.
تاو شوې ښځه په سره، تر پښو لاندې شوې واوره کې مړه پرته وه، بدن یې ټوټه ټوټه شوی و.
Un hombre de piel oscura estaba de pie sobre ella, maldiciendo la brutal escena.
یو تور پوستی سړی د هغې تر څنګ ولاړ و، او د ظالمانه صحنې لعنت یې ویل.
El recuerdo permaneció con Buck y atormentó sus sueños por la noche.

دا خاطره له باک سره پاتې شوه او د شپې به يې خوبونه ځورول.
Así era aquí: sin justicia, sin segundas oportunidades.
دلته هم همداسې وه؛ نه انصاف وو، نه دوهم چانس.
Una vez que un perro caía, los demás lo mataban sin piedad.
کله چې يو سپی ولوېد، نور به يې بې رحمه ووژني.
Buck decidió entonces que nunca se permitiría caer.
باک بيا پرېکړه وکړه چې هيڅکله به ځان ته اجازه ورنکړي چې وغورځيږي.
Spitz volvió a sacar la lengua y se rió de la sangre.
سپيتز بيا خپله ژبه راوويسته او په وينه يې وخندل.
Desde ese momento, Buck odió a Spitz con todo su corazón.
له هغې شيبې څخه، باک د زړه له کومي له سپيتز څخه کرکه کوله.

Antes de que Buck pudiera recuperarse de la muerte de Curly, sucedió algo nuevo.
مخکې لدې چې بک د کرلي له مرگ څخه روغ شي، يو څه نوی پيښ شو.
François se acercó y ató algo alrededor del cuerpo de Buck.
فرانسوا راغی او د باک د بدن شاوخوا يې يو څه وتړل.
Era un arnés como los que usaban los caballos en el rancho.
دا د هغو بندونو په څېر وه چې په فارم کې په اسونو کې کارول کيږي.
Así como Buck había visto trabajar a los caballos, ahora él también estaba obligado a trabajar.
لکه څنګه چې باک د اسونو کار ليدلی و، اوس هغه هم کار ته اړ ايستل شوی و.
Tuvo que arrastrar a François en un trineo hasta el bosque cercano.
هغه بايد فرانسوا په يوه سليج کې نږدې ځنګل ته کش کړي.
Después tuvo que arrastrar una carga de leña pesada.
بيا هغه اړ شو چې د لرګيو درانه بار بيرته راوباسي.
Buck era orgulloso, por eso le dolía que lo trataran como a un animal de trabajo.
باک مغرور و، نو دا ورته درد ورکاوه چې د کارگر ځاروي په څير چلند ورسره وشي.
Pero él era sabio y no intentó luchar contra la nueva situación.

خو هغه هوښیار و او هڅه یې وکړه چې له نوي وضعیت سره مبارزه وکړي.
Aceptó su nueva vida y dio lo mejor de sí en cada tarea.
هغه خپل نوی ژوند ومانه او په هر کار کې یې خپله غوره هڅه وکړه.
Todo en la obra le resultaba extraño y desconocido.
د کار په اړه هرڅه هغه ته عجیب او نا اشنا وو.
Francisco era estricto y exigía obediencia sin demora.
فرانسوا سخت و او پرته له ځنډه یې د اطاعت غوښتنه کوله.
Su látigo garantizaba que cada orden fuera seguida al instante.
د هغه په څټک داړ ترلاسه کاوه چې هر امر په یو ځل تعقیب شي.
Dave era el que conducía el trineo, el perro que estaba más cerca de él, detrás de Buck.
ډیو د موټر چلوونکی و، سپی چې د باک تر شا سلیج ته نږدې و.
Dave mordió a Buck en las patas traseras si cometía un error.
که چیرې ډیو غلطي کړې وي نو بک یې په شا پښنو وویشت.
Spitz era el perro líder, hábil y experimentado en su función.
سپیټز مخکښ سپی و، په رول کې ماهر او تجربه لرونکی.
Spitz no pudo alcanzar a Buck fácilmente, pero aún así lo corrigió.
سپیټز په اسانی سره بک ته نشو رسیدلی، خو بیا یې هم هغه سم کړ.
Gruñó con dureza o tiró del trineo de maneras que le enseñaron a Buck.
هغه په زوره چیغه کړه یا یې سلیج په داسې ډول کش کړ چې باک ته یې ښوونه کوله.
Con este entrenamiento, Buck aprendió más rápido de lo que cualquiera de ellos esperaba.
د دې روزنې لاندې، بک د دوی د تمې څخه ګړندی زده کړه وکړه.
Trabajó duro y aprendió tanto de François como de los otros perros.
هغه سخت کار وکړ او له فرانسوا او نورو سپو دواړو څخه یې زده کړه وکړه.
Cuando regresaron, Buck ya conocía los comandos clave.
کله چې دوی بیرته راستانه شول، بک لا دمخه مهم حکمونه پوهېدل.
Aprendió a detenerse al oír la palabra “ho” gracias a François.
هغه د فرانسوا څخه د "هو "په غږ سره د درېدو زده کړه وکړه.

Aprendió cuando tenía que tirar del trineo y correr.

هغه زده کړل چې کله باید سلیج کش کړي او منډه وکړي۔

Aprendió a girar abiertamente en las curvas del camino sin problemas.

هغه زده کړل چې په لاره کې په کږو کې پرته له کومې ستونزې پراخه وګرځي۔

También aprendió a evitar a Dave cuando el trineo descendía rápidamente.

هغه دا هم زده کړل چې کله سلیج په چټکۍ سره ښکته لاړ شي نو له ډیو څخه ډډه وکړي۔

"Son perros muy buenos", le dijo orgulloso François a Perrault.

فرانسوا په ویاړ سره پیرولټ ته وویل" :دوی ډېر ښه سپي دي۔"

"Ese Buck tira como un demonio. Le enseño rapidísimo".

هغه بک ډېر ښه کار کوي - زه ورته ژر زده کوم"۔"

Más tarde ese día, Perrault regresó con dos perros husky más.

په هغه ورځ وروسته، پیرولټ د دوو نورو سپو سره بیرته راغی۔

Se llamaban Billee y Joe y eran hermanos.

د دوی نومونه بیلي او جو وو، او دوی ورونه وو۔

Venían de la misma madre, pero no se parecían en nada.

دوی د یوې مور څخه راغلي وو، خو په هیڅ ډول سره ورته نه وو۔

Billee era de carácter dulce y muy amigable con todos.

بیلي خوږ طبیعته وه او له هرچا سره ډېره دوستانه وه۔

Joe era todo lo contrario: tranquilo, enojado y siempre gruñendo.

جو برعکس وو - خاموش، غوسه، او تل چیغې وهونکی۔

Buck los saludó de manera amigable y se mostró tranquilo con ambos.

باک هغوی ته په دوستانه ډول ښه راغلاست ووایه او له دواړو سره ارام و۔

Dave no les prestó atención y permaneció en silencio como siempre.

ډیو هغوی ته هیڅ پام ونه کړ او د معمول په څیر غلی پاتې شو۔

Spitz atacó primero a Billee, luego a Joe, para demostrar su dominio.

سپيتز لومړی په بيلي برید وکړ، بیا په جو، ترڅو خپل تسلط وښيي.
Billee movió la cola y trató de ser amigable con Spitz.
بيلي خپله لکۍ وښوروله او هڅه يې وکړه چې له سپيتز سره دوستانه وي.
Cuando eso no funcionó, intentó huir.
کله چې دا کار ونکړ، نو هغه هڅه وکړه چې وتښتي.
Lloró tristemente cuando Spitz lo mordió fuerte en el costado.
کله چې سپيتز هغه له اړخه په کلکه وخندل، هغه په خواشينۍ سره وژړل.
Pero Joe era muy diferente y se negaba a dejarse intimidar.
خو جو ډېر توپير درلود او د ځوروني سره يې ډډه کوله.
Cada vez que Spitz se acercaba, Joe giraba rápidamente para enfrentarlo.
هر کله چې سپيتز نږدې شو، جو به په چټکۍ سره د هغه سره د مخامخ کيدو لپاره ګرځېده.
Su pelaje se erizó, sus labios se curvaron y sus dientes chasquearon salvajemente.
د هغه وېښتان څڅېدل، شونډې يې تاو شوې، او غاښونه يې په بې رحمۍ سره راښکته شول.
Los ojos de Joe brillaron de miedo y rabia, desafiando a Spitz a atacar.
د جو سترګې له وېرې او غوسې څخه ځلېدلې، او سپيتز يې د ګوزار کولو جرئت وکړ.
Spitz abandonó la lucha y se alejó, humillado y enojado.
سپيتز جګړه پرېښوده او مخ يې واړاوه، سپک او غوسه شو.
Descargó su frustración en el pobre Billee y lo ahuyentó.
هغه خپله خپګان په بې وزله بيلي څرګند کړ او هغه يې وشړلو.
Esa noche, Perrault añadió un perro más al equipo.
په هغه ماښام، پيرولټ يو بل سپی ټيم ته اضافه کړ.
Este perro era viejo, delgado y cubierto de cicatrices de batalla.
دا سپی زوړ، کمزوری او د جګړې په ټپونو پوښل شوی و.
Le faltaba un ojo, pero el otro brillaba con poder.
د هغه يوه سترګه ورکه وه، خو بله يې له برېښنا څخه ځليده.
El nombre del nuevo perro era Solleks, que significaba "el enojado".
د نوي سپي نوم سوليکس وو، چې د غوسه کوونکي معنی يې درلوده.

Al igual que Dave, Solleks no pidió nada a los demás y no dio nada a cambio.

د ډیو په څیر، سولیکس له نورو څخه هیڅ نه غوښتل، او هیڅ یې بیرته نه دی ورکړی.

Cuando Solleks entró lentamente al campamento, incluso Spitz se mantuvo alejado.

کله چې سولیکس ورو ورو کمپ ته ننوتل، حتی سپیتز هم لرې پاتې شو.

Tenía un hábito extraño que Buck tuvo la mala suerte de descubrir.

هغه یو عجیب عادت درلود چې بک یې په موندلو کې بدبخته و.

A Solleks le disgustaba que se acercaran a él por el lado donde estaba ciego.

سولیکس له دې څخه کرکه کوله چې په هغه اړخ کې چې هغه ړوند و، ورته نږدې شي.

Buck no sabía esto y cometió ese error por accidente.

باک په دې نه پوهیده او په ناڅاپي ډول یې دا تېروتنه وکړه.

Solleks se dio la vuelta y cortó el hombro de Buck profunda y rápidamente.

سولیکس وګرځېد او د باک اوږه یې په ژوره او چټکۍ سره ووهله.

A partir de ese momento, Buck nunca se acercó al lado ciego de Solleks.

له هغې شیبې وروسته، بک هیڅکله د سولیکس ړانده اړخ ته نږدې نه شو.

Nunca volvieron a tener problemas durante el resto del tiempo que estuvieron juntos.

دوی د خپل پاتې وخت لپاره بیا هیڅکله ستونزه ونه لیدله.

Solleks sólo quería que lo dejaran solo, como el tranquilo Dave.

سولیکس غوښتل چې یوازې پاتې شي، لکه خاموش ډیو.

Pero Buck se enteraría más tarde de que cada uno tenía otro objetivo secreto.

خو باک به وروسته پوه شي چې دوی هر یو بل پټ هدف لري.

Esa noche, Buck se enfrentó a un nuevo y preocupante desafío: cómo dormir.

په هغه شپه باک له یوې نوې او ځورونکي ننګوني سره مخ شو - څنګه خوب وکړي.

La tienda brillaba cálidamente con la luz de las velas en el campo nevado.
خیمه په واوره پوښل شوي میدان کې د شمعې په رڼا سره ګرمه ځلیده.
Buck entró, pensando que podría descansar allí como antes.
باک دننه لاړ، فکر یې کاوه چې هغه کولی شي هلته د پخوا په څیر آرام وکړي.
Pero Perrault y François le gritaron y le lanzaron sartenes.
خو پیرولټ او فرانسوا په هغه چیغې وهلې او لوښي یې وغورځول.
Sorprendido y confundido, Buck corrió hacia el frío helado.
بک حیران او مغشوش شو، او په یخنۍ کې یې منډه کړه.
Un viento amargo le azotó el hombro herido y le congeló las patas.
یوه ترخه باد د هغه ټپي اوږه وویشتله او پښې یې کنګل کړې.
Se tumbó en la nieve y trató de dormir al aire libre.
هغه په واوره کې پروت و او هڅه یې کوله چې په خلاصه هوا کې ویده شي.
Pero el frío pronto le obligó a levantarse de nuevo, temblando mucho.
خو سړې هوا ډېر ژر هغه اړ کړ چې بېرته راپورته شي، سخت لړزېده.
Deambuló por el campamento intentando encontrar un lugar más cálido.
هغه په کمپ کې ګرځېده، هڅه یې کوله چې یو ګرم ځای ومومي.
Pero cada rincón estaba tan frío como el anterior.
خو هره کونج د پخوا په څېر سړه وه.
A veces, perros salvajes saltaban sobre él desde la oscuridad.
کله کله به وحشي سپي له تیارې څخه په هغه توپونه وهل.
Buck erizó su pelaje, mostró los dientes y gruñó en señal de advertencia.
باک خپل ویښتان وچول، غاښونه یې ښکاره کړل، او د خبرداري سره یې چیغه کړه.
Estaba aprendiendo rápido y los otros perros se alejaban rápidamente.
هغه په چټکۍ سره زده کړه کوله، او نور سپي په چټکۍ سره شاته شول.
Aún así, no tenía dónde dormir ni idea de qué hacer.
بیا هم، هغه د خوب لپاره ځای نه درلود، او نه پوهیده چې څه وکړي.
Por fin se le ocurrió una idea: ver cómo estaban sus compañeros de equipo.

بالاخره، هغه ته یو فکر راغی - د خپلو تیم ملګرو ته وګوری.
Regresó a su zona y se sorprendió al descubrir que habían desaparecido.
هغه د دوی سیمې ته راستون شو او حیران شو چې دوی نه دي تللي.
Nuevamente buscó por todo el campamento, pero todavía no pudo encontrarlos.
هغه بیا کمپ ولټولو، خو بیا یې هم ونه موندل.
Sabía que ellos no podían estar en la tienda, o él también lo estaría.
هغه پوهیده چې دوی په خیمه کې نشي کیدی، یا هغه به هم وي.
Entonces ¿a dónde se habían ido todos los perros en este campamento helado?
نو په دې کنګل شوي کمپ کې ټول سپي چیرته تللي وو؟
Buck, frío y miserable, caminó lentamente alrededor de la tienda.
باک، سړه او بدبخته، ورو ورو د خیمې شاوخوا ګرځي.
De repente, sus patas delanteras se hundieron en la nieve blanda y lo sobresaltó.
ناڅاپه، د هغه مخکینی پښې په نرمه واوره کې ډوبې شوې او هغه یې حیران کړ.
Algo se movió bajo sus pies y saltó hacia atrás asustado.
د هغه د پښو لاندې یو څه وخوت، او هغه له ویرې بیرته ټوپ کړ.
Gruñó y rugió sin saber qué había debajo de la nieve.
هغه چیغه کړه او چیغه یې کړه، نه پوهیده چې د واورې لاندې څه پټ دي.
Entonces oyó un ladrido amistoso que alivió su miedo.
بیا یې یو کوچنی دوستانه غږ واورېد چې د هغه ویره یې کمه کړه.
Olfateó el aire y se acercó para ver qué estaba oculto.
هغه هوا بوی کړه او نږدې شو ترڅو وګوري چې څه پټ وو.
Bajo la nieve, acurrucada en una bola cálida, estaba la pequeña Billee.
کوچنی بیلي د واورې لاندې، چې په ګرم توپ بدله شوې وه، وه.
Billee movió la cola y lamió la cara de Buck para saludarlo.
بیلي خپله لکۍ وښوروله او د بک مخ یې څټ کړ ترڅو هغه ته ښه راغلاست ووایي.
Buck vio cómo Billee había hecho un lugar para dormir en la nieve.

باک ولیدل چې ښنګه ببلې په واوره کې د خوب ځای جوړ کړی و.
Había cavado y usado su propio calor para mantenerse caliente.
هغه کنده کړې وه او د ګرم پاتې کېدو لپاره یې خپله تودوخه کارولې وه.
Buck había aprendido otra lección: así era como dormían los perros.
باک یو بل درس زده کړی و - دا هغه ډول و چې سپي به خوب کاوه.
Eligió un lugar y comenzó a cavar su propio hoyo en la nieve.
هغه یو ځای غوره کړ او په واوره کې یې د خپلې کندې کیندلو پیل وکړ.
Al principio, se movía demasiado y desperdiciaba energía.
په لومړي سر کې، هغه ډېر ګرځېده او انرژي یې ضایع کړه.
Pero pronto su cuerpo calentó el espacio y se sintió seguro.
خو ډېر ژر یې بدن ځای ګرم کړ، او هغه د خوندیتوب احساس وکړ.
Se acurrucó fuertemente y al poco tiempo estaba profundamente dormido.
هغه کلک تاو شو، او ډېر ژر ویده شو.
El día había sido largo y duro, y Buck estaba exhausto.
ورځ اوږده او سخته وه، او باک ډېر ستړی و.
Durmió profundamente y cómodamente, aunque sus sueños fueron salvajes.
هغه ژور او آرام ویده شو، که څه هم د هغه خوبونه وحشي وو.
Gruñó y ladró mientras dormía, retorciéndose mientras soñaba.
هغه په خوب کې زاری او غپا وهله، د خوب په وخت کې یې سر وخوځاوه.

Buck no se despertó hasta que el campamento ya estaba cobrando vida.
باک تر هغه وخته پورې له خوبه نه راویښ شو تر څو چې کمپ لا دمخه ژوندی نه شو.
Al principio, no sabía dónde estaba ni qué había sucedido.
په لومړي سر کې، هغه نه پوهیده چې چیرته دی یا څه پیښ شوي دي.
Había nevado durante la noche y había enterrado completamente su cuerpo.
د شپې واوره ورېدلې وه او د هغه بدن یې په بشپړه توګه دفن کړی و.
La nieve lo apretaba por todos lados.

واوره د هغه شاوخوا رابنکته شوه، له ټولو خواوو څخه سخته وه.
De repente, una ola de miedo recorrió todo el cuerpo de Buck.
ناڅاپه د باک په ټول بدن کې د ويرې څپه خپره شوه.
Era el miedo a quedar atrapado, un miedo que provenía de instintos profundos.
دا د بند پاتې کېدو ويره وه، د ژورو غريزو څخه وېره.
Aunque nunca había visto una trampa, el miedo vivía dentro de él.
که څه هم هغه هيڅکله دام نه و ليدلی، خو ويره يې دننه ژوند کاوه.
Era un perro domesticado, pero ahora sus viejos instintos salvajes estaban despertando.
هغه يو اهلي سپی وو، خو اوس يې زاړه وحشي غريزونه راويښ شوي وو.
Los músculos de Buck se tensaron y se le erizó el pelaje por toda la espalda.
د باک عضلات تنګ شول، او د هغه ويښتان يې په ټوله شا ولاړ وو.
Gruñó ferozmente y saltó hacia arriba a través de la nieve.
هغه په زوره چيغه کړه او په واوره کې مستقيم ټوپ وواهه.
La nieve voló en todas direcciones cuando estalló la luz del día.
کله چې رڼا راغله، واوره هرې خوا ته الوتله.
Incluso antes de aterrizar, Buck vio el campamento extendido ante él.
حتی د کښته کيدو دمخه، باک د هغه په وړاندې خپور شوی کمپ وليد.
Recordó todo del día anterior, de repente.
هغه ته د تېرې ورځې هر څه په يو ځل ياد شول.
Recordó pasear con Manuel y terminar en ese lugar.
هغه د مانويل سره ګرځېدل او په دې ځای کې پای ته رسېدل په ياد لري.
Recordó haber cavado el hoyo y haberse quedado dormido en el frío.
هغه ته د کندې کيندل او په سړه هوا کې ويده کيدل ياد شول.
Ahora estaba despierto y el mundo salvaje que lo rodeaba estaba claro.
اوس هغه ويښ و، او شاوخوا وحشي نړۍ يې روښانه وه.
Un grito de François saludó la repentina aparición de Buck.
د فرانسوا له خوا يو چيغه د باک د ناڅاپي راڅرګندېدو هرکلی وکړ.

—¿Qué te dije? —gritó en voz alta el conductor del perro a Perrault.

ما څه وویل؟ "د سپي چلوونکي په لوړ غږ پیرولټ ته وویل".

"Ese Buck sin duda aprende muy rápido", añadió François.

فرانسوا زیاته کړه" :دا بک یقینا د هر څه په ځیر ژر زده کوي."

Perrault asintió gravemente, claramente satisfecho con el resultado.

پیرولټ په جدي ډول سر وخوځاوه، په څرګنده توګه له پایلې څخه خوښ و.

Como mensajero del gobierno canadiense, transportaba despachos.

د کاناډا حکومت لپاره د پیغام رسونکي په توګه، هغه پیغامونه لیږدول.

Estaba ansioso por encontrar los mejores perros para su importante misión.

هغه د خپل مهم ماموریت لپاره د غوره سپو موندلو ته لیواله و.

Se sintió especialmente complacido ahora que Buck era parte del equipo.

هغه اوس په ځانګړي ډول خوښ و چې بک د ټیم برخه وه.

Se agregaron tres huskies más al equipo en una hora.

په یوه ساعت کې درې نور هسکي ټیم ته اضافه شول.

Eso elevó el número total de perros en el equipo a nueve.

په دې سره په ټیم کې د سپو ټولټال شمېر نهو ته ورسېد.

En quince minutos todos los perros estaban en sus arneses.

په پنځلسو دقیقو کې ټول سپي په خپلو زنګونو کې وو.

El equipo de trineos avanzaba por el sendero hacia Dyea Cañón.

د سلیج ټیم د دایا کینون په لور لاره پورته کوله.

Buck se sintió contento de partir, incluso si el trabajo que tenía por delante era duro.

باک د تګ څخه خوښ و، حتی که مخکې کار سخت و.

Descubrió que no despreciaba especialmente el trabajo ni el frío.

هغه وموندله چې هغه په ځانګړي ډول کار یا سړې ته سپکاوی نه کوي.

Le sorprendió el entusiasmo que llenaba a todo el equipo.

هغه د هغه لیوالتیا څخه حیران شو چې ټوله ټیم یې ډکه کړه.

Aún más sorprendente fue el cambio que se produjo en Dave y Solleks.

حتی ډیر حیرانونکی هغه بدلون و چې په ډیو او سولیکس کې راغلی و.
Estos dos perros eran completamente diferentes cuando estaban enjaezados.
دا دوه سپي په بشپړ ډول مختلف وو کله چې دوی کارول شوي وو.
Su pasividad y falta de preocupación habían desaparecido por completo.
د دوی بې پروايي او د اندېښنې نشتوالی په بشپړه توګه ورک شوی و.
Estaban alertas y activos, y ansiosos por hacer bien su trabajo.
دوی هوښیار او فعال وو، او د خپل کار په ښه توګه ترسره کولو ته لیواله وو.
Se irritaban ferozmente ante cualquier cosa que causara retraso o confusión.
دوی په هر هغه څه چې ځنډ یا ګډوډي رامینځته کوي سخت غوسه کېدل.
El duro trabajo en las riendas era el centro de todo su ser.
د بامونو سخت کار د دوی د ټول وجود مرکز و.
Tirar del trineo parecía ser lo único que realmente disfrutaban.
داسې ښکارېده چې د سلېډ کشول یوازینی شی و چې دوی یې په ریښتیا سره خوند اخیست.
Dave estaba en la parte de atrás del grupo, más cerca del trineo.
ډېو د ډلې په شا کې و، پخپله سلیج ته نږدې.
Buck fue colocado delante de Dave, y Solleks se adelantó a Buck.
باک د ډیو مخې ته کېښودل شو، او سولیکس د باک مخې ته ودرېد.
El resto de los perros estaban dispersos adelante, en una sola fila.
پاتې سپي په یوه دوسیه کې مخکې خپرول شوي وو.
La posición de cabeza en la parte delantera quedó ocupada por Spitz.
په مخ کې مخکښ مقام د سپیټز لخوا ډک شو.
Buck había sido colocado entre Dave y Solleks para recibir instrucción.
بک د ډیو او سولیکس ترمنځ د لارښوونې لپاره ځای پر ځای شوی و.
Él aprendía rápido y sus profesores eran firmes y capaces.
هغه یو چټک زده کوونکی وو، او دوی ټینګ او وړ ښوونکي وو.

Nunca permitieron que Buck permaneciera en el error por mucho tiempo.
دوی هیڅکله باک ته اجازه ورنکړه چې د اوږدې مودې لپاره په غلطۍ کې پاتې شي.
Enseñaron sus lecciones con dientes afilados cuando era necesario.
دوی د اړتیا په وخت کې په تیزو غاښونو سره خپل درسونه تدریس کول.
Dave era justo y mostraba un tipo de sabiduría tranquila y seria.
ډېو منصف وو او یو خاموش، جدي ډول هوښیارتیا یې وښودله.
Él nunca mordió a Buck sin una buena razón para hacerlo.
هغه هیڅکله بک د ښه دلیل پرته نه دی چیچلی.
Pero nunca dejó de morder cuando Buck necesitaba corrección.
خو کله چې باک اصلاح ته اړتیا درلوده، هغه هیڅکله هم په وهلو کې پاتې راغی.
El látigo de Francisco estaba siempre listo y respaldaba su autoridad.
د فرانسوا کوپړۍ تل چمتو وه او د دوی د واک ملاتړ یې کاوه.
Buck pronto descubrió que era mejor obedecer que defenderse.
باک ډېر ژر وموندله چې د ځواب ورکولو په پرتله اطاعت کول غوره دي.
Una vez, durante un breve descanso, Buck se enredó en las riendas.
یو ځل، د لنډې استراحت په جریان کې، باک په بام کې ګیر شو.
Retrasó el inicio y confundió los movimientos del equipo.
هغه د لوبې پیل وځنداوه او د لوبډلې حرکت یې ګډوډ کړ.
Dave y Solleks se abalanzaron sobre él y le dieron una paliza brutal.
ډېو او سولېکس پر هغه وروختل او سخت وهل یې پرې وکړل.
El enredo sólo empeoró, pero Buck aprendió bien la lección.
ستونزه نوره هم خرابه شوه، خو بک خپل درس ښه زده کړ.
A partir de entonces, mantuvo las riendas tensas y trabajó con cuidado.
له هغه وروسته، هغه خپل لاس کلک وساته، او په دقت سره یې کار وکړ.

Antes de que terminara el día, Buck había dominado gran parte de su tarea.
د ورځې له پای ته رسېدو مخکې، باک د خپلې دندې ډېره برخه په لاس کې واخیسته.
Sus compañeros casi dejaron de corregirlo y morderlo.
د هغه د ملګرو ملګرو تقریبا د هغه اصلاح کول یا وهل بند کړل.
El látigo de François resonaba cada vez con menos frecuencia en el aire.
د فرانسوا ښتک په هوا کې لږ او لږ تکان وخوړ.
Perrault incluso levantó los pies de Buck y examinó cuidadosamente cada pata.
پیرولټ حتی د باک پښې پورته کړې او هره پنجه یې په دقت سره معاینه کړه.
Había sido un día de carrera duro, largo y agotador para todos ellos.
دا د دوی ټولو لپاره یوه سخته ورځ وه، اوږده او ستړې کوونکې وه.
Viajaron por el Cañón, atravesando Sheep Camp y pasando por Scales.
دوی د کینون څخه پورته سفر وکړ، د پسونو کمپ له لارې، او د ترازو څخه تیر شول.
Cruzaron la línea de árboles, luego glaciares y bancos de nieve de muchos metros de profundidad.
دوی د لرګیو له کرښې تیر شول، بیا ګلیشیرونه او د واورې ډیری فوټ ژورې ځپې.
Escalaron la gran, fría y prohibitiva divisoria de Chilkoot.
دوی د لوی سړې هوا او د چیلکوټ ویش منع کولو سره مخ شول.
Esa alta cresta se encontraba entre el agua salada y el interior helado.
هغه لوړه څوکه د مالګې اوبو او کنګل شوي داخلي برخې ترمنځ ولاړه وه.
Las montañas custodiaban con hielo y empinadas subidas el triste y solitario Norte.
غرونو د یخ او لوړو غرونو په واسطه د غمجن او یوازیني شمال ساتنه کوله.
Avanzaron a buen ritmo por una larga cadena de lagos debajo de la divisoria.
دوی د جهیلونو په اوږده سلسله کې ښه وخت تیر کړ.

Esos lagos llenaban los antiguos cráteres de volcanes extintos.

دغو جهيلونو د وركو شويو اورشيندونكو لرغونو غرونو ډک کړل۔

Tarde esa noche, llegaron a un gran campamento en el lago Bennett.

د شپې ناوخته، دوی د بينيټ جهيل کې يو لوی کمپ ته ورسيدل۔

Miles de buscadores de oro estaban allí, construyendo barcos para la primavera.

هلته زرګونه د سرو زرو غوښتونکي وو، د پسرلي لپاره يې کښتۍ جوړولې۔

El hielo se rompería pronto y tenían que estar preparados.

يخ ډېر ژر ماتيدونکی و، او دوی بايد چمتو وي۔

Buck cavó su hoyo en la nieve y cayó en un sueño profundo.

باک په واوره کې خپله سوری وکينده او په ژور خوب ويده شو۔

Durmió como un trabajador, exhausto por la dura jornada de trabajo.

هغه د يو کارګر سړي په څير ويده شو، د سختې ورځې د سخت کار څخه ستړی شوی و۔

Pero demasiado pronto, en la oscuridad, fue sacado del sueño.

خو په تياره کې ډېر ژر، هغه له خوبه راويستل شو۔

Fue enganchado nuevamente con sus compañeros y sujeto al trineo.

هغه بيا د خپلو ملګرو سره يوځای شو او د سليج سره وصل شو۔

Aquel día hicieron cuarenta millas, porque la nieve estaba muy pisoteada.

په هغه ورځ دوی څلوېښت ميله مزل وکړ، ځکه چې واوره ښه تر پښو لاندې شوې وه۔

Al día siguiente, y durante muchos días más, la nieve estaba blanda.

بله ورځ، او د ډيرو ورځو لپاره، واوره نرمه وه۔

Tuvieron que hacer el camino ellos mismos, trabajando más duro y moviéndose más lento.

دوی بايد لاره پخپله جوړه کړي، ډير کار يې کاوه او ورو ورو حرکت يې کاوه۔

Por lo general, Perrault caminaba delante del equipo con raquetas de nieve palmeadas.

معمولا، پیرولټ به د جالیو لرونکو سنوشوگانو سره د تیم څخه مخکې روان و.

Sus pasos compactaron la nieve, facilitando el movimiento del trineo.

د هغه قدمونو واوره ډکه کړه، چې د سلیج لپاره یې حرکت اسانه کړ.

François, que dirigía el barco desde la dirección, a veces tomaba el relevo.

فرانسوا، چې له جی پول څخه یې لاربښوونه کوله، ځینې وختونه یې واک په غاړه واخیست.

Pero era raro que François tomara la iniciativa.

خو دا نادره وه چې فرانسوا مشري په غاړه واخلي

porque Perrault tenía prisa por entregar las cartas y los paquetes.

ځکه چې پیرولټ د لیکونو او پارسلونو رسولو لپاره په بیړه کې و.

Perrault estaba orgulloso de su conocimiento de la nieve, y especialmente del hielo.

پیرولټ د واورې په اړه په خپلې پوهې ویاړي، او په ځانګړې توګه د یخ په اړه.

Ese conocimiento era esencial porque el hielo en otoño era peligrosamente delgado.

دا پوهه اړینه وه، ځکه چې د مني یخ په خطرناکه توګه نرى و.

Allí donde el agua fluía rápidamente bajo la superficie, no había hielo en absoluto.

چیرته چې اوبه د سطحې لاندې په چټکۍ سره بهېدې، هلته هیڅ یخ نه و.

Día tras día, la misma rutina se repetía sin fin.

ورځ په ورځ، هماغه معمول بې پایه تکرار شو.

Buck trabajó incansablemente en las riendas desde el amanecer hasta la noche.

باک له سهاره تر شپې پورې په بې پایه توګه کار وکړ.

Abandonaron el campamento en la oscuridad, mucho antes de que saliera el sol.

دوی په تیاره کې له کمپ څخه ووتل، د لمر له راختلو ډېر مخکې.

Cuando amaneció, ya habían recorrido muchos kilómetros.

کله چې ورځ رڼا شوه، ډېر میله لا دمخه تري شاته وو.

Acamparon después del anochecer, comieron pescado y excavaron en la nieve.

دوی د شپې له تیاره وروسته کمپ ودراوه، کبان یې خوړل او په واورو کې یې ښخ کړل.

Buck siempre tenía hambre y nunca estaba realmente satisfecho con su ración.

باک تل وږی و او هیڅکله یې له خپل خوراک څخه په ریښتیا راضي نه و.

Recibía una libra y media de salmón seco cada día.

هغه ته هره ورځ یو نیم پونډ وچه سالمن مچھلی ورکول کېده.

Pero la comida parecía desaparecer dentro de él, dejando atrás el hambre.

خو داسې ښکارېده چې خواړه یې دننه ورک شوي وو، او لوږه یې شاته پرېښوده.

Sufría constantes dolores de hambre y soñaba con más comida.

هغه د لوږې له دوامداره درد څخه رنځ وړ، او د نورو خوړو خوب یې لیدل.

Los otros perros sólo ganaron una libra, pero se mantuvieron fuertes.

نورو سپو ته یوازې یو پونډ خواړه ورکړل شول، خو دوی پیاوړي پاتې شول.

Eran más pequeños y habían nacido en la vida del norte.

دوی کوچني وو، او په شمالي ژوند کې زیږیدلي وو.

Perdió rápidamente la meticulosidad que había caracterizado su antigua vida.

هغه په چټکۍ سره هغه بې پروا توب له لاسه ورکړ چې د هغه زوړ ژوند یې په نښه کړی و.

Había sido un comensal delicado, pero ahora eso ya no era posible.

هغه پخوا ډېر خوندور خواړه خوړل، خو اوس دا نور امکان نه درلود.

Sus compañeros terminaron primero y le robaron su ración sobrante.

ملګرو یې لومړی کار پای ته ورساوه او د هغه نا بشپړ شوی خوراک یې ترې لوټ کړ.

Una vez que empezaron, no había forma de defender su comida de ellos.

کله چې دوی پیل وکړ، نو د هغه د خوړو د ساتنې لپاره هیڅ لاره نه وه.

Mientras él luchaba contra dos o tres perros, los otros le robaron el resto.

پداسي حال کې چې هغه دوه یا درې سپي له منځه یوړل، نورو پاتې نور یې غلا کړل.

Para solucionar esto, comenzó a comer tan rápido como los demás.

د دې د حل لپاره، هغه په هماغه چټکۍ سره خوړل پیل کړل لکه څنګه چې نورو خوړل.

El hambre lo empujó tan fuerte que incluso tomó comida que no era suya.

لوږې هغه دومره سخت وهڅاوه چې حتی هغه خواړه هم وخوړل چې خپل نه وو.

Observó a los demás y aprendió rápidamente de sus acciones.

هغه نورو ته وکتل او د هغوی له کړنو څخه یې ډېر ژر زده کړه وکړه.

Vio a Pike, un perro nuevo, robarle una rebanada de tocino a Perrault.

هغه ولیدل چې پایک، یو نوی سپی، د پیرولټ څخه د بیکن یوه ټوټه غلا کوي.

Pike había esperado hasta que Perrault se dio la espalda para robarle el tocino.

پایک تر هغه وخته پورې انتظار کاوه چې د پیرولټ شا د بیکن غلا کولو لپاره واړول شي.

Al día siguiente, Buck copió a Pike y robó todo el trozo.

بله ورځ، باک د پایک کاپي وکړه او ټوله ټوټه یې غلا کړه.

Se produjo un gran alboroto, pero no se sospechó de Buck.

وروسته یوه لویه غوغا وشوه، خو په بک شک نه کېده.

Dub, un perro torpe que siempre era atrapado, fue castigado.

ډوب، یو بې کاره سپی چې تل به نیول کېده، پرځای یې سزا ورکړل شوه.

Ese primer robo marcó a Buck como un perro apto para sobrevivir en el Norte.

هغه لومړۍ غلا بک د شمال د ژوندي پاتې کیدو لپاره د مناسب سپي په توګه په نښه کړ.

Demostró que podía adaptarse a nuevas condiciones y aprender rápidamente.

هغه وښودله چې هغه کولی شي نوي شرایطو سره تطابق وکړي او په چټکۍ سره زده کړه وکړي۔
Sin esa adaptabilidad, habría muerto rápida y gravemente.
د داسې تطابق ورتیا پرته، هغه به په چټکۍ او بد ډول مړ شوی وای۔
También marcó el colapso de su naturaleza moral y de sus valores pasados.
دا د هغه د اخلاقي طبیعت او پخوانیو ارزښتونو ماتیدل هم په ګوته کوي۔
En el Sur, había vivido bajo la ley del amor y la bondad.
په ساوت لینډ کې، هغه د مینې او مهربانۍ د قانون لاندې ژوند کاوه۔
Allí tenía sentido respetar la propiedad y los sentimientos de los otros perros.
هلته دا معنی درلوده چې د ملکیت او نورو سپو احساساتو ته درناوی وشي۔
Pero en el Norte se aplicaba la ley del garrote y la ley del colmillo.
خو شمالي لینډ د کلب قانون او د فنګ قانون تعقیب کړ۔
Quienquiera que respetara los viejos valores aquí sería un tonto y fracasaría.
څوک چې دلته زاړه ارزښتونو ته درناوی کوي احمق وو او ناکام به شي۔
Buck no razonó todo esto en su mente.
باک دا ټول په خپل ذهن کې نه وو ایښي۔
Estaba en forma y se adaptó sin necesidad de pensar.
هغه فټ و، او له همدې امله یې پرته له دې چې فکر وکړي، ځان تنظیم کړ۔
Durante toda su vida, nunca había huido de una pelea.
په ټول ژوند کې، هغه هیڅکله له جګړې څخه نه دی تښتېدلی۔
Pero el garrote de madera del hombre del suéter rojo cambió esa regla.
خو د سور سویټر په اغوستونکي سړي لرګیني ډډې دا قاعده بدله کړه۔
Ahora seguía un código más profundo y antiguo escrito en su ser.
اوس هغه یو ژور او زوړ کوډ تعقیب کړ چې په خپل وجود کې لیکل شوی و۔
No robó por placer sino por el dolor del hambre.
هغه له خوښۍ غلا نه وه کړې، بلکې د لوږې له درد څخه یې غلا کړې وه۔

Él nunca robaba abiertamente, sino que hurtaba con astucia y cuidado.

هغه هیڅکله په ښکاره ډول غلا نه کوله، بلکې په هوښیارۍ او احتیاط سره یې غلا کوله.

Actuó por respeto al garrote de madera y por miedo al colmillo.

هغه د لرګیو د ډنډې د درناوي او د نښا له ویرې دا عمل وکړ.

En resumen, hizo lo que era más fácil y seguro que no hacerlo.

لنډه دا چې، هغه هغه څه وکړل چې د نه کولو په پرتله اسانه او خوندي وو.

Su desarrollo —o quizás su regreso a los viejos instintos— fue rápido.

د هغه پرمختګ - یا شاید زړو غریزو ته د هغه بیرته راستنیدل - ګړندی و.

Sus músculos se endurecieron hasta sentirse tan fuertes como el hierro.

د هغه عضلات سخت شول تر هغه چې د اوسپنې په څیر قوي احساس شول.

Ya no le importaba el dolor, a menos que fuera grave.

هغه نور د درد پروا نه کوله، پرته لدې چې هغه جدي وي.

Se volvió eficiente por dentro y por fuera, sin desperdiciar nada.

هغه دننه او بهر موثر شو، هیڅ شی یې ضایع نه کړ.

Podía comer cosas viles, podridas o difíciles de digerir.

هغه کولی شي هغه شیان وخوري چې ناپاک، خراب، یا د هضم لپاره سخت وي.

Todo lo que comía, su estómago aprovechaba hasta el último vestigio de valor.

هر څه چې یې خوړل، د هغه معدې به یې د ارزښت وروستی برخه کاروله.

Su sangre transportaba los nutrientes a través de su poderoso cuerpo.

د هغه وینه د هغه د ځواکمن بدن له لارې مغذي مواد لیږدول.

Esto creó tejidos fuertes que le dieron una resistencia increíble.

دې قوي نسجونه جوړ کړل چې هغه ته یې د نه منلو وړ برداشت ورکړ.

Su vista y su olfato se volvieron mucho más sensibles que antes.

د هغه لید او بوی د پخوا په پرتله ډیر حساس شو.

Su audición se agudizó tanto que podía detectar sonidos débiles durante el sueño.

د هغه اورېدل دومره ګړندي شول چې په خوب کې يې لږ غږونه کشف کول.

Sabía en sueños si los sonidos significaban seguridad o peligro.

هغه په خپلو خوبونو کې پوهیده چې غږونه د خوندیتوب معنی لري یا خطر.

Aprendió a morder el hielo entre los dedos de los pies con los dientes.

هغه زده کړل چې څنګه د خپلو غاښونو سره د خپلو ګوتو تر منځ یخ وخوري.

Si un charco de agua se congelaba, rompía el hielo con las piernas.

که چیرې د اوبو سوری کنګل شي، نو هغه به په خپلو پښو یخ مات کړي.

Se encabritó y golpeó con fuerza el hielo con sus rígidas patas delanteras.

هغه راپورته شو او د مخکینی پښې په کلکو تکو سره یې په یخ سخت ګوزار وکړ.

Su habilidad más sorprendente era predecir los cambios del viento durante la noche.

د هغه تر ټولو حیرانونکې وړتیا د شپې لخوا د باد د بدلونونو وړاندوینه وه.

Incluso cuando el aire estaba quieto, elegía lugares protegidos del viento.

حتی کله چې هوا ارامه وه، هغه هغه ځایونه غوره کړل چې له باد څخه خوندي وي.

Dondequiera que cavaba su nido, el viento del día siguiente lo pasaba de largo.

هر ځای چې به یې خپل ځاله کیندله، د بلې ورځې باد به یې له لارې تېر شو.

Siempre acababa abrigado y protegido, a sotavento de la brisa.

هغه تل آرام او خوندي و، د باد په لور.

Buck no sólo aprendió con la experiencia: sus instintos también regresaron.
باک نه یوازې د تجربې له لارې زده کړه وکړه - د هغه غریزې هم بیرته راستانه شوه.
Los hábitos de las generaciones domesticadas comenzaron a desaparecer.
د کورني نسلونو عادتونه له منځه تلل پیل شول.
De manera vaga, recordaba los tiempos antiguos de su raza.
په مبهم ډول، هغه د خپل نسل لرغوني وختونه یاد کړل.
Recordó cuando los perros salvajes corrían en manadas por los bosques.
هغه هغه وخت فکر کاوه کله چې وحشي سپي به په ډلو ډلو ځنګلونو کې منډې وهلې.
Habían perseguido y matado a su presa mientras la perseguían.
دوی خپل ښکار تعقیب کړی و او هغه یې د تیښتې په حال کې وژلی و.
Para Buck fue fácil aprender a pelear con dientes y velocidad.
د بک لپاره دا اسانه وه چې د غاښونو او سرعت سره د جګړې زده کړه وکړي.
Utilizaba cortes, tajos y chasquidos rápidos igual que sus antepasados.
هغه د خپلو نیکونو په څیر د پرې کولو، پرې کولو او چټکو عکسونو څخه کار اخیست.
Aquellos antepasados se agitaron dentro de él y despertaron su naturaleza salvaje.
هغو نیکونو په هغه کې غوغا جوړه کړه او د هغه وحشي طبیعت یې راویښ کړ.
Sus antiguas habilidades habían pasado a él a través de la línea de sangre.
د دوی زاړه مهارتونه د وینې له لارې هغه ته انتقال شوي وو.
Sus trucos ahora eran suyos, sin necesidad de práctica ni esfuerzo.
د دوی چلونه اوس د هغه وو، د تمرین یا هڅې اړتیا پرته.

En las noches frías y quietas, Buck levantaba la nariz y aullaba.

په ارامو، سړو شپو کې، باک خپله پوزه پورته کړه او چيغې يې وهلې.
Aulló largo y profundamente, como lo hacían los lobos antaño.
هغه اوږده او ژوره چيغې وهلې، لکه څنګه چې ليوانو ډېر پخوا کولې.
A través de él, sus antepasados muertos apuntaron sus narices y aullaron.
د هغه له لارې، د هغه مړو پلرونو خپلې پوزې پورته کړې او چيغې يې وهلې.
Aullaron a través de los siglos con su voz y su forma.
دوی د پيړيو په اوږدو کې د هغه په غږ او شکل کې چيغې وهلې.
Sus cadencias eran las de ellos, viejos gritos que hablaban de dolor y frío.
د هغه د سرونو غږونه د هغوی وو، زړې چيغې چې د غم او سړې هوا خبر يې ورکاوه.
Cantaron sobre la oscuridad, el hambre y el significado del invierno.
دوی د تيارې، لوږې او د ژمي د معنی سندرې ووېلې.
Buck demostró cómo la vida está determinada por fuerzas ajenas a uno mismo.
،باک ثابته کړه چې ژوند څنګه د ځان څخه بهر ځواکونو لخوا جوړېږي
La antigua canción se elevó a través de Buck y se apoderó de su alma.
لرغونی سندره د باک له لارې راپورته شوه او د هغه روح يې ونيولو.
Se encontró a sí mismo porque los hombres habían encontrado oro en el Norte.
هغه ځان وموند ځکه چې انسانانو په شمال کې سره زر موندلي وو.
Y se encontró porque Manuel, el ayudante del jardinero, necesitaba dinero.
او هغه ځان وموند ځکه چې د باغوان مرستيال مانويل پيسو ته اړتيا درلوده.

-La Bestia Primordial Dominante

غالب لومړنی حیوان-

La bestia primordial dominante era tan fuerte como siempre en Buck.

غالب لومړنی حیوان په باک کې د تل په څیر پیاوړی و.

Pero la bestia primordial dominante yacía latente en él.

خو غالب لومړنی حیوان په هغه کې پټ پروت و.

La vida en el camino era dura, pero fortalecía a la bestia que Buck llevaba dentro.

د لارې ژوند سخت و، خو د باک دننه یې حیوان پیاوړی کړ.

En secreto, la bestia se hacía cada día más fuerte.

په پټه توګه حیوان هره ورځ پیاوړی او پیاوړی کېده.

Pero ese crecimiento interior permaneció oculto para el mundo exterior.

خو دا داخلي وده له بهرنی نړی پټه پاتې شوه.

Una fuerza primordial, tranquila y calmada se estaba construyendo dentro de Buck.

د باک دننه یو ارام او ارامه لومړنی ځواک جوړ شو.

Una nueva astucia le proporcionó a Buck equilibrio, calma, control y aplomo.

نوي چالاکی بک ته توازن، ارام کنټرول او توازن ورکړ.

Buck se concentró mucho en adaptarse, sin sentirse nunca totalmente relajado.

باک په تطابق باندې ډېر تمرکز وکړ، هیڅکله یې په بشپړه توګه آرام احساس نه کړ.

Él evitaba los conflictos, nunca iniciaba peleas ni buscaba problemas.

هغه له شخړو ډډه وکړه، هیڅکله یې جګړه پیل نه کړه او نه یې هم ستونزې لټولې.

Una reflexión lenta y constante moldeó cada movimiento de Buck.

یو ورو، ثابت فکر د باک هر حرکت ته بڼه ورکړه.

Evitó las elecciones precipitadas y las decisiones repentinas e imprudentes.

هغه د بېړني انتخابونو او ناڅاپي، بې پروا پرېکړو څخه ډډه وکړه.

Aunque Buck odiaba profundamente a Spitz, no le mostró ninguna agresión.
که څه هم باک له سپيتز څخه ژوره کرکه درلوده، خو هغه پرې هيڅ تيرى ونه کړ.
Buck nunca provocó a Spitz y mantuvo sus acciones moderadas.
باک هيڅکله سپيتز نه وه پارولې، او خپلې کړنې يې محدودې ساتلې.
Spitz, por otro lado, percibió el creciente peligro en Buck.
له بلې خوا، سپيتز په باک کې مخ په زياتيدونکى خطر احساس کړ.
Él veía a Buck como una amenaza y un serio desafío a su poder.
هغه بک د خپل ځواک لپاره د يو ګواښ او جدي ننګوني په توګه وليد.
Aprovechó cada oportunidad para gruñir y mostrar sus afilados dientes.
هغه له هر فرصت څخه ګټه پورته کړه ترڅو خپل تيز غاښونه وښيي او وښيي.
Estaba tratando de iniciar la pelea mortal que estaba por venir.
هغه هڅه کوله چې هغه وژونکې جګړه پيل کړي چې بايد راتلونکې وي.
Al principio del viaje casi se desató una pelea entre ellos.
د سفر په لومړيو کې، نږدې وه چې د دوی ترمنځ جګړه پيل شي.
Pero un accidente inesperado detuvo la pelea.
خو يوې ناڅاپي پېښې د جګړې مخه ونيوله.
Esa tarde acamparon en el gélido lago Le Barge.
په هغه ماښام دوی د لی بارج په سخت سړه جهيل کې کمپ جوړ کړ.
La nieve caía con fuerza y el viento cortaba como un cuchillo.
واوره سخته ورېده، او باد د چاقو په څېر پرې کاوه.
La noche había llegado demasiado rápido y la oscuridad los rodeaba.
شپه ډېره ژر راغلې وه، او تياره يې محاصره کړه.
Difícilmente podrían haber elegido un peor lugar para descansar.
دوی د استراحت لپاره تر دې بد ځای غوره کول ناممکن وو.
Los perros buscaban desesperadamente un lugar donde tumbarse.
سپي په بې صبرۍ سره د ويده کيدو لپاره ځای لټوي.

Detrás del pequeño grupo se alzaba una alta pared de roca.
د کوچنی ډلې تر شا یو لوړ ډبری دیوال په چټکی سره پورته شو.
La tienda de campaña había sido abandonada en Dyea para aligerar la carga.
خیمه په دیا کې د بار د سپکولو لپاره پرېښودل شوې وه.
No les quedó más remedio que hacer el fuego sobre el propio hielo.
دوی بله چاره نه درلوده پرته له دې چې پخپله په یخ کې اور بل کړي.
Extendieron sus batas para dormir directamente sobre el lago helado.
دوی خپل د خوب جامې په مستقیم ډول په کنګل شوي جهیل کې خپرې کړې.
Unos cuantos palitos de madera flotante les dieron un poco de fuego.
د لرګیو څو لرګیو دوی ته لږ څه اور ورکړ.
Pero el fuego se construyó sobre el hielo y se descongeló a través de él.
خو اور په یخ جوړ شوی و، او له منځه تللی و.
Al final, estaban comiendo su cena en la oscuridad.
بالاخره دوی په تیاره کې خپله ډوډۍ خوړله.
Buck se acurrucó junto a la roca, protegido del viento frío.
باک د ډبرې تر څنګ ودرېد، د سړې باد څخه خوندي شو.
El lugar era tan cálido y seguro que Buck odiaba mudarse.
ځای دومره ګرم او خوندي و چې باک له لرې تګ څخه کرکه کوله.
Pero François había calentado el pescado y estaba repartiendo raciones.
خو فرانسوا کب ګرم کړی و او خوراکي توکي یې ورکول.
Buck terminó de comer rápidamente y regresó a su cama.
باک په چټکی سره خواړه پای ته ورساوه، او بیرته خپل بستر ته راغی.
Pero Spitz ahora estaba acostado donde Buck había hecho su cama.
خو سپیتز اوس هلته پروت و چې باک خپل بستر جوړ کړی و.
Un gruñido bajo advirtió a Buck que Spitz se negaba a moverse.
یو ټیټ غږ باک ته خبرداری ورکړ چې سپیتز له حرکت کولو څخه انکار کوي.
Hasta ahora, Buck había evitado esta pelea con Spitz.

تر اوسه پورې، بک د سپيتز سره د دې جګړې څخه ډډه کړې وه.
Pero en lo más profundo de Buck la bestia finalmente se liberó.
خو د باک دننه، حيوان بالاخره خلاص شو.
El robo de su lugar para dormir era algo demasiado difícil de tolerar.
د هغه د خوب ځای غلا د زغملو وړ نه وه.
Buck se lanzó hacia Spitz, lleno de ira y rabia.
باک ځان په سپيتز کې وغورځاوه، له غوسې او غوسې ډک و.
Hasta ahora Spitz había pensado que Buck era sólo un perro grande.
تر هغه وخته پورې چې سپيتز فکر نه کاوه چې بک يوازې يو لوی سپی دی.
No creía que Buck hubiera sobrevivido a través de su espíritu.
هغه فکر نه کاوه چې باک د خپل روح له لارې ژوندی پاتې شوی دی.
Esperaba miedo y cobardía, no furia y venganza.
هغه د ويرې او بزدلی تمه درلوده، نه د غوسې او غچ.
François se quedó mirando mientras los dos perros salían del nido en ruinas.
فرانسوا ورته وکتل کله چې دواړه سپي له ويجاړ شوي ځالې څخه راووتل.
Comprendió de inmediato lo que había iniciado la salvaje lucha.
هغه سمدلاسه پوه شو چې وحشي مبارزه څه شی پيل کړې وه.
—¡Ah! —gritó François en apoyo del perro marrón.
آآآآ"-فرانسوا د نسواري سپي په ملاتړ چيغه کړه ".
¡Dale una paliza! ¡Por Dios, castiga a ese ladrón astuto!
هغه ته ووهئ"-په خدای قسم، هغه غل ته سزا ورکړئ -"!
Spitz mostró la misma disposición y un entusiasmo salvaje por luchar.
سپيتز د جګړې لپاره مساوي چمتووالی او وحشي ليوالتيا وښودله.
Gritó de rabia mientras giraba rápidamente en busca de una abertura.
هغه په غوسه چيغه کړه، په داسې حال کې چې په چټکۍ سره ګرځېده، د خلاصيدو په لټه کې وه.
Buck mostró el mismo hambre de luchar y la misma cautela.

باک د جګړې لپاره ورته لوړه او ورته احتياط وښود.
También rodeó a su oponente, intentando obtener la ventaja en la batalla.
هغه د خپل مخالف په شاوخوا کې هم ګرځېده، هڅه يې کوله چې په جګړه کې برلاسی ترلاسه کړي.
Entonces sucedió algo inesperado y lo cambió todo.
بيا يو ناڅاپي پيښه وشوه او هرڅه يې بدل کړل.
Ese momento retrasó la eventual lucha por el liderazgo.
هغه شيبه د مشرتابه لپاره وروستۍ مبارزه وځنډوله.
Muchos kilómetros de camino y lucha aún nos esperaban antes del final.
د ډېرو مايلونو لاره او مبارزه لا هم د پای ته رسېدو په تمه وه.
Perrault gritó un juramento cuando un garrote impactó contra el hueso.
کله چې يو لرګی په هډوکي ووهل شو، پيرولټ قسم وخوړ.
Se escuchó un agudo grito de dolor y luego el caos explotó por todas partes.
د درد يوه تيزه چيغه راغله، بيا په ټوله کې ګډوډي خپره شوه.
En el campamento se movían figuras oscuras: perros esquimales salvajes, hambrientos y feroces.
تور شکلونه په کمپ کې ګرځېدل؛ وحشي مرغان، وږي او سخت وو.
Cuatro o cinco docenas de perros esquimales habían olfateado el campamento desde lejos.
څلور يا پنځه درجن هسکي له لرې څخه کمپ ته بوی کړی و.
Se habían colado sigilosamente mientras los dos perros peleaban cerca.
دوی په خاموشۍ سره دننه راغلل پداسې حال کې چې دوه سپي نږدې جګړه کوله.
François y Perrault atacaron con garrotes a los invasores.
فرانسوا او پيرولټ بريد وکړ، په يرغلګرو يې ډنډې ولګولې.
Los perros esquimales hambrientos mostraron los dientes y contraatacaron frenéticamente.
وږي شوندو غاښونه وښودل او په غوسه يې ځواب ورکړ.
El olor a carne y a pan les había hecho perder todo miedo.
د غوښې او ډوډۍ بوی دوی ټول ويره له منځه يوړله.
Perrault golpeó a un perro que había enterrado su cabeza en el cajón de comida.

پیرولټ یو سپی وواهه چې سر یې د خځلو په صندوق کې ښخ کړی و.
El golpe fue muy fuerte y la caja se volcó, derramándose comida.
ضربه سخته ولګېده، او صندوق وغورځېد، خواړه بهر راووتل.
En cuestión de segundos, una veintena de bestias salvajes destrozaron el pan y la carne.
په څو ثانیو کې، ګڼ شمېر وحشي ځناورو ډوډۍ او غوښه څیرې کړه.
Los garrotes de los hombres asestaron golpe tras golpe, pero ningún perro se apartó.
د نارینه وو کلبونه په یو بل پسې ګوزارونه وکړل، خو هیڅ سپی شاته ونه ګرځېد.
Aullaron de dolor, pero lucharon hasta que no quedó comida.
دوی له درده چیغې وهلې، خو تر هغه وخته پورې یې جګړه وکړه چې هیڅ خواړه پاتې نه شول.
Mientras tanto, los perros de trineo habían saltado de sus camas nevadas.
په عین حال کې، سلیج سپي له خپلو واورو پوښل شویو بسترونو څخه کودتا وکړه.
Fueron atacados instantáneamente por los feroces y hambrientos huskies.
پر دوی سمدلاسه د وحشي وږو مرغانو لخوا برید وشو.
Buck nunca había visto criaturas tan salvajes y hambrientas antes.
باک مخکې هیڅکله داسې وحشي او وږي مخلوقات نه وو لیدلي.
Su piel colgaba suelta, ocultando apenas sus esqueletos.
د دوی پوستکی خلاص و، او په سختۍ سره یې هډوکي پټول.
Había un fuego en sus ojos, de hambre y locura.
د دوی په سترګو کې اور وو، د لوږې او لیونتوب څخه
No había manera de detenerlos, de resistirse a su ataque salvaje.
د دوی مخه نه نیول کېده؛ د دوی د وحشي چټکتیا په وړاندې مقاومت نه کېده.
Los perros de trineo fueron empujados hacia atrás y presionados contra la pared del acantilado.
سلیج سپي بیرته وغورځول شول، د ډبرې دیوال سره یې فشار ورکړ.

Tres perros esquimales atacaron a Buck a la vez, desgarrando su carne.

درې هسکي په يو وخت کې په باک برید وکړ، د هغه غوښه يې توټه توټه کړه.

La sangre le brotaba de la cabeza y de los hombros, donde había recibido el corte.

د هغه د سر او اوږو څخه وينه بهېده، چيرې چې هغه پرې شوی و.

El ruido llenó el campamento: gruñidos, aullidos y gritos de dolor.

کمپ شور او غوغا ډکه کړه؛ د درد چيغې، چيغې او ژړاګانې.

Billee gritó fuerte, como siempre, atrapada en la pelea y el pánico.

بيلي په لوړ غږ ژړل، لکه څنګه چې تل وه، په جګړه او ويره کې راګير شوه.

Dave y Solleks estaban uno al lado del otro, sangrando pero desafiantes.

ډيو او سوليکس څنګ په څنګ ولاړ وو، ويني بهېدلې خو سرکشه وو.

Joe peleó como un demonio, mordiendo todo lo que se acercaba.

جو د يو شيطان په څير جنګېده، هر هغه څه يې چيچل چې نږدې کېدل.

Aplastó la pata de un husky con un brutal chasquido de sus mandíbulas.

هغه د خپل ژامې په يوه ظالمانه وهلو سره د يو هسکي پښه ماته کړه.

Pike saltó sobre el husky herido y le rompió el cuello instantáneamente.

پايک په ټپي هسکي توپ وواهه او سمدلاسه يې غاړه ماته کړه.

Buck agarró a un husky por el cuello y le arrancó la vena.

باک يو هسکي له ستوني ونيول او رګ يې پرې کړ.

La sangre salpicó y el sabor cálido llevó a Buck al frenesí.

وينه توی شوه، او ګرم خوند بک په ليونتوب کې واچاوه.

Se abalanzó sobre otro atacante sin dudarlo.

هغه پرته له ځنډه ځان په بل بريدګر وويشت.

En ese mismo momento, unos dientes afilados se clavaron en la garganta de Buck.

په همدې شيبه کې، تيز غاښونه د باک په خپله ستوني کې ننوتل.

Spitz había atacado desde un costado, sin previo aviso.

سپيټز له اړخه برید وکړ، پرته له خبرتيا يې برید وکړ.

Perrault y François habían derrotado a los perros robando la comida.

پیرولټ او فرانسوا هغو سپو ته ماتې ورکړې وه چې خواړه یې غلا کول.

Ahora se apresuraron a ayudar a sus perros a luchar contra los atacantes.

اوس دوی د بریدګرو په وړاندې د خپلو سپیو د مرستې لپاره ورغلل.

Los perros hambrientos se retiraron mientras los hombres blandían sus garrotes.

کله چې سړو خپلې ډنډې وخوځولې، وږي سپي شاته شول.

Buck se liberó del ataque, pero el escape fue breve.

باک له برید څخه خلاص شو، خو تېښته یې لنډه وه.

Los hombres corrieron a salvar a sus perros, y los huskies volvieron a atacarlos.

سړي د خپلو سپو د ژغورلو لپاره منډه کړه، او سپي بیا راتول شول.

Billee, aterrorizado y valiente, saltó hacia la jauría de perros.

بیلي، په زړورتیا سره وېرېدلی، د سپیو په ډله کې توپ وواهه.

Pero luego huyó a través del hielo, presa del terror y el pánico.

خو بیا هغه د یخ له لارې وتښتېد، په سخت ویره او ډار کې.

Pike y Dub los siguieron de cerca, corriendo para salvar sus vidas.

پایک او ډوب نږدې شاته تعقیب شول، د خپل ژوند لپاره یې منډې وهلې.

El resto del equipo se separó y se dispersó, siguiéndolos.

د ډلې پاتې غړي مات شول او خپاره شول، او د دوی تعقیب یې وکړ.

Buck reunió sus fuerzas para correr, pero entonces vio un destello.

باک د منډې وهلو لپاره خپل ځواک راټول کړ، خو بیا یې یو څراغ ولید.

Spitz se abalanzó sobre el costado de Buck, intentando derribarlo al suelo.

سپیتز د باک په څنګ کې توپ وواهه، هڅه یې وکړه چې هغه په ځمکه وغورځوي.

Bajo esa turba de perros esquimales, Buck no habría tenido escapatoria.

د هسکیانو د دې ډلې لاندې، باک به هیڅ تېښته نه درلوده.

Pero Buck se mantuvo firme y se preparó para el golpe de Spitz.

خو بک ټینګ ولاړ و او د سپیتز د ګوزار لپاره یې چمتووالی ونیو.

Luego se dio la vuelta y salió corriendo al hielo con el equipo que huía.

بیا هغه وګرځېد او د تښتېدلي ډلي سره په یخ باندې منډه کړه.

Más tarde, los nueve perros de trineo se reunieron al abrigo del bosque.

وروسته، نهه سلیج سپي د ځنګل په پناه ځای کې راټول شول.

Ya nadie los perseguía, pero estaban maltratados y heridos.

نور هیچا هغوی تعقیب نه کړل، خو هغوی وهل او ټپیان شول.

Cada perro tenía heridas: cuatro o cinco cortes profundos en cada cuerpo.

د هر سپي ټپونه وو؛ د هر سپي په بدن څلور یا پنځه ژورې ټپونه وو.

Dub tenía una pata trasera herida y ahora le costaba caminar.

ډوب یوه شاته پښه ټپي وه او اوس یې د تګ لپاره سخته مبارزه کوله.

Dolly, la perrita más nueva de Dyea, tenía la garganta cortada.

ډولي، د ډایا څخه تر ټولو نوې سپۍ، د ستوني پرې شوې برخه درلوده.

Joe había perdido un ojo y la oreja de Billee estaba cortada en pedazos.

جو یوه سترګه له لاسه ورکړې وه، او د بیلي غوږ ټوټې ټوټې شوی و.

Todos los perros lloraron de dolor y derrota durante toda la noche.

ټولو سپو ټوله شپه په درد او ماتې ژړل.

Al amanecer regresaron al campamento doloridos y destrozados.

سهار وختي دوی بیرته کمپ ته راغلل، دردمن او مات شوي وو.

Los perros esquimales habían desaparecido, pero el daño ya estaba hecho.

هسکي ورک شوي وو، خو زیان یې شوی و.

Perrault y François estaban de mal humor ante las ruinas.

پیرولټ او فرانسوا د کنډوالو په اړه په بد مزاج کې ولاړ وو.

La mitad de la comida había desaparecido, robada por los ladrones hambrientos.

نیمایي خواړه ورک شول، د وږو غلو لخوا وتښتول شول.

Los perros esquimales habían destrozado las ataduras y la lona del trineo.

هسکي د سلیج بندونو او کینوس له لارې څیرې شوي وو.

Todo lo que tenía olor a comida había sido devorado por completo.

هر هغه څه چې د خوړو بوی یې درلود په بشپړه توګه خوړل شوي وو.

Se comieron un par de botas de viaje de piel de alce de Perrault.

دوی د پیرولټ د موږکانو د پوستکي د سفر بوټانو یوه جوړه وخوړله.

Masticaban correas de cuero y arruinaban las correas hasta dejarlas inservibles.

دوی د چرم ریشې ژوولې او تسمې یې له کارولو څخه بهر خرابې کړې.

François dejó de mirar el látigo roto para revisar a los perros.

فرانسوا د سپو د چک کولو لپاره د مات شوي څادر په لټه کې ودرېده.

—Ah, amigos míos —dijo en voz baja y llena de preocupación.

آه، زما ملګري، "هغه وویل، غږ یې ټیټ او له اندیښنې ډک و".

"Tal vez todas estas mordeduras os conviertan en bestias locas."

ښايي دا ټولې چیچلې به تاسو په لیوني حیواناتو بدل کړي"."

—¡Quizás todos sean perros rabiosos, sacredam! ¿Qué opinas, Perrault?

ښايي ټول لیوني سپي وي، مقدسه"."ته څه فکر کوې، پیرولټ؟

Perrault meneó la cabeza; sus ojos estaban oscuros por la preocupación y el miedo.

پیرولټ خپل سر وخوځاوه، سترګې یې له اندیښنې او ویرې تورې وې.

Todavía había cuatrocientas millas entre ellos y Dawson.

د دوی او ډاوسن ترمنځ لا هم څلور سوه میله واټن وو.

La locura canina ahora podría destruir cualquier posibilidad de supervivencia.

د سپو لیونتوب اوس د ژوندي پاتې کیدو هر چانس له منځه وړی شي.

Pasaron dos horas maldiciendo y tratando de arreglar el engranaje.

دوی دوه ساعته په بدو ویلو او د وسایلو د سمولو هڅه کې تېر کړل.

El equipo herido finalmente abandonó el campamento, destrozado y derrotado.

ټپي شوې لوبډله بالاخره له کمپ څخه ووتله، مات او ماتې وخوړه.

Éste fue el camino más difícil hasta ahora y cada paso era doloroso.

دا تر اوسه پورې تر ټولو سخته لاره وه، او هر ګام یې دردناک و.

El río Treinta Millas no se había congelado y su caudal corría con fuerza.

د دېرش میله سیند کنګل شوی نه و، او په بې رحمۍ سره روان و.

Sólo en los lugares tranquilos y en los remolinos el hielo logró retenerse.

یوازې په ارامو ځایونو او څپې وهونکو څپو کې یخ د ځان ساتلو توان درلود.

Pasaron seis días de duro trabajo hasta recorrer las treinta millas.

شپږ ورځې سخت کار تېر شو تر څو چې دېرش میله بشپړ شول.

Cada kilómetro del camino traía consigo peligro y amenaza de muerte.

د لارې هر میل خطر او د مرګ ګواښ راوړ.

Los hombres y los perros arriesgaban sus vidas con cada doloroso paso.

سړیو او سپیو په هر دردناک ګام کې خپل ژوند په خطر کې واچاوه.

Perrault rompió delgados puentes de hielo una docena de veces diferentes.

پیرولټ لسګونه ځله د یخ د نرۍ پلونو څخه تیر شو.

Llevó un palo y lo dejó caer sobre el agujero que había hecho su cuerpo.

هغه یوه ستنه پورته کړه او هغه یې د هغه په بدن جوړ شوي سوري کې وغورځوله.

Más de una vez ese palo salvó a Perrault de ahogarse.

هغه ستنې څو ځله پیرولټ له ډوبېدو وژغوره.

La ola de frío se mantuvo firme y el aire estaba a cincuenta grados bajo cero.

سړه هوا ټینګه وه، هوا له صفر څخه پنځوس درجې ښکته وه.

Cada vez que se caía, Perrault tenía que encender un fuego para sobrevivir.

هر کله چې پیرولټ په ډوبېدو کې ولوېد، د ژوندي پاتې کېدو لپاره یې اور بل کړ.

La ropa mojada se congelaba rápidamente, por lo que la secaba cerca del calor abrasador.

لوند جامې ژر کنګل شوې، نو هغه یې د تودې تودوخې سره نږدې وچې کړې.

Ningún miedo afectó jamás a Perrault, y eso lo convirtió en mensajero.

پیرولټ ته هیڅکله وېره نه وه راغلې، او همدې هغه د پیغام رسوونکي په توګه بدل کړ.

Fue elegido para el peligro y lo afrontó con tranquila resolución.

هغه د خطر لپاره غوره شوی و، او هغه یې په ارامه هوډ سره مخ کړ.

Avanzó contra el viento, con el rostro arrugado y congelado.

هغه د باد په وړاندې مخ ته وخوځېد، د هغه مړاوی مخ یخ وهلی و.

Desde el amanecer hasta el anochecer, Perrault los condujo hacia adelante.

له تیاره سهار څخه تر شپې پورې، پیرولټ دوی مخ په وړاندې بوتلل.

Caminó sobre un estrecho borde de hielo que se agrietaba con cada paso.

هغه د یخ په تنګه څنده کې روان شو چې د هر ګام سره یې درزونه کېدل.

No se atrevieron a detenerse: cada pausa suponía el riesgo de un colapso mortal.

دوی د درېدو جرئت ونه کړ — هر وقفه د وژونکي سقوط خطر درلود.

Una vez, el trineo se abrió paso y arrastró a Dave y Buck.

یو ځل سلیج مات شو، ډیو او بک یې دننه راکش کړل.

Cuando los liberaron, ambos estaban casi congelados.

کله چې دوی راکش شول، دواړه نږدې کنګل شوي وو.

Los hombres hicieron un fuego rápidamente para mantener con vida a Buck y Dave.

سړیو په چټکۍ سره اور بل کړ ترڅو بک او ډیو ژوندي وساتي.

Los perros estaban cubiertos de hielo desde la nariz hasta la cola, rígidos como madera tallada.

سپي له پوزې څخه تر لکۍ پورې په یخ پوښل شوي وو، د نقاشۍ لرګي په څیر سخت وو.

Los hombres los hicieron correr en círculos cerca del fuego para descongelar sus cuerpos.

سړیو یې د اور سره نږدې په حلقو کې وګرځول ترڅو خپل جسدونه وویلي کړي.

Se acercaron tanto a las llamas que su pelaje se quemó.

دوی اور ته دومره نږدې شول چې د دوی ویښتان وسوځېدل.

Luego Spitz rompió el hielo y arrastró al equipo detrás de él.

سپیتز بیا د یخ له لارې ووت، او د هغه تر شا یې ټیم راښکته کړ.

La ruptura llegó hasta donde Buck estaba tirando.
وقفه تر هغه ځایه پورې ورسېده چې بک يې کش کاوه۔
Buck se reclinó con fuerza hacia atrás, sus patas resbalaron y temblaron en el borde.
باک په کلکه شاته تکيه وکړه، پښې يې ښوييدلې او په څنډه کې لړزېده۔
Dave también se esforzó hacia atrás, justo detrás de Buck en la línea.
ډېو هم شاته وخوځېد، يوازې د باک شاته په ليکه کې۔
François tiró del trineo; sus músculos crujían por el esfuerzo.
فرانسوا په سليج باندې وخوځېده، د هغه عضلات د هڅې سره مات شول۔
En otra ocasión, el borde del hielo se agrietó delante y detrás del trineo.
بل ځل، د سليج مخکې او شاته د کنډک يخ مات شو۔
No tenían otra salida que escalar una pared del acantilado congelado.
دوی د وتلو بله لاره نه درلوده پرته له دې چې د کنګل شوي ډبرې ديوال ته وخېژي۔
De alguna manera Perrault logró escalar el muro; un milagro lo mantuvo con vida.
پيرولټ په يو ډول ديوال ته پورته شو؛ يوې معجزې هغه ژوندی وساته۔
François se quedó abajo, rezando por tener la misma suerte.
فرانسوا لاندې پاتې شو، د ورته بخت لپاره يې دعا وکړه۔
Ataron todas las correas, amarres y tirantes hasta formar una cuerda larga.
دوی هر تسمه، په وهلو تکولو، او په يوه اوږده رسۍ کې يې وتړله۔
Los hombres subieron cada perro, uno a uno, hasta la cima.
سړيو هر سپی پورته کړ، يو په يو يې پورته کړ۔
François subió el último, después del trineo y toda la carga.
فرانسوا د سليج او ټول بار وروسته په وروستي ځای کې وخوځېد۔
Entonces comenzó una larga búsqueda de un camino para bajar de los acantilados.
بيا يې د ډبرو څخه د ښکته کيدو لپاره اوږده لټون پيل کړ۔
Finalmente descendieron usando la misma cuerda que habían hecho.
بالاخره دوی د هماغه رسۍ په کارولو سره ښکته شول چې دوی جوړه کړې وه۔

La noche cayó cuando regresaron al lecho del río, exhaustos y doloridos.
شپه راغله کله چې دوی د سیند غاړې ته راستانه شول، ستړي او دردمن وو.
El día completo les había proporcionado sólo un cuarto de milla de ganancia.
دوی ټوله ورځ یوازې د یو میل څلورمه برخه پوښلې وه.
Cuando llegaron a Hootalinqua, Buck estaba agotado.
کله چې دوی هوټالینکوا ته ورسېدل، باک ډېر ستړی شوی و.
Los demás perros sufrieron igual de mal las condiciones del sendero.
نور سپي هم د لارې د شرایطو له امله په ورته ډول زیانمن شول.
Pero Perrault necesitaba recuperar tiempo y los presionaba cada día.
خو پیرولټ وخت ته اړتیا درلوده، او هره ورځ یې دوام ورکړ.
El primer día viajaron treinta millas hasta Big Salmon.
په لومړۍ ورځ دوی دیرش میله لوی سالمون ته سفر وکړ.
Al día siguiente viajaron treinta y cinco millas hasta Little Salmon.
بله ورځ دوی پنځه دېرش میله سفر وکړ او کوچني سالمون ته لاړل.
Al tercer día avanzaron a través de cuarenta largas y heladas millas.
په دریمه ورځ دوی څلوېښت اوږده کنګل شوې میله مزل وکړ.
Para entonces, se estaban acercando al asentamiento de Five Fingers.
تر هغه وخته پورې، دوی د پنځو ګوتو میشت ځای ته نږدې وو.

Los pies de Buck eran más suaves que los duros pies de los huskies nativos.
د بک پښې د اصلي هسکي سپیانو د سختو پښو په پرتله نرمې وې.
Sus patas se habían vuelto tiernas a lo largo de muchas generaciones civilizadas.
د هغه پښې د ډیرو متمدنو نسلونو په اوږدو کې نرمې شوې وې.
Hace mucho tiempo, sus antepasados habían sido domesticados por hombres del río o cazadores.
ډېر پخوا، د هغه پلرونه د سیند د خلکو یا ښکاریانو لخوا اهلي شوي وو.

Todos los días Buck cojeaba de dolor, caminando sobre sus patas doloridas y en carne viva.

هره ورځ به باک په درد کې ګوډ ګوډ ګېده، په خامو او دردناکو پښو به ګرځېده.

En el campamento, Buck cayó como un cuerpo sin vida sobre la nieve.

په کمپ کې، باک د واورې په سر د بې جانه شکل په څیر راښکته شو.

Aunque estaba hambriento, Buck no se levantó a comer su cena.

که څه هم باک وږی و، خو د ماښام ډوډۍ خوړلو لپاره پورته نه شو.

François le trajo a Buck su ración, poniendo pescado junto a su hocico.

فرانسوا باک ته خپل خواړه راوړل، کب یې د خولې سره کېښود.

Cada noche, el conductor frotaba los pies de Buck durante media hora.

هره شپه موټر چلوونکي د نیم ساعت لپاره د باک پښې مسح کړې.

François incluso cortó sus propios mocasines para hacer calzado para perros.

فرانسوا حتی د سپي بوټان جوړولو لپاره خپل موکاسینونه پرې کړل.

Cuatro zapatos cálidos le dieron a Buck un gran y bienvenido alivio.

څلورو ګرمو بوټانو بک ته ښه او ښه راغلاست راحت ورکړ.

Una mañana, François olvidó los zapatos y Buck se negó a levantarse.

یوه سهار، فرانسوا بوټان هېر کړل، او باک له پورته کېدو ډډه وکړه.

Buck yacía de espaldas, con los pies en el aire, agitándolos lastimeramente.

باک په شا پروت و، پښې یې په هوا کې پورته کړې وې، په خواشینۍ سره یې ښورولې.

Incluso Perrault sonrió al ver la dramática súplica de Buck.

حتی پیرولټ د باک د ډراماتیک غوښتنې په لیدو سره موسکی شو.

Pronto los pies de Buck se endurecieron y los zapatos pudieron desecharse.

ډېر ژر د باک پښې سختې شوې، او بوټان یې له منځه وړل کېدای شول.

En Pelly, durante el periodo de uso del arnés, Dolly emitió un aullido terrible.

په پیلي کې، د هارنس په وخت کې، ډولي یو ویرونکې چیغه وکړه.

El grito fue largo y lleno de locura, sacudiendo a todos los perros.

ژړا اوږده او له لېونتوب ډکه وه، چې هر سپی یې لړزاوه.

Cada perro se erizaba de miedo sin saber el motivo.

هر سپی پرته له دې چې دلیل یې پوه شي، له وېرې لړزېده.

Dolly se volvió loca y se arrojó directamente hacia Buck.

دولي لېونی شوې وه او ځان یې په باک باندې وغورځاوه.

Buck nunca había visto la locura, pero el horror llenó su corazón.

باک هیڅکله لیونتوب نه و لیدلی، خو زړه یې وحشت ډک کړ.

Sin pensarlo, se dio la vuelta y huyó presa del pánico absoluto.

پرته له کوم فکر کولو، هغه مخ واړاوه او په بشپړ ډول په وېره کې وتښتېد.

Dolly lo persiguió con los ojos desorbitados y la saliva saliendo de sus mandíbulas.

دولي هغه تعقیب کړ، سترګې یې توري وې، لاړې یې له ژامو څخه راوتلې وې.

Ella se mantuvo justo detrás de Buck, sin ganar terreno ni quedarse atrás.

هغه د باک تر شا ولاړه وه، هیڅکله یې لاسته راوړنه نه درلوده او هیڅکله یې شاته نه غورځېده.

Buck corrió a través del bosque, bajó por la isla y cruzó el hielo irregular.

باک د ځنګلونو له لارې، د ټاپو لاندې، د کندې یخ له لارې منډه کړه.

Cruzó hacia una isla, luego hacia otra, dando la vuelta nuevamente hasta el río.

هغه یوې ټاپو ته لاړ، بیا بلې ته، بیرته سیند ته چکر وواهه.

Aún así Dolly lo persiguió, con su gruñido detrás de cada paso.

بیا هم دولي هغه تعقیباوه، د هغې د هر ګام په شا کې د هغې د غرور غږ نږدې و.

Buck podía oír su respiración y su rabia, aunque no se atrevía a mirar atrás.

باک د هغې ساه او غوسه اورېدله، که څه هم هغه د شاته کتلو جرئت نه کاوه.

François gritó desde lejos y Buck se giró hacia la voz.

فرانسوا له لرې څخه چيغه کړه، او باک د غږ په لور مخ واړاوه.
Todavía jadeando en busca de aire, Buck pasó corriendo, poniendo toda su esperanza en François.
باک لا هم د ساه اخيستلو لپاره ساه اخيسته، او په منډه يې تولې هيلې په فرانسوا ولګولې.
El conductor del perro levantó un hacha y esperó mientras Buck pasaba volando.
د سپي چلوونکي تبر پورته کړ او انتظار يې وکړ چې بک تير شي.
El hacha cayó rápidamente y golpeó la cabeza de Dolly con una fuerza mortal.
تبر په چټکۍ سره راښکته شو او د ډولي په سر يې په وژونکي ځواک سره ووهه.
Buck se desplomó cerca del trineo, jadeando e incapaz de moverse.
باک د سليج سره نږدې وغورځېد، ساه يې بندېده او د حرکت کولو توان يې نه درلود.
Ese momento le dio a Spitz la oportunidad de golpear a un enemigo exhausto.
هغه شيبه سپيتز ته فرصت ورکړ چې يو ستړی دښمن ووژني.
Mordió a Buck dos veces, desgarrando la carne hasta el hueso blanco.
دوه ځله يې بک چيچلی، غوښه يې تر سپينې هډوکي پورې څيرې کړه.
El látigo de François hizo chasquear el látigo y golpeó a Spitz con toda su fuerza y furia.
د فرانسوا ښتک مات شو، په بشپړ او قهرجن ځواک سره يې سپيتز وواهه.
Buck observó con alegría cómo Spitz recibía la paliza más dura que había recibido hasta entonces.
باک په خوښۍ سره وکتل کله چې سپيتز تر اوسه پورې تر تولو سخته وهل شوې وه.
"Es un demonio ese Spitz", murmuró Perrault para sí mismo.
هغه يو شيطان دی، هغه سپيتز، "پيرولټ په تياره ډول له ځان سره " وويل.
"Algún día, ese maldito perro matará a Buck, lo juro".
يوه ورځ ژر، هغه لعنتي سپی به باک ووژني - زه قسم خورم"."
—Ese Buck tiene dos demonios dentro —respondió François asintiendo.

فرانسوا په سر ښورولو سره ځواب ورکړ" :هغه بک په خپل وجود کې دوه شیطانان لري."

"Cuando veo a Buck, sé que algo feroz le aguarda dentro".

کله چې زه بک گورم، زه پوهیږم چې یو څه سخت په هغه کې انتظار کوي."

"Un día se pondrá furioso y destrozará a Spitz".

یوه ورځ، هغه به د اور په څیر لیونی شي او سپیتز به ټوټې ټوټې کړي"."

"Masticará a ese perro y lo escupirá en la nieve congelada".

هغه به دا سپی ژاړي او په کنګل شوي واوره به یې توی کړي"."

"Estoy seguro de que lo sé en lo más profundo de mi ser".

یقینا، زه دا زما په هډوکو کې ژور پیژنم"."

A partir de ese momento los dos perros quedaron en guerra.

له هغې شیبې څخه، دواړه سپي په جګړه کې ښکیل وو.

Spitz lideró al equipo y mantuvo el poder, pero Buck lo desafió.

سپیتز ټیم رهبري کړ او واک یې وساته، خو بک دا ننګونه وکړه.

Spitz vio su rango amenazado por este extraño extraño de Southland.

سپیتز د دې عجیب ساوتلینډ اجنبی لخوا خپل رتبه ګواښلي ولیده.

Buck no se parecía a ningún otro perro sureño que Spitz hubiera conocido antes.

باک د هر هغه جنوبي سپي په څیر نه و چې سپیتز مخکې پیژندلی و.

La mayoría de ellos fracasaron: eran demasiado débiles para sobrevivir al frío y al hambre.

ډیری یې ناکام شول - ډیر کمزوري وو چې د سړې او لوږې سره ژوند نشي کولی.

Murieron rápidamente bajo el trabajo, las heladas y el lento ardor del hambre.

دوی د کار، یخنی او د قحطی د ورو سوځیدو له امله ژر مړه شول.

Buck se destacó: cada día más fuerte, más inteligente y más salvaje.

باک جلا ودرېد - ورځ تر بلې پیاوړی، هوښیار او وحشي کېده.

Prosperó a pesar de las dificultades y creció hasta alcanzar el nivel de los perros esquimales del norte.

هغه په سختۍ سره وده وکړه، د شمالي هسکیانو سره سمون خوري.

Buck tenía fuerza, habilidad salvaje y un instinto paciente y mortal.

باک ځواک، وحشي مهارت، او يو صبرناک، وژونکی غريزی درلود.
El hombre con el garrote había golpeado la temeridad de Buck.
هغه سړي چې کلپ يې درلود، د باک څخه بې پروايي ماته کړې وه.
La furia ciega desapareció y fue reemplazada por una astucia silenciosa y control.
ړوند غوسه لاړه، پر ځای يې خاموش چالاکي او کنټرول راغی.
Esperó, tranquilo y primario, observando el momento adecuado.
هغه انتظار کاوه، ارام او ساده، د سمې شيبې په لټه کې و.
Su lucha por el mando se hizo inevitable y clara.
د قوماندې لپاره د دوی مبارزه ناگزير او روښانه شوه.
Buck deseaba el liderazgo porque su espíritu lo exigía.
باک مشرتابه غوښتل ځکه چې د هغه روح دا غوښتنه کوله.
Lo impulsaba el extraño orgullo nacido del camino y del arnés.
هغه د هغه عجيب غرور له امله هڅول شوی و چې د لارې او هارنس څخه زيږيدلی و.
Ese orgullo hizo que los perros tiraran hasta caer sobre la nieve.
دې غرور سپي دې ته اړ کړل چې په واوره کې راپرېوځي.
El orgullo los llevó a dar toda la fuerza que tenían.
غرور دوی دې ته وهڅول چې ټول هغه ځواک ورکړي چې دوی يې درلودل.
El orgullo puede atraer a un perro de trineo incluso hasta el punto de la muerte.
غرور کولی شي سليج سپی حتی تر مرگ پورې هم راجلب کړي.
La pérdida del arnés dejó a los perros rotos y sin propósito.
د زنگ وهلو له امله سپي مات او بې هدفه شول.
El corazón de un perro de trineo puede quedar aplastado por la vergüenza cuando se retira.
د سليج سپي زړه د تقاعد په وخت کې د شرم له امله ماتيدلی شي.
Dave vivió con ese orgullo mientras arrastraba el trineo desde atrás.
ډيو د همدې وياړ سره ژوند کاوه کله چې هغه سليج له شا څخه کشاوه.
Solleks también lo dio todo con fuerza y lealtad.
سوليکس هم خپل ټول توان په سخت ځواک او وفادارۍ سره ورکړ.

Cada mañana, el orgullo los transformaba de amargados a decididos.

هر سهار، غرور دوی له تریخوالي څخه هوډمن ته اړول.

Empujaron todo el día y luego se quedaron en silencio al final del campamento.

دوی ټوله ورځ فشار راوړ، بیا د کمپ په پای کې غلي شول.

Ese orgullo le dio a Spitz la fuerza para poner a raya a los evasores.

دې ویاړ سپیتز ته ځواک ورکړ چې شرکرانو ته ماتې ورکړي او په لیکه کې راشي.

Spitz temía a Buck porque Buck tenía ese mismo orgullo profundo.

سپیتز له باک څخه وېرېده ځکه چې باک همغه ژور غرور درلود.

El orgullo de Buck ahora se agitó contra Spitz, y no se detuvo.

د باک غرور اوس د سپیتز په وړاندې راپورته شو، او هغه ونه دریږد.

Buck desafió el poder de Spitz y le impidió castigar a los perros.

باک د سپیتز له ځواک څخه سرغړونه وکړه او هغه یې د سپو د سزا ورکولو څخه منع کړ.

Cuando otros fallaron, Buck se interpuso entre ellos y su líder.

کله چې نور ناکام شول، بک د دوی او د دوی د مشر ترمنځ ګام پورته کړ.

Lo hizo con intención, dejando claro y abierto su desafío.

هغه دا کار په ارادې سره وکړ، او خپله ننګونه یې پرانیستې او روښانه کړه.

Una noche, una fuerte nevada cubrió el mundo con un profundo silencio.

یوه شپه درنې واورې نړۍ په ژوره چوپتیا کې پوښلې وه.

A la mañana siguiente, Pike, perezoso como siempre, no se levantó para ir a trabajar.

بله سهار، پایک، د تل په څیر سست، د کار لپاره ونه پاڅېد.

Se quedó escondido en su nido bajo una gruesa capa de nieve.

هغه د واورې د یوې ګنې طبقې لاندې په خپله ځاله کې پټ پاتې شو.

François gritó y buscó, pero no pudo encontrar al perro.

فرانسوا غږ وکړ او لټون يې وکړ، خو سپی يې ونه موند.
Spitz se puso furioso y atravesó furioso el campamento cubierto de nieve.
سپيټز په غوسه شو او د واورې پوښل شوي کمپ له لارې يې برید وکړ.
Gruñó y olfateó, cavando frenéticamente con ojos llameantes.
هغه چيغه کړه او بوی يې وکړ، په ليونتوب سره يې د اور لمبو سترګو سره کيندل.
Su rabia era tan feroz que Pike tembló de miedo bajo la nieve.
د هغه غوسه دومره سخته وه چې پیک په ویره کې د واورې لاندې ولړزېد.
Cuando finalmente encontraron a Pike, Spitz se abalanzó sobre él para castigar al perro que estaba escondido.
کله چې پایک بالاخره وموندل شو، سپيټز د پټ شوي سپي د سزا ورکولو لپاره ټوپ وواهه.
Pero Buck saltó entre ellos con una furia igual a la de Spitz.
خو بک د سپيټز په څېر په غوسه د دوی ترمنځ منډه ووهله.
El ataque fue tan repentino e inteligente que Spitz cayó al suelo.
برید دومره ناڅاپي او هوښيار و چې سپيټز له پښو وغورځېد.
Pike, que estaba temblando, se animó ante este desafío.
پایک، چې لړزېده، له دې سرغړونې څخه يې زړورتيا تر لاسه کړه.
Saltó sobre el Spitz caído, siguiendo el audaz ejemplo de Buck.
هغه د بک د زړور مثال په تعقيب، په غورځيدلي سپيټز باندې ټوپ وواهه.
Buck, que ya no estaba obligado por la justicia, se unió a la huelga de Spitz.
باک، چې نور د انصاف سره تړلی نه و، د سپيټز په اعتصاب کې شامل شو.
François, divertido pero firme en su disciplina, blandió su pesado látigo.
فرانسوا، چې خوشحاله و خو په نظم کې ټینګ و، خپل دروند ګوزار يې وواهه.
Golpeó a Buck con todas sus fuerzas para acabar con la pelea.

هغه په خپل ټول قوت سره په بک وواهه ترڅو جګړه مات کړي.
Buck se negó a moverse y se quedó encima del líder caído.
باک له حرکت کولو ډډه وکړه او د غورځیدلي مشر په سر کې پاتې شو.
François entonces utilizó el mango del látigo y golpeó con fuerza a Buck.
فرانسوا بیا د څتک لاستی وکاراوه، او بک یې سخت وواهه.
Tambaleándose por el golpe, Buck cayó hacia atrás bajo el asalto.
د ضربې څخه حیران، باک بیرته تر برید لاندې راغی.
François golpeó una y otra vez mientras Spitz castigaba a Pike.
فرانسوا بیا بیا ګوزارونه کول پداسې حال کې چې سپیتز پایک ته سزا ورکوله.

Pasaron los días y Dawson City estaba cada vez más cerca.
ورځې تېرېدې، او د ډاوسن ښار نور هم نږدې کېده.
Buck seguía interfiriendo, interponiéndose entre Spitz y otros perros.
باک مداخله کوله، د سپیتز او نورو سپیو ترمنځ ښوییده.
Elegía bien sus momentos, esperando siempre que François se marchase.
هغه خپلې شیبې په ښه توګه غوره کړې، تل به د فرانسوا د وتلو په تمه و.
La rebelión silenciosa de Buck se extendió y el desorden se arraigó en el equipo.
د باک خاموش بغاوت خپور شو، او ګډوډي په ټیم کې ریښه ونیوله.
Dave y Solleks se mantuvieron leales, pero otros se volvieron rebeldes.
ډیو او سولیکس وفادار پاتې شول، خو نور یې بې نظمه شول.
El equipo empeoró: se volvió inquieto, pendenciero y fuera de lugar.
ټیم خراب شو - نارامه، جنجالي، او له کرښې بهر.
Ya nada funcionaba con fluidez y las peleas se volvieron algo habitual.
نور هیڅ شی په اسانۍ سره کار نه کاوه، او جګړې عامې شوې.
Buck permaneció en el corazón del problema, provocando siempre malestar.
باک د ستونزې په زړه کې پاتې شو، تل یې نا آرامی راپاروله.

François se mantuvo alerta, temeroso de la pelea entre Buck y Spitz.
فرانسوا هوښيار پاتې شو، د بک او سپيتز ترمنځ د جګړې څخه ويره درلوده.
Cada noche, las peleas lo despertaban, temiendo que finalmente llegara el comienzo.
هره شپه، شخړو هغه راويښ کړ، او ويره يې درلوده چې بالاخره پيل به راشي.
Saltó de su túnica, dispuesto a detener la pelea.
هغه له خپل جامو څخه کودتا وکړه، د جګړې د ماتولو لپاره چمتو شو.
Pero el momento nunca llegó y finalmente llegaron a Dawson.
خو هغه شيبه هيڅکله رانه شوه، او بالاخره دوی ډاوسن ته ورسيدل.
El equipo entró en la ciudad una tarde sombría, tensa y silenciosa.
تيم يوه تياره ماسپښين ښار ته ننوتل، په کې کړکېچ او ارامي وه.
La gran batalla por el liderazgo todavía estaba suspendida en el aire.
د مشرتابه لپاره لويه جګړه لا هم په کنګل شوې هوا کې ځوړند وه.
Dawson estaba lleno de hombres y perros de trineo, todos ocupados con el trabajo.
ډاوسن له سړيو او سليج سپيو ډک و، ټول په کار بوخت وو.
Buck observó a los perros tirar cargas desde la mañana hasta la noche.
باک د سهار څخه تر شپې پورې سپي د بارونو ايستلو ته کتل.
Transportaban troncos y leña y transportaban suministros a las minas.
دوی لرګي او لرګي وړل، کانونو ته يې اکمالات وړل.
Donde antes trabajaban los caballos en las tierras del sur, ahora trabajaban los perros.
چيرته چې يو وخت په ساوت لينډ کې اسونه کار کاوه، اوس سپي کار کوي.
Buck vio algunos perros del sur, pero la mayoría eran huskies parecidos a lobos.
باک د جنوب څخه ځيني سپي وليدل، خو ډيری يې د ليوه په څير سپي وو.
Por la noche, como un reloj, los perros alzaban sus voces cantando.

په شپه کې، لکه د ساعت کار، سپو خپل غږونه په سندرو کې پورته کول.
A las nueve, a las doce y de nuevo a las tres, empezó el canto.
په نهو بجو، د شپې په نیمايي کې، او بیا په دریو بجو، سندرې ویل پیل شول.
A Buck le encantaba unirse a su canto misterioso, de sonido salvaje y antiguo.
باک د دوی د عجیبې سندرې سره یوځای کیدل خوښول، چې په غږ کې وحشي او لرغونی وو.
La aurora llameó, las estrellas bailaron y la nieve cubrió la tierra.
اورورا اور واخیست، ستوري نڅېدل، او واوره ځمکه پوښله.
El canto de los perros se elevó como un grito contra el silencio y el frío intenso.
د سپو سندره د چوپتیا او سختې یخنی پر وړاندې د چیغې په توګه راپورته شوه.
Pero su aullido contenía tristeza, no desafío, en cada larga nota.
خو د دوی چیغې په هره اوږده یادونه کې غم ساتلی و، نه سرغړونې.
Cada grito lamentable estaba lleno de súplica: el peso de la vida misma.
هره ژړا له زاریو ډکه وه؛ د ژوند بار.
Esa canción era vieja, más vieja que las ciudades y más vieja que los incendios.
دا سندره زړه وه - د ښارونو څخه زاړه، او د اور څخه زاړه
Aquella canción era más antigua incluso que las voces de los hombres.
هغه سندره د انسانانو د غږونو په پرتله هم ډېره لرغونې وه.
Era una canción del mundo joven, cuando todas las canciones eran tristes.
دا د ځوانی نړۍ یوه سندره وه، کله چې ټولې سندرې غمجنې وې.
La canción transportaba el dolor de incontables generaciones de perros.
دې سندرې د سپو د بې شمېره نسلونو غمونه لیږدول.
Buck sintió la melodía profundamente, gimiendo por un dolor arraigado en los siglos.
باک په ژوره توګه سندره احساس کړه، د هغه درد څخه چیغې وهلې چې په زمانو کې ریښې لري.

Sollozaba por un dolor tan antiguo como la sangre salvaje en sus venas.
هغه د هغه غم څخه ژړل چې په رګونو کې يې وحشي وينه وه.
El frío, la oscuridad y el misterio tocaron el alma de Buck.
ساړه، تياره، او راز د باک روح ته لاس واچاوه.
Esa canción demostró hasta qué punto Buck había regresado a sus orígenes.
دې سندرې ثابته کړه چې باک څومره خپل اصل ته راستون شوی و.
Entre la nieve y los aullidos había encontrado el comienzo de su propia vida.
د واورې او ژړا له لارې هغه د خپل ژوند پيل وموند.

Siete días después de llegar a Dawson, partieron nuevamente.
داوسن ته له رسيدو اووه ورځې وروسته، دوی يو ځل بيا روان شول.
El equipo descendió del cuartel hasta el sendero Yukon.
ټيم له بارکونو څخه د يوکون لارې ته ښکته شو.
Comenzaron el viaje de regreso hacia Dyea y Salt Water.
دوی د ديا او مالګې اوبو په لور بيرته سفر پيل کړ.
Perrault llevaba despachos aún más urgentes que antes.
پيرولټ د پخوا په پرتله ډير عاجل پيغامونه ليږدول.
También se sintió dominado por el orgullo por el sendero y se propuso establecer un récord.
هغه هم د لارې وياړ لخوا نيول شوی و او هدف يې دا و چې ريکارډ جوړ کړي.
Esta vez, varias ventajas estaban del lado de Perrault.
دا ځل، څو ګټې د پيرولټ په خوا کې وې.
Los perros habían descansado durante una semana entera y recuperaron su fuerza.
سپو پوره يوه اونۍ آرام وکړ او خپل ځواک يې بيرته ترلاسه کړ.
El camino que ellos habían abierto ahora estaba compactado por otros.
هغه لاره چې دوی پرې کړې وه اوس د نورو له امله سخته شوې وه.
En algunos lugares, la policía había almacenado comida tanto para perros como para hombres.
په ځينو ځايونو کې، پوليسو د سپو او سړيو لپاره خواړه ذخيره کړي وو.

Perrault viajaba ligero, moviéndose rápido y con poco que lo pesara.

پیرولټ سپک سفر کاوه، په چټکۍ سره حرکت کاوه او لږ یې د ځان د وزن کمولو لپاره کاوه.

Llegaron a Sixty-Mile, un recorrido de cincuenta millas, en la primera noche.

دوی د لومړۍ شپې پورې شپیته میله ته ورسیدل، چې پنځوس میله منډه وه.

El segundo día, se apresuraron a subir por el Yukón hacia Pelly.

په دوهمه ورځ، دوی د یوکون څخه د پیلي په لور روان شول.

Pero estos grandes avances implicaron un gran esfuerzo para François.

خو دا بنه پرمختګ د فرانسوا لپاره ډېر فشار راوړ.

La rebelión silenciosa de Buck había destrozado la disciplina del equipo.

د باک خاموش بغاوت د ټیم نظم مات کړ.

Ya no tiraban juntos como una sola bestia bajo las riendas.

دوی نور د یو حیوان په څیر سره یوځای نه شول.

Buck había llevado a otros al desafío mediante su valiente ejemplo.

باک د خپل زړور مثال له لارې نور خلک سرکشۍ ته هڅولي وو.

La orden de Spitz ya no fue recibida con miedo ni respeto.

د سپیټز امر نور د ویرې یا درناوي سره نه و.

Los demás perdieron el respeto que le tenían y se atrevieron a resistirse a su gobierno.

نورو د هغه څخه خپله ویره له لاسه ورکړه او د هغه د واکمنۍ په وړاندې یې د مقاومت جرئت وکړ.

Una noche, Pike robó medio pescado y se lo comió bajo la mirada de Buck.

یوه شپه، پایک نیم کب غلا کړ او د باک د سترګو لاندې یې وخوړ.

Otra noche, Dub y Joe pelearon contra Spitz y quedaron impunes.

یوه بله شپه، ډوب او جو د سپیټز سره جګړه وکړه او بې سزا پاتې شول.

Incluso Billee se quejó con menos dulzura y mostró una nueva agudeza.

حتی بیلي لږ خوږ غږ وکړ او نوی تېزوالی یې وښود.

Buck le gruñó a Spitz cada vez que se cruzaban.
هر کله چې دوی له لارو تېرېدل، باک به په سپیتز باندې چیغه وهله.
La actitud de Buck se volvió audaz y amenazante, casi como la de un matón.
د باک چلند زړور او ګواښونکی شو، تقریبا د یو ځورونکي په څیر.
Caminó delante de Spitz con arrogancia, lleno de amenaza burlona.
هغه د سپیتز په وړاندې په ډېر غرور سره، له ملنډو ډک ګواښ سره روان شو.
Ese colapso del orden se extendió también entre los perros de trineo.
د نظم دا سقوط د سلیج سپیو په منځ کې هم خپور شو.
Pelearon y discutieron más que nunca, llenando el campamento de ruido.
دوی تر بل هر وخت ډېر جنګ او شخړې وکړې، کمپ یې له شور او غوغا ډک کړ.
La vida en el campamento se convertía cada noche en un caos salvaje y aullante.
د کمپ ژوند هره شپه په یوه وحشي او ګدوډۍ بدل شو.
Sólo Dave y Solleks permanecieron firmes y concentrados.
یوازې ډیو او سولیکس ثابت او متمرکز پاتې شول.
Pero incluso ellos se enojaron por las peleas constantes.
خو حتی دوی د پرله پسې شخړو له امله غوسه شول.
François maldijo en lenguas extrañas y pisoteó con frustración.
فرانسوا په عجیبو ژبو لعنت ووایه او په مایوسۍ سره یې وخوځاوه.
Se tiró del pelo y gritó mientras la nieve volaba bajo sus pies.
هغه خپل ویښتان وشلول او چیغه یې کړه پداسې حال کې چې واوره د پښو لاندې الوتله.
Su látigo azotó a la manada, pero apenas logró mantenerlos bajo control.
د هغه څټک د خلکو په ټول بدن ولګېد خو په سختۍ سره یې په لیکه کې وساتل.
Cada vez que él le daba la espalda, la lucha estallaba de nuevo.
هر کله چې به یې شا واړوله، جګړه بیا پیل شوه.

François utilizó el látigo para azotar a Spitz, mientras Buck lideraba a los rebeldes.
فرانسوا د سپیتز لپاره د وهلو ټکولو څخه کار واخیست، پداسې حال کې چې بک د یاغیانو مشري کوله۔
Cada uno conocía el papel del otro, pero Buck evitó cualquier culpa.
هر یو د بل رول پوهیده، مګر بک د هر ډول ملامتۍ څخه ډډه وکړه۔
François nunca sorprendió a Buck iniciando una pelea o eludiendo su trabajo.
فرانسوا هیڅکله د باک د جګړې پیل کول یا له خپلې دندې څخه تیښته نه ده لیدلې۔
Buck trabajó duro con el arnés; el trabajo ahora emocionaba su espíritu.
باک په زنجیر کې سخت کار کاوه - کار اوس د هغه روحیه هڅوله۔
Pero encontró aún más alegría al provocar peleas y caos en el campamento.
خو هغه په کمپ کې د جګړو او ګډوډۍ په راپارولو کې نوره هم خوښي وموندله۔

Una noche, en la desembocadura del Tahkeena, Dub asustó a un conejo.
یوه ماښام د تهکینا په خوله کې، ډوب یو خرګوش حیران کړ۔
Falló el tiro y el conejo con raquetas de nieve saltó lejos.
هغه نیول له لاسه ورکړ، او د واورې بوټۍ سوی توپ وواهه۔
En cuestión de segundos, todo el equipo de trineo los persiguió con gritos salvajes.
په څو ثانیو کې، د سلیج ټوله ډله په وحشي چیغو سره تعقیب کړه۔
Cerca de allí, un campamento de la Policía del Noroeste albergaba cincuenta perros husky.
نږدې، د شمال لویدیز پولیسو کمپ کې پنځوس سپي ځای پر ځای شوي وو۔
Se unieron a la caza y navegaron juntos por el río helado.
دوی په ښکار کې شامل شول، په کنګل شوي سیند کې یوځای ښکته شول۔
El conejo se desvió del río y huyó hacia el lecho congelado del arroyo.
سوی د سیند لاره بنده کړه، د کنګل شوي ویالې بستر ته وتښتېد۔

El conejo saltaba suavemente sobre la nieve mientras los perros se abrían paso con dificultad.

خرگوش په واورو لږ توپ وواهه پداسې حال کې چې سپي له واورو څخه د تېرېدو هڅه کوله.

Buck lideró la enorme manada de sesenta perros en cada curva.

باک د شپیتو سپیو لویه ډله د هر تاوونکي کږ شاوخوا رهبري کوله.

Avanzó lentamente y con entusiasmo, pero no pudo ganar terreno.

هغه مخ په وړاندې لاړ، تیت او لیواله، خو ونه توانېد چې ځمکه تر لاسه کړي.

Su cuerpo brillaba bajo la pálida luna con cada poderoso salto.

د هغه بدن د هرې قوي کودتا سره د شین سپوږمۍ لاندې ځلیده.

Más adelante, el conejo se movía como un fantasma, silencioso y demasiado rápido para atraparlo.

مخکې، خرگوش د یو پیري په څیر حرکت وکړ، غلی او ډېر گړندی و چې ونه نیول شو.

Todos esos viejos instintos —el hambre, la emoción— se apoderaron de Buck.

ټول هغه زاړه غریزونه - لوږه، لیوالتیا - د باک له لارې راوتلي وو.

Los humanos a veces sienten este instinto y se ven impulsados a cazar con armas de fuego y balas.

انسانان کله ناکله دا غریزه احساسوي، او د ټوپک او گولۍ سره ښکار ته هڅول کیږي.

Pero Buck sintió este sentimiento a un nivel más profundo y personal.

خو بک دا احساس په ژوره او شخصي کچه احساس کړ.

No podían sentir lo salvaje en su sangre como Buck podía sentirlo.

دوی په خپله وینه کې وحشي حالت داسې نه شو احساسولی لکه څنگه چې بک احساس کولی شو.

Persiguió carne viva, dispuesto a matar con los dientes y saborear la sangre.

هغه د ژوندۍ غوښې پسې وخوځېد، د خپلو غاښونو سره د وژلو او د وینې خوند اخیستلو ته چمتو و.

Su cuerpo se tensó de alegría, queriendo bañarse en la cálida vida roja.

د هغه بدن له خوښۍ څخه ډک و، غوښتل یې چې په ګرم سور ژوند کې غسل وکړي۔

Una extraña alegría marca el punto más alto que la vida puede alcanzar.

یوه عجیبه خوښي هغه لوړ مقام په ګوته کوي چې ژوند یې تر اوسه پورې رسیدلی شي۔

La sensación de una cima donde los vivos olvidan que están vivos.

د هغه لوړوالي احساس چې ژوندي خلک یې حتی ژوندي هم هېروي۔

Esta alegría profunda conmueve al artista perdido en una inspiración ardiente.

دا ژوره خوښي هغه هنرمند ته لمس کوي چې په ځلیدونکي الهام کې ورک شوی وي۔

Esta alegría se apodera del soldado que lucha salvajemente y no perdona a ningún enemigo.

دا خوښي هغه عسکر نیسي چې په وحشیانه ډول جنګیږي او هیڅ دښمن نه پرېږدي۔

Esta alegría ahora se apoderó de Buck mientras lideraba la manada con hambre primaria.

دا خوښۍ اوس د بک ادعا وکړه ځکه چې هغه په لومړني لوږه کې د ډلې مشري کوله۔

Aulló con el antiguo grito del lobo, emocionado por la persecución en vida.

هغه د لرغوني لیوه چیغي سره چیغې وهلې، د ژوندي تعقیب څخه خوشحاله شو۔

Buck recurrió a la parte más antigua de sí mismo, perdida en la naturaleza.

باک د ځان تر ټولو زاړه برخې ته ننوت، په ځنګل کې ورک شو۔

Llegó a lo más profundo, más allá de la memoria, al tiempo crudo y antiguo.

هغه د تیرې حافظې ژورې برخې ته، خام، لرغوني وخت ته ورسېد۔

Una ola de vida pura recorrió cada músculo y tendón.

د پاک ژوند څپه د هرې عضلاتې او رګونو له لارې خپره شوه۔

Cada salto gritaba que vivía, que avanzaba a través de la muerte.

هر توپ چیغه کړه چې هغه ژوندی دی، هغه د مرګ له لارې تیر شوی دی۔
Su cuerpo se elevaba alegremente sobre una tierra quieta y fría que nunca se movía.
د هغه بدن په خوښۍ سره د ارام، سړې ځمکې په سر پورته شو چې هیڅکله نه خوځېده۔
Spitz se mantuvo frío y astuto, incluso en sus momentos más salvajes.
سپیتز په خپلو وحشي شیبو کې هم سړه او چالاک پاتې شو۔
Dejó el sendero y cruzó el terreno donde el arroyo se curvaba ampliamente.
هغه لاره پرېښوده او له هغه ځمکې څخه تیر شو چیرې چې ویاله پراخه وه۔
Buck, sin darse cuenta de esto, permaneció en el sinuoso camino del conejo.
باک، چې له دې خبر نه و، د خرګوش په څرخیدونکي لاره کې پاتې شو۔
Entonces, cuando Buck dobló una curva, el conejo fantasmal estaba frente a él.
بیا، لکه څنګه چې بک یو تاو وخوځاوه، د ارواح په څیر خرګوش د هغه په وړاندې و۔
Vio una segunda figura saltar desde la orilla delante de la presa.
هغه د ښکار په مخکې د بانک څخه د دوهمې شمېرې توپ ولید۔
La figura era Spitz, aterrizando justo en el camino del conejo que huía.
دا څېره سپیتز وه، چې د تښتېدلي خرګوش په لاره کې راښکته شوه۔
El conejo no pudo girar y se encontró con las fauces de Spitz en el aire.
سوی نشو کولی چې وګرځي او په هوا کې د سپیتز ژامې سره وجنګېد۔
La columna vertebral del conejo se rompió con un chillido tan agudo como el grito de un humano moribundo.
د خرګوش ملا د یوې تیزې چیغې سره مات شو لکه د مرګ په حال کې د انسان چیغه۔
Ante ese sonido, la caída de la vida a la muerte, la manada aulló fuerte.
په دې غږ - له ژوند څخه مرګ ته د لوېدو - ډلې په لوړ غږ چیغې وهلې۔

Un coro salvaje se elevó detrás de Buck, lleno de oscuro deleite.
د باک له شا څخه یو وحشي کورس راپورته شو، چې له تیاره خوښۍ ډک و.
Buck no emitió ningún grito ni sonido y se lanzó directamente hacia Spitz.
باک هیڅ چیغه ونه کړه، هیڅ غږ یې ونه کړ، او مستقیم په سپیټز کې یې برید وکړ.
Apuntó a la garganta, pero en lugar de eso golpeó el hombro.
هغه د ستوني په لور وخوت، خو پرځای یې په اوږه وواهه.
Cayeron sobre la nieve blanda; sus cuerpos trabados en combate.
دوی په نرمه واوره کې وغورځېدل؛ د دوی بدنونه په جګړه کې بند پاتې وو.
Spitz se levantó rápidamente, como si nunca lo hubieran derribado.
سپیټز په چټکۍ سره پورته شو، لکه هیڅکله چې نه وي غورځېدلی.
Cortó el hombro de Buck y luego saltó para alejarse de la pelea.
هغه د باک اوږه پرې کړه، بیا له جګړې څخه وتښتېد.
Sus dientes chasquearon dos veces como trampas de acero y sus labios se curvaron y fueron feroces.
دوه ځله یې غاښونه د فولادي جالونو په څیر مات شول، شونډې یې تاو شوې او سختې شوې.
Retrocedió lentamente, buscando terreno firme bajo sus pies.
هغه ورو ورو شاته لاړ، د خپلو پښو لاندې د ټینګې ځمکې په لټه کې.
Buck comprendió el momento instantánea y completamente.
باک دا شیبه په سمدستي او بشپړ ډول درک کړه.
Había llegado el momento; la lucha iba a ser una lucha a muerte.
وخت راغلی و؛ جګړه به تر مرګه پورې روانه وه.
Los dos perros daban vueltas, gruñendo, con las orejas planas y los ojos entrecerrados.
دوه سپي ګرد چاپېره ګرځېدل، غړمبېدل، غوږونه یې سم وو، سترګې یې تنګ وې.

Cada perro esperaba que el otro mostrara debilidad o un paso en falso.

هر سپی د بل د کمزورۍ یا تېروتنې ښودلو انتظار کاوه.

Para Buck, la escena era inquietantemente conocida y recordada profundamente.

د باک لپاره، دا صحنه په زړه پورې پېژندل شوې او په ژوره توګه په یاد لرونکې وه.

El bosque blanco, la tierra fría, la batalla bajo la luz de la luna.

سپین ځنګلونه، سړه ځمکه، د سپوږمۍ تر رڼا لاندې جګړه.

Un pesado silencio llenó la tierra, profundo y antinatural.

یوه درنه چوپتیا ځمکه ډکه کړه، ژوره او غیر طبیعي.

Ningún viento se agitó, ninguna hoja se movió, ningún sonido rompió la quietud.

نه باد حرکت وکړ، نه پاڼه خوځېده، نه غږ خاموشي ماته کړه.

El aliento de los perros se elevaba como humo en el aire helado y silencioso.

د سپو ساه په یخ او ارامه هوا کې د لوګي په څېر پورته شوه.

El conejo fue olvidado hace mucho tiempo por la manada de bestias salvajes.

د وحشي ځناورو ډلې له ډېرې مودې راهیسې خرګوش هېر کړی و.

Estos lobos medio domesticados ahora permanecían quietos formando un amplio círculo.

دا نیمه پالل شوي لیوان اوس په یوه پراخه دایره کې ولاړ وو.

Estaban en silencio, sólo sus ojos brillantes revelaban su hambre.

دوی غلي وو، یوازې د دوی ځلیدونکي سترګې د دوی لوږه ښکاره کوله.

Su respiración se elevó mientras observaban cómo comenzaba la pelea final.

د دوی ساه پورته پورته شوه، د وروستۍ جګړې پیل لیدل.

Para Buck, esta batalla era vieja y esperada, nada extraña.

د باک لپاره، دا جګړه پخوانۍ او تمه کیده، هیڅ عجیبه نه وه.

Parecía el recuerdo de algo que siempre estuvo destinado a suceder.

دا د یو څه په یاد کې احساس کاوه چې تل باید پیښ شي.

Spitz era un perro de pelea entrenado, perfeccionado por innumerables peleas salvajes.

سپیتز یو روزل شوی جنګیالی سپی و، چې د بې شمیره وحشي جګړو لخوا روزل شوی و.
Desde Spitzbergen hasta Canadá, había vencido a muchos enemigos.
له سپیتزبرګن څخه تر کاناډا پورې، هغه ډیری دښمنان مات کړي وو.
Estaba lleno de furia, pero nunca dejó controlar la rabia.
هغه له غوسې ډک و، خو هیڅکله یې خپل غوسه کنترول نه کړه.
Su pasión era aguda, pero siempre templada por un duro instinto.
د هغه لیوالتیا تیزه وه، مګر تل د سخت غریزی له امله نرمه وه.
Nunca atacó hasta que su propia defensa estuvo en su lugar.
هغه هیڅکله برید نه کاوه تر هغه چې د هغه خپل دفاع په ځای کې نه وه.
Buck intentó una y otra vez alcanzar el vulnerable cuello de Spitz.
باک بیا بیا هڅه وکړه چې د سپیتز زیان منونکي غاړې ته ورسیږي.
Pero cada golpe era correspondido con un corte de los afilados dientes de Spitz.
خو هر ګوزار د سپیتز د تېزو غاښونو له وهلو سره مخامخ شو.
Sus colmillos chocaron y ambos perros sangraron por los labios desgarrados.
د دوی غاښونه سره ټکر شول، او د دواړو سپو له شونډو څخه وینې بهېدلې.
No importaba cuánto se lanzara Buck, no podía romper la defensa.
هر څومره چې باک ګوزار وکړ، هغه دفاع نه شوه ماتولی.
Se puso más furioso y se abalanzó con salvajes ráfagas de poder.
هغه نور هم په غوسه شو، د وحشي ځواک په ډزو سره یې منډه کړه.
Una y otra vez, Buck atacó la garganta blanca de Spitz.
بیا بیا، بک د سپیتز سپیني غاړې ته ګوزار ورکړ.
Cada vez que Spitz esquivaba el ataque, contraatacaba con un mordisco cortante.
هر ځل چې سپیتز وتښتېد او په یوه توته توته یې ځواب ورکړ.
Entonces Buck cambió de táctica y se abalanzó nuevamente hacia la garganta.
بیا باک خپلې تاکتیکونه بدل کړل، لکه څنګه چې بیا د ستوني لپاره منډه کړه.

Pero él retrocedió a mitad del ataque y se giró para atacar desde un costado.

خو هغه د برید په نیمایي کې بیرته وګرځید، او له اړخ څخه یې برید ته مخه کړه.

Le lanzó el hombro a Spitz con la intención de derribarlo.

هغه خپل اوږه په سپیټز کې وغورځاوه، هدف یې دا و چې هغه وغورځوي.

Cada vez que lo intentaba, Spitz lo esquivaba y contraatacaba con un corte.

هر ځل چې هغه هڅه کوله، سپیټز له ځانه ډډه کوله او په یوه ضربه سره یې ځواب ورکاوه.

El hombro de Buck se enrojeció cuando Spitz saltó después de cada golpe.

د بک اوږه خامه شوه ځکه چې سپیټز د هر ضربې وروسته پاک ټوپ وواهه.

Spitz no había sido tocado, mientras que Buck sangraba por muchas heridas.

سپیټز ته لاس نه و ورکړل شوی، پداسې حال کې چې بک د ډیرو ټپونو څخه وینه بهیدله.

La respiración de Buck era rápida y pesada y su cuerpo estaba cubierto de sangre.

د باک ساه ګړندۍ او درنه شوه، بدن یې په وینو لړلی و.

La pelea se volvió más brutal con cada mordisco y embestida.

د هرې چیچلو او برید سره جګړه نوره هم ظالمانه شوه.

A su alrededor, sesenta perros silenciosos esperaban que cayera el primero.

شاوخوا یې شپیته خاموش سپي د لومړي غورځېدو انتظار کاوه.

Si un perro caía, la manada terminaría la pelea.

که چیرې یو سپی هم وغورځیږي، نو ډله به جګړه پای ته ورسوي.

Spitz vio que Buck se estaba debilitando y comenzó a presionar para atacar.

سپیټز ولیدل چې باک کمزوری شوی دی، او برید یې پیل کړ.

Mantuvo a Buck fuera de equilibrio, obligándolo a luchar para mantener el equilibrio.

هغه بک د توازن څخه لرې وساته، او هغه یې اړ کړ چې د پښو لپاره مبارزه وکړي.

Una vez Buck tropezó y cayó, y todos los perros se levantaron.

یو ځل چې بک ټکر وکړ او ولوېد، او ټول سپي پورته شول.

Pero Buck se enderezó a mitad de la caída y todos volvieron a caer.

خو بک د منې په نیمایي کې ځان سم کړ، او ټول بیرته ډوب شول.

Buck tenía algo poco común: una imaginación nacida de un instinto profundo.

باک یو څه نادر درلود - تخیل چې له ژورې غریزې څخه زیږیدلی و.

Peleó con impulso natural, pero también peleó con astucia.

هغه په طبیعي ډول جګړه وکړه، خو په هوښیارۍ سره هم جګړه وکړه.

Cargó de nuevo como si repitiera su truco de ataque con el hombro.

هغه بیا داسې برید وکړ لکه څنګه چې د اوږې د برید چل تکراروي.

Pero en el último segundo, se agachó y pasó por debajo de Spitz.

خو په وروستۍ ثانیه کې، هغه ښکته ولوېد او د سپیټز لاندې یې تیر کړ.

Sus dientes se clavaron en la pata delantera izquierda de Spitz con un chasquido.

د هغه غاښونه د سپیټز په مخکینۍ چپه پښه باندې په یوه ټک وهلو سره ولګېدل.

Spitz ahora estaba inestable, con su peso sobre sólo tres patas.

سپیټز اوس بې ثباته ولاړ و، د هغه وزن یوازې په دریو پښو و.

Buck atacó de nuevo e intentó derribarlo tres veces.

باک بیا ګوزار وکړ، درې ځله یې هڅه وکړه چې هغه ښکته کړي.

En el cuarto intento utilizó el mismo movimiento con éxito.

په څلورمه هڅه کې هغه ورته حرکت په بریالیتوب سره وکاراوه

Esta vez Buck logró morder la pata derecha de Spitz.

دا ځل باک وکولای شول چې د سپیټز ښي پښه وخوري.

Spitz, aunque lisiado y en agonía, siguió luchando por sobrevivir.

سپیټز، که څه هم معیوب او په درد کې و، د ژوندي پاتې کیدو لپاره یې مبارزه کوله.

Vio que el círculo de huskies se estrechaba, con las lenguas afuera y los ojos brillantes.

هغه ولیدل چې د هسکیانو حلقه سخته شوې، ژبې یې راوتلې، سترګې یې ځلېدلې.
Esperaron para devorarlo, tal como habían hecho con los otros.
دوی د هغه د خوړلو انتظار کاوه، لکه څنګه چې یې نورو سره کړي وو.
Esta vez, él estaba en el centro; derrotado y condenado.
دا ځل، هغه په مرکز کې ولاړ و؛ ماتې وخوړه او برباد شو.
Ya no había opción de escapar para el perro blanco.
اوس د سپین سپي لپاره د تیښتې بله لاره نه وه.
Buck no mostró piedad, porque la piedad no pertenecía a la naturaleza.
باک هیڅ رحم ونه کړ، ځکه چې رحم په ځنګل کې نه و.
Buck se movió con cuidado, preparándose para la carga final.
باک په احتیاط سره حرکت وکړ، د وروستي چارج لپاره یې چمتووالی ونیو.
El círculo de perros esquimales se cerró; sintió sus respiraciones cálidas.
د هسکي دایره نږدې شوه؛ هغه د دوی ګرمي ساه احساس کړه.
Se agacharon, preparados para saltar cuando llegara el momento.
دوی په ټیټ سر وخوځېدل، د پسرلي لپاره چمتو وو کله چې وخت راشي.
Spitz temblaba en la nieve, gruñendo y cambiando su postura.
سپیټز په واوره کې لړزېده، چیغې یې وهلې او خپل دریځ یې بدلاوه.
Sus ojos brillaban, sus labios se curvaron y sus dientes brillaron en una amenaza desesperada.
سترګې یې ځلېدلې، شونډې یې تاو شوې، غاښونه یې په نا امیده ګواښ کې ځلېدل.
Se tambaleó, todavía intentando contener el frío mordisco de la muerte.
هغه ټکان وخوړ، او لا هم هڅه یې کوله چې د مرګ سړه خوله وساتي.
Ya había visto esto antes, pero siempre desde el lado ganador.
هغه دا مخکې هم لیدلی و، خو تل د ګټونکي لوري څخه.
Ahora estaba en el bando perdedor; el derrotado; la presa; la muerte.

اوس هغه په بایلونکي لوري وو؛ ماتې خوړلې؛ ښکار؛ مرګ.
Buck voló en círculos para asestar el golpe final, mientras el círculo de perros se acercaba cada vez más.
باک د وروستي ګوزار لپاره چکر ووهه، د سپیو حلقه نږدې شوه.
Podía sentir sus respiraciones calientes; listas para matar.
هغه د دوی ګرمې ساه احساس کولی شو؛ د وژنې لپاره چمتو دي.
Se hizo un silencio absoluto, todo estaba en su lugar, el tiempo se había detenido.
یو خاموشي راغله؛ هر څه په خپل ځای وو؛ وخت ودرېد.
Incluso el aire frío entre ellos se congeló por un último momento.
حتی د دوی ترمنځ سړه هوا د یوې وروستۍ شیبې لپاره کنګل شوه.
Sólo Spitz se movió, intentando contener su amargo final.
یوازې سپیتز حرکت وکړ، هڅه یې کوله چې خپل تریخ پای وساتي.
El círculo de perros se iba cerrando a su alrededor, tal como era su destino.
د سپیانو دایره د هغه شاوخوا را نږدې کېده، لکه څنګه چې د هغه برخلیک هم و.
Ahora estaba desesperado, sabiendo lo que estaba a punto de suceder.
هغه اوس ډېر نا امید و، پوهیده چې څه به پېښ شي.
Buck saltó y hombro con hombro chocó una última vez.
باک په منډه راغی، اوږه یې وروستی ځل سره ولیدل.
Los perros se lanzaron hacia adelante, cubriendo a Spitz en la oscuridad nevada.
سپي مخ په وړاندې روان شول، په واوره تیاره کې یې سپیتز پوښلی و.
Buck observaba, erguido, vencedor en un mundo salvaje.
باک په لوړ غږ ولاړ و، په یوه وحشي نړۍ کې ګټونکی و.
La bestia primordial dominante había cometido su asesinato, y fue bueno.
غالب لومړني حیوان خپل وژلی وو، او دا ښه وو.

-Aquel que ha alcanzado la maestría

-هغه څوک چې د ماسټری مقام یې ګټلی دی.

¿Eh? ¿Qué dije? Digo la verdad cuando digo que Buck es un demonio.

هو؟ ما څه وویل؟ زه رښتیا وایم کله چې زه وایم چې بک شیطان دی"-"

François dijo esto a la mañana siguiente después de descubrir que Spitz había desaparecido.

فرانسوا دا خبره بله ورځ سهار د سپیټز د ورکېدو وروسته وکړه-

Buck permaneció allí, cubierto de heridas por la feroz pelea.

باک هلته ولاړ و، د ظالمانه جګړې له ټپونو پوښل شوی و-

François acercó a Buck al fuego y señaló las heridas.

فرانسوا باک د اور سره نږدې کش کړ او ټپونو ته یې اشاره وکړه-

"Ese Spitz peleó como Devik", dijo Perrault, mirando los profundos cortes.

هغه سپیټز د دیویک په څیر جګړه وکړه، "پیرولټ وویل، ژورو ټپونو " ته یې سترګې نیولې-

—Y ese Buck peleó como dos demonios —respondió François inmediatamente.

او هغه بک د دوو شیطانانو په څیر جګړه کوله، "فرانسوا سمدلاسه " ځواب ورکړ-

"Ahora iremos a buen ritmo; no más Spitz, no más problemas".

اوس به ښه وخت تېر کړو؛ نور نه سپیټز، نور نه کومه ستونزه"-"

Perrault estaba empacando el equipo y cargando el trineo con cuidado.

پیرولټ سامانونه بسته کول او سلیج یې په ډېر احتیاط سره بار کاوه-

François enjaezó a los perros para prepararlos para la carrera del día.

فرانسوا د ورځې د منډې لپاره د چمتووالي لپاره سپي په کار واچول-

Buck trotó directamente a la posición de liderazgo que alguna vez ocupó Spitz.

بک په مستقیم ډول د مخکښ مقام ته ورسید چې یو وخت د سپیټز لخوا نیول شوی و-

Pero François, sin darse cuenta, condujo a Solleks hacia el frente.

خو فرانسوا، پرته له دې چې پام وکړي، سولیکس یې مخې ته بوتلو۔
A juicio de François, Solleks era ahora el mejor perro guía.
د فرانسوا په نظر، سولیکس اوس غوره مشر و۔
Buck se abalanzó furioso sobre Solleks y lo hizo retroceder en protesta.
باک په غوسه سولیکس باندې توپ وواهه او په اعتراض کې یې هغه بیرته وشړلو۔
Se situó en el mismo lugar que una vez estuvo Spitz, ocupando la posición de liderazgo.
هغه هلته ولاړ و چې سپیتز یو وخت ولاړ و، او د مشر مقام یې ادعا کوله۔
—¿Eh? ¿Eh? —gritó François, dándose palmadas en los muslos, divertido.
ایه؟ ایه؟ "فرانسوا چیغه کړه، په تفریح کې یې خپلې رانونه وهل"۔
—Mira a Buck. Mató a Spitz y ahora quiere aceptar el trabajo.
بک ته وګوره - هغه سپیتز وواژه، اوس هغه غواړي دنده واخلي"۔"
—¡Vete, Chook! —gritó, intentando ahuyentar a Buck.
لاړ شه، چوک"۔هغه چیغه کړه، هڅه یې کوله چې بک لرې کړي "۔
Pero Buck se negó a moverse y se mantuvo firme en la nieve.
خو باک له حرکت کولو ډډه وکړه او په واوره کې ټینګ ودرېد۔
François agarró a Buck por la nuca y lo arrastró a un lado.
فرانسوا باک د لاس څخه ونیوه او یوې خوا ته یې کش کړ۔
Buck gruñó bajo y amenazante, pero no atacó.
باک په ټیټ او ګواښونکي ډول وخندل خو برید یې ونه کړ۔
François puso a Solleks de nuevo en cabeza, intentando resolver la disputa.
فرانسوا سولیکس بیرته مخکښ کړ، هڅه یې وکړه چې شخړه حل کړي
El perro viejo mostró miedo de Buck y no quería quedarse.
زوړ سپی له باک څخه وېرېده او نه یې غوښتل چې پاتې شي۔
Cuando François le dio la espalda, Buck expulsó nuevamente a Solleks.
کله چې فرانسوا شا واړوله، بک سولیکس بیا بهر وشړل۔
Solleks no se resistió y se hizo a un lado silenciosamente una vez más.
سولیکس مقاومت ونه کړ او یو ځل بیا په خاموشۍ سره یوې خوا ته لاړ۔
François se enojó y gritó: "¡Por Dios, te arreglo!"

فرانسوا په غوسه شو او چيغه يي کړه، "په خدای قسم، زه دي سموم."

Se acercó a Buck sosteniendo un pesado garrote en su mano.

هغه د باک په لور راغی چي په لاس کي يي يو دروند ډنډ نيولی و۔

Buck recordaba bien al hombre del suéter rojo.

باک هغه سړی په سور سويټر کي ښه ياد کړ۔

Se retiró lentamente, observando a François, pero gruñendo profundamente.

هغه ورو ورو شاته شو، فرانسوا ته يي کتل، خو په ژوره توگه يي ژړل۔

No se apresuró a regresar, incluso cuando Solleks ocupó su lugar.

هغه په بيره بېرته ونه گرځېد، حتی کله چي سوليکس د هغه پر ځای ولاړ و۔

Buck voló en círculos fuera de su alcance, gruñendo con furia y protesta.

باک د لاسرسي څخه هاخوا چکر وواهه، په غوسه او اعتراض کي يي چيغي وهلي۔

Mantuvo la vista fija en el palo, dispuesto a esquivarlo si François lanzaba.

هغه خپلي سترگي په کلب کي ساتلي وي، چمتو و چي که فرانسوا وغورځوي نو ځان ترې وژغوري۔

Se había vuelto sabio y cauteloso en cuanto a las costumbres de los hombres con armas.

هغه د وسلو لرونکو سړو په لارو چارو کي هوښيار او محتاط شوی و۔

François se dio por vencido y llamó a Buck nuevamente a su antiguo lugar.

فرانسوا تسليم شو او بک يي بيا خپل پخواني ځای ته راوغوښت۔

Pero Buck retrocedió con cautela, negándose a obedecer la orden.

خو بک په احتياط سره شاته ولاړ، د امر له منلو يي ډډه وکړه۔

François lo siguió, pero Buck sólo retrocedió unos pasos más.

فرانسوا ورپسي لار، خو بک يوازي څو قدمه نور شاته شو۔

Después de un tiempo, François arrojó el arma al suelo, frustrado.

يو څه وخت وروسته، فرانسوا په نا اميدۍ کي وسله وغورځوله۔

Pensó que Buck tenía miedo de que le dieran una paliza y que iba a venir sin hacer mucho ruido.

هغه فکر کاوه چې بک د وهلو څخه وېرېږي او په خاموشی سره به راشي.
Pero Buck no estaba evitando el castigo: estaba luchando por su rango.
خو بک د سزا څخه ډډه نه کوله - هغه د رتبې لپاره مبارزه کوله.
Se había ganado el puesto de perro líder mediante una pelea a muerte.
هغه د مرگ تر جگړې پورې د مخکښ سپي مقام تر لاسه کړ.
No iba a conformarse con nada menos que ser el líder.
هغه به د مشر کېدو پرته په بل څه راضي نه شو.

Perrault participó en la persecución para ayudar a atrapar al rebelde Buck.
پیرولټ د سرکش بک په نیولو کې د مرستې لپاره په تعقیب کې لاس واخیست.
Juntos lo hicieron correr alrededor del campamento durante casi una hora.
په گډه، دوی هغه د کمپ شاوخوا شاوخوا یو ساعت گرځاوه.
Le lanzaron garrotes, pero Buck los esquivó hábilmente.
دوی په هغه باندې ډنډې ووهلې، خو بک په مهارت سره له هر یو څخه ځان خلاص کړ.
Lo maldijeron a él, a sus padres, a sus descendientes y a cada cabello que tenía.
هغوی په هغه، د هغه په نیکونو، د هغه په اولادې او د هغه په بدن باندې په ټولو وېښتانو لعنت ووایه.
Pero Buck sólo gruñó y se quedó fuera de su alcance.
خو باک یوازې شاته وخوځېد او د دوی له لاسرسي څخه لرې پاتې شو.
Nunca intentó huir, sino que rodeó el campamento deliberadamente.
هغه هیڅکله د تېښتې هڅه ونه کړه بلکې په قصدي ډول یې د کمپ شاوخوا گرځېده.
Dejó claro que obedecería una vez que le dieran lo que quería.
هغه دا روښانه کړه چې هغه به هغه وخت اطاعت وکړي کله چې دوی هغه ته هغه څه ورکړي چې هغه یې غواړي.

François finalmente se sentó y se rascó la cabeza con frustración.

فرانسوا بالاخره کېناست او په نا امیدۍ یې خپل سر وخوځاوه.

Perrault miró su reloj, maldijo y murmuró algo sobre el tiempo perdido.

پیرولټ خپل ساعت وکتل، قسم یې وکړ او د ورک شوي وخت په اړه یې وغږېد.

Ya había pasado una hora cuando debían estar en el sendero.

یو ساعت لا دمخه تېر شوی و کله چې دوی باید په لاره کې وای.

François se encogió de hombros tímidamente y miró al mensajero, quien suspiró derrotado.

فرانسوا په شرم سره د پیغام رسونکي په لور اوږې پورته کړې، چا چې د ماتې ساه واخیسته.

Entonces François se acercó a Solleks y llamó a Buck una vez más.

بیا فرانسوا سولیکس ته لاړ او یو ځل بیا یې بک ته غږ وکړ.

Buck se rió como se ríe un perro, pero mantuvo una distancia cautelosa.

باک داسې وخندل لکه سپی چې خاندي، خو خپل محتاط واټن یې وساته.

François le quitó el arnés a Solleks y lo devolvió a su lugar.

فرانسوا د سولیکس زنګ لرې کړ او بیرته یې خپل ځای ته راوست.

El equipo de trineo estaba completamente arneses y solo había un lugar libre.

د سلیج ټیم په بشپړه توګه سمبال و، یوازې یو ځای خالي و.

La posición de liderazgo quedó vacía, claramente destinada solo para Buck.

د مشر مقام خالي پاتې شو، په څرګنده توګه یوازې د بک لپاره و.

François volvió a llamar, y nuevamente Buck rió y se mantuvo firme.

فرانسوا بیا زنګ وواهه، او بیا باک وخندل او په خپله خبره ولاړ و.

—Tira el garrote —ordenó Perrault sin dudarlo.

کلب وغورځوئ، "پیرولټ پرته له ځنډه امر وکړ".

François obedeció y Buck inmediatamente trotó hacia adelante orgulloso.

فرانسوا اطاعت وکړ، او بک سمدلاسه په ویاړ سره مخ په وړاندې لاړ.

Se rió triunfante y asumió la posición de líder.

هغه په بریالیتوب سره وخندل او د مشر مقام ته یې قدم کیښود.

François aseguró sus correajes y el trineo se soltó.
فرانسوا خپل نښې خوندي کړې، او سليج مات شو.
Ambos hombres corrieron al lado del equipo mientras corrían hacia el sendero del río.
دواړه سړي يوځای منده کړه کله چې ټيم د سيند په لاره منده کړه.
François tenía en alta estima a los "dos demonios" de Buck.
،فرانسوا د باک "دوه شيطانانو "په اړه ډېر فکر کاوه
Pero pronto se dio cuenta de que en realidad había subestimado al perro.
خو ډېر ژر پوه شو چې هغه په حقيقت کې سپي ته کم ارزښت ورکړی و.
Buck asumió rápidamente el liderazgo y trabajó con excelencia.
باک په چټکۍ سره مشري په غاړه واخيسته او په غوره توگه يې فعاليت وکړ.
En juicio, pensamiento rápido y acción veloz, Buck superó a Spitz.
په قضاوت، چټک فکر او چټک عمل کې، بک له سپيټز څخه مخکې شو.
François nunca había visto un perro igual al que Buck mostraba ahora.
فرانسوا هيڅکله د هغه سپی سره مساوي نه و ليدلی چې بک اوس يې ښيي.
Pero Buck realmente sobresalía en imponer el orden e imponer respeto.
خو بک په ريښتيا سره د نظم په پلي کولو او د درناوي په راوستلو کې غوره و.
Dave y Solleks aceptaron el cambio sin preocupación ni protesta.
ډيو او سوليکس پرته له کومې انديښنې يا اعتراض څخه بدلون ومانه.
Se concentraron únicamente en el trabajo y en tirar con fuerza de las riendas.
دوی يوازې په کار او په سختۍ سره د واک په ترلاسه کولو تمرکز کاوه.
A ellos les importaba poco quién iba delante, siempre y cuando el trineo siguiera moviéndose.
دوی د دې پروا نه کوله چې څوک رهبري کوي، تر هغه چې سليج حرکت کاوه.
Billee, la alegre, podría haber liderado todo lo que a ellos les importaba.

بیلي، خوشحاله، د ټولو هغو کسانو لپاره چې دوی یې پروا درلوده، رهبري کولی شوای.
Lo que les importaba era la paz y el orden en las filas.
هغه څه چې دوی ته مهم وو هغه په لیکو کې سوله او نظم و.

El resto del equipo se había vuelto rebelde durante la decadencia de Spitz.
د سپیتز د زوال په جریان کې د ټیم پاتې برخه بې نظمه شوې وه.
Se sorprendieron cuando Buck inmediatamente los puso en orden.
کله چې باک سمدلاسه دوی امر ته راوړل نو دوی حیران شول.
Pike siempre había sido perezoso y arrastraba los pies detrás de Buck.
پایک تل سست وو او د باک تر شا به یې پښې کشولې.
Pero ahora el nuevo liderazgo lo ha disciplinado severamente.
خو اوس د نوي مشرتابه لخوا په کلکه ډسپلین شوی و.
Y rápidamente aprendió a aportar su granito de arena en el equipo.
او هغه په چټکۍ سره په ټیم کې د خپل وزن پورته کول زده کړل.
Al final del día, Pike trabajó más duro que nunca.
د ورځې په پای کې، پایک د پخوا په پرتله ډیر سخت کار وکړ.
Esa noche en el campamento, Joe, el perro amargado, finalmente fue sometido.
په کمپ کې هغه شپه، جو، تروه سپی، بالاخره قابو شو.
Spitz no logró disciplinarlo, pero Buck no falló.
سپیتز د هغه په نظم کې پاتې راغلی و، خو بک ناکام نه شو.
Utilizando su mayor peso, Buck superó a Joe en segundos.
د خپل زیات وزن په کارولو سره، بک په څو ثانیو کې جو ته ماتې ورکړه.
Mordió y golpeó a Joe hasta que gimió y dejó de resistirse.
هغه جو تر هغه وخته پورې چې هغه چیغې وهلې او مقاومت یې بس کړ، ودار کړ.
Todo el equipo mejoró a partir de ese momento.
له هغې شیبې څخه ټوله لوبډله ښه شوه.
Los perros recuperaron su antigua unidad y disciplina.

سپو خپل زور یووالي او نظم بیرته ترلاسه کړ.
En Rink Rapids, se unieron dos nuevos huskies nativos, Teek y Koona.
په رینک ریپډز کې، دوه نوي اصلي هسکي، تیک او کونا، سره یوځای شول.
El rápido entrenamiento que Buck les dio sorprendió incluso a François.
د باک چټکې روزنې حتی فرانسوا حیرانه کړه.
"¡Nunca hubo un perro como ese Buck!" gritó con asombro.
هیڅکله د دې بک په څیر سپی نه و".هغه په حیرانتیا سره چیغه کړه ".
¡No, jamás! ¡Vale mil dólares, por Dios!
نه، هیڅکله نه".هغه د زرو ډالرو ارزښت لري، په خدای قسم ."
—¿Eh? ¿Qué dices, Perrault? —preguntó con orgullo.
هو؟ ته څه وایې، پیرولټ؟ "هغه په ویاړ سره وپوښتل".
Perrault asintió en señal de acuerdo y revisó sus notas.
پیرولټ په موافقه کې سر وخوځاوه او خپل یادښتونه یې وکتل.
Ya vamos por delante del cronograma y ganamos más cada día.
موږ لا دمخه له مهالویش څخه مخکې یو او هره ورځ ډیر څه ترلاسه کوو.
El sendero estaba duro y liso, sin nieve fresca.
لاره سخته او اسانه وه، تازه واوره نه وه.
El frío era constante, rondando los cincuenta grados bajo cero durante todo el tiempo.
سړه هوا ثابته وه، په ټوله کې د صفر څخه پنځوس ښکته وه.
Los hombres cabalgaban y corrían por turnos para entrar en calor y ganar tiempo.
سړي په وار وار موټر چلاوه او منډه یې کوله ترڅو گرم پاتې شي او وخت پیدا کړي.
Los perros corrían rápido, con pocas paradas y siempre avanzando.
سپي په څو تمځایونو سره گړندي منډه وهله، تل به مخ په وړاندې تلل.
El río Thirty Mile estaba casi congelado y era fácil cruzarlo.
د دیرش میل سیند تر ډیره کنگل شوی و او د تګ راتګ لپاره اسانه و.
Salieron en un día lo que habían tardado diez días en llegar.
دوی په یوه ورځ کې ووتل چې لس ورځې یې دننه راتلل.

Hicieron una carrera de sesenta millas desde el lago Le Barge hasta White Horse.

دوی د جهیل لي بارج څخه تر وایټ هارس پورې شپیته میله منډه وکړه.

A través de los lagos Marsh, Tagish y Bennett se movieron increíblemente rápido.

د مارش، تاګیش او بینټ لیکس په اوږدو کې دوی په حیرانونکي ډول ګړندي حرکت وکړ.

El hombre corriendo remolcado detrás del trineo por una cuerda.

منډه وهونکی سړی د سلیج شاته په رسۍ باندې وخوت.

En la última noche de la segunda semana llegaron a su destino.

د دوهمې اونۍ په وروستۍ شپه دوی خپل منزل ته ورسېدل.

Habían llegado juntos a la cima del Paso Blanco.

دوی یوځای د وایټ پاس سر ته رسیدلي وو.

Descendieron al nivel del mar con las luces de Skaguay debajo de ellos.

دوی د سمندر سطحې ته راښکته شول چې د سکاګوای څراغونه یې لاندې وو.

Había sido una carrera que estableció un récord a través de kilómetros de desierto frío.

دا د سړې دښتې په اوږدو کې د میلونو په اوږدو کې د ریکارډ جوړولو منډه وه.

Durante catorce días seguidos, recorrieron un promedio de cuarenta millas.

د څوارلسو ورځو لپاره، دوی په اوسط ډول څلوېښت میله واټن وواهه.

En Skaguay, Perrault y François transportaban mercancías por la ciudad.

په سکاګوای کې، پیرولټ او فرانسوا د ښار له لارې کارګو لیږدول.

Fueron aplaudidos y la multitud admirada les ofreció muchas bebidas.

د خلکو د ستاینې له امله دوی خوشحاله شول او ډېر څښاکونه یې وړاندې کړل.

Los cazadores de perros y los trabajadores se reunieron alrededor del famoso equipo de perros.

د سپو ماتونکي او کارګران د مشهور سپي تیم شاوخوا راټول شول.

Luego, los forajidos del oeste llegaron a la ciudad y sufrieron una derrota violenta.

بیا لویدیځ غله ښار ته راغلل او له سختې ماتې سره مخ شول.

La gente pronto se olvidó del equipo y se centró en un nuevo drama.

خلکو ډېر ژر ټیم هېر کړ او په نوي ډرامه یې تمرکز وکړ.

Luego vinieron las nuevas órdenes que cambiaron todo de golpe.

بیا نوي امرونه راغلل چې هرڅه یې په یو وخت کې بدل کړل.

François llamó a Buck y lo abrazó con orgullo entre lágrimas.

فرانسوا باک راوغوښت او په ژړغوني ویاړ یې غېږ کې ونیو.

Ese momento fue la última vez que Buck volvió a ver a François.

هغه شیبه وروستی ځل وه چې بک فرانسوا بیا ولیده.

Como muchos hombres antes, tanto François como Perrault se habían ido.

د ډېرو پخوانیو سړیو په څېر، فرانسوا او پیرولټ دواړه لاړل.

Un mestizo escocés se hizo cargo de Buck y sus compañeros de equipo de perros de trineo.

د سکاټلینډ نیم نسل د باک او د هغه د سلیج سپي د ټیم ملګرو مسؤلیت په غاړه واخیست.

Con una docena de otros equipos de perros, regresaron por el sendero hasta Dawson.

د سپو د لسګونو نورو ډلو سره، دوی د لارې په اوږدو کې داوسن ته راستانه شول.

Ya no era una carrera rápida, solo un trabajo duro con una carga pesada cada día.

اوس چټکه منډه نه وه - یوازې هره ورځ درووند بار سره درووند کار.

Éste era el tren correo que llevaba noticias a los buscadores de oro cerca del Polo.

دا د پوستې اورګادی و، چې قطب ته نږدې د سرو زرو ښکاریانو ته یې خبر ورکاوه.

A Buck no le gustaba el trabajo, pero lo soportaba bien y se enorgullecía de su esfuerzo.

باک دا کار نه خوښاوه خو ښه یې زغملی و، او په خپلې هڅې یې ویاړ کاوه.

Al igual que Dave y Solleks, Buck mostró devoción por cada tarea diaria.

د ډیو او سولیکس په څیر، بک د هرې ورځنۍ دندې لپاره وقف وښود.

Se aseguró de que cada uno de sus compañeros hiciera su parte.

هغه ډاډ ترلاسه کړ چې د هغه هر یو ټیم ملګري خپل مناسب وزن پورته کړي.

La vida en el sendero se volvió aburrida, repetida con la precisión de una máquina.

د لارې ژوند بې خونده شو، د ماشین په دقت سره تکرار شو.

Cada día parecía igual, una mañana se fundía con la siguiente.

هره ورځ یو شان احساس شوه، یوه سهار له بلې سره ګډېده.

A la misma hora, los cocineros se levantaron para hacer fogatas y preparar la comida.

په همدې ساعت کې، پخلي کوونکي پورته شول ترڅو اورونه بل کړي او خواړه چمتو کړي.

Después del desayuno, algunos abandonaron el campamento mientras otros enjaezaron los perros.

د ناشتې وروسته، ځینې یې له کمپ څخه ووتل پداسې حال کې چې نورو سپي په کار واچول.

Se pusieron en marcha antes de que la tenue señal del amanecer tocara el cielo.

دوی مخکې له دې چې د سهار تیاره خبرداری اسمان ته ورسیږي، په لاره ووتل.

Por la noche se detenían para acampar, cada hombre con una tarea determinada.

د شپې، دوی د کمپ جوړولو لپاره ودرېدل، هر یو سړی د یوې ټاکلې دندې سره.

Algunos montaron tiendas de campaña, otros cortaron leña y recogieron ramas de pino.

ځینو خیمې ودرولې، نورو یې لرګي پرې کړل او د صنوبر ونې یې راټولې کړې.

Se llevaba agua o hielo a los cocineros para la cena.

د ماښام د ډوډۍ لپاره اوبه یا یخ بیرته پخلي کونکو ته وړل کیده.

Los perros fueron alimentados y esta fue la mejor parte del día para ellos.

سپو ته خواړه ورکړل شول، او دا د دوی لپاره د ورځې غوره برخه وه.
Después de comer pescado, los perros se relajaron y descansaron cerca del fuego.
د کب له خوړلو وروسته، سپي آرام شول او اور ته نږدې کېناستل.
Había otros cien perros en el convoy con los que mezclarse.
په کاروان کې سل نور سپي هم وو چې ورسره ګډ شي.
Muchos de esos perros eran feroces y rápidos para pelear sin previo aviso.
ډیری هغه سپي سخت وو او پرته له خبرتیا څخه یې جګړه کوله.
Pero después de tres victorias, Buck dominó incluso a los luchadores más feroces.
خو د درېو بریاوو وروسته، بک حتی تر ټولو سختو جنګیالیو باندې هم مهارت ترلاسه کړ.
Cuando Buck gruñó y mostró los dientes, se hicieron a un lado.
اوس کله چې باک ژړل او خپل غاښونه یې وښودل، دوی یوې خوا ته شول.
Quizás lo mejor de todo es que a Buck le encantaba tumbarse cerca de la fogata parpadeante.
شاید تر ټولو غوره دا وه چې باک د ځلیدونکي اور ته نږدې پروت و.
Se agachó con las patas traseras dobladas y las patas delanteras estiradas hacia adelante.
هغه په داسې حال کې چې شاته پښې یې تړلې وې او مخکینی پښې یې مخ په وړاندې غځولې وې، کوږ شو.
Levantó la cabeza mientras parpadeaba suavemente ante las llamas brillantes.
د هغه سر پورته شو کله چې هغه د ځلیدونکو اورونو په وړاندې په نرمۍ سره سترګې پټې کړې.
A veces recordaba la gran casa del juez Miller en Santa Clara.
کله ناکله به یې په سانتا کلارا کې د قاضي میلر لوی کور را یاد کړ.
Pensó en la piscina de cemento, en Ysabel y en el pug llamado Toots.
هغه د سمنټو د حوض، د یسابیل، او د توتس په نوم د پګ په اړه فکر وکړ.
Pero más a menudo recordaba el garrote del hombre del suéter rojo.

خو ډېر ځله به يې هغه سړی ياداوه چې سور سويټر يې اغوستی و.
Recordó la muerte de Curly y su feroz batalla con Spitz.
هغه د کورلي مړينه او د سپيټز سره د هغه سخته جګړه په ياد درلوده.
También recordó la buena comida que había comido o con la que aún soñaba.
هغه هغه ښه خواړه هم را په ياد کړل چې هغه خوړلي وو يا يې لا هم خوب ليدلی و.
Buck no sentía nostalgia: el cálido valle era distante e irreal.
باک د کور ياد نه درلود — ګرمه دره لرې او غير واقعي وه.
Los recuerdos de California ya no ejercían ninguna atracción sobre él.
د کاليفورنيا خاطرې نور په هغه باندې هيڅ رينتينی تاثير نه درلود.
Más fuertes que la memoria eran los instintos profundos en su linaje.
غريزات يې د وينې په ژوره کې له حافظې څخه ډېر قوي وو.
Los hábitos que una vez se habían perdido habían regresado, revividos por el camino y la naturaleza.
هغه عادتونه چې يو ځل له لاسه ورکړل شوي وو بيرته راستانه شول، د لارې او ځنګل له امله بيا راژوندي شول.
Mientras Buck observaba la luz del fuego, a veces se convertía en otra cosa.
لکه څنګه چې بک د اور رڼا ته کتل، ځينې وختونه دا بل څه شو.
Vio a la luz del fuego otro fuego, más antiguo y más profundo que el actual.
هغه د اور په رڼا کې يو بل اور وليد، چې د اوسني اور څخه زوړ او ژور و.
Junto a ese otro fuego se agazapaba un hombre que no se parecía en nada al cocinero mestizo.
د هغې څنګ ته بل اور يو سړی ودراوه چې د نيم نسل پخلی کوونکي په څير نه و.
Esta figura tenía piernas cortas, brazos largos y músculos duros y anudados.
دا څېره لنډې پښې، اوږدې لاسونه، او کلک، غوټې لرونکي عضلات درلودل.
Su cabello era largo y enmarañado, y caía hacia atrás desde los ojos.
د هغه ويښتان اوږد او ځوړند وو، د سترګو څخه شاته ځوړند وو.

Hizo ruidos extraños y miró con miedo hacia la oscuridad.

هغه عجيب غږونه وكړل او په ويره كي تياره ته يي وكتل۔

Sostenía agachado un garrote de piedra, firmemente
agarrado con su mano larga y áspera.

هغه د ډبرو يوه ډنډه په تيته نيولي وه، په خپل اوږده او ناهموار لاس كي
يي تينګه نيولي وه۔

El hombre vestía poco: sólo una piel carbonizada que le
colgaba por la espalda.

سړي لږ جامي اغوستي وي؛ يوازي يو سوځېدلى پوستكى و چي د هغه
تر شا ځوړند و۔

Su cuerpo estaba cubierto de espeso vello en los brazos, el
pecho y los muslos.

د هغه بدن د لاسونو، سينه او ورنونو په اوږدو كي په ګنو وېښتو پوښل
شوى و۔

Algunas partes del cabello estaban enredadas en parches de
pelaje áspero.

د وېښتانو ځيني برخي د ناكاپه وېښتو په توتو كي نښتي وي۔

No se mantenía erguido, sino inclinado hacia delante desde
las caderas hasta las rodillas.

هغه مستقيم نه ودرېد، بلكي د كولمو څخه تر زنګونونو پوري يي مخ په
وراندي خم شو۔

Sus pasos eran elásticos y felinos, como si estuviera siempre
dispuesto a saltar.

د هغه ګامونه د پسرلي او پيشو په څير وو، لكه تل د توپ وهلو لپاره
چمتو وي۔

Había un estado de alerta agudo, como si viviera con miedo
constante.

يو تيز هوښياريا تيا وه، لكه څنګه چي هغه په دوامداره ويره كي ژوند كاوه۔

Este hombre anciano parecía esperar el peligro, ya sea que lo
viera o no.

دا لرغوني سړى داسي بنكاريده چي د خطر تمه لري، كه خطر ليدل
شوى وي يا نه۔

A veces, el hombre peludo dormía junto al fuego, con la
cabeza metida entre las piernas.

كله ناكله به وېښتان لرونكى سړى د اور په څنګ كي ويده شو، سر به يي
د پښو ترمنځ و۔

Sus codos descansaban sobre sus rodillas, sus manos entrelazadas sobre su cabeza.

د هغه څنګلې په زنګونونو کې وې، لاسونه يې د سر څخه پورته نيول شوي وو.

Como un perro, usó sus brazos peludos para protegerse de la lluvia que caía.

لکه د سپي په څېر يې خپل ويښتان لرونکي لاسونه د باران د اورېدو لپاره وکارول.

Más allá de la luz del fuego, Buck vio dos brasas brillando en la oscuridad.

د اور د رڼا هاخوا، باک په تياره کې دوه ګوني سکروټ وليدلې چې ځليدل.

Siempre de dos en dos, eran los ojos de las bestias rapaces al acecho.

تل په دوه دوه، دوی د ښکاري ځناورو سترګې وې.

Escuchó cuerpos chocando contra la maleza y ruidos en la noche.

هغه د شپې له خوا د جسدونو د ټکر او د ځنګلونو د ټکر غږونه واورېدل.

Acostado en la orilla del Yukón, parpadeando, Buck soñaba junto al fuego.

باک د يوکون په غاړه پروت و، سترګې يې رپولې، او د اور په خوا کې يې خوب وليد.

Las vistas y los sonidos de ese mundo salvaje le ponían los pelos de punta.

د هغه وحشي نړۍ منظرو او غږونو د هغه ويښتان ودرول.

El pelaje se le subió por la espalda, los hombros y el cuello.

ويښتان يې د شا، اوږو او غاړې ته پورته شول.

Él gimió suavemente o emitió un gruñido bajo y profundo en su pecho.

هغه په نرمۍ سره چيغې وهلې يا يې په سينه کې ژوره ټيټه چيغه وکړه.

Entonces el cocinero mestizo gritó: "¡Oye, Buck, despierta!"

بيا نيم نسل پخلي چيغه کړه، "ای، ته بک، ويښ شه."

El mundo de los sueños desapareció y la vida real regresó a los ojos de Buck.

د خوبونو نړۍ ورکه شوه، او حقيقي ژوند د باک سترګو ته راستون شو.

Iba a levantarse, estirarse y bostezar, como si acabara de despertar de una siesta.

هغه به پورته کېده، لاس به یې ونیوه او ارږمی به یې وهله، لکه له خوبه چې راویښ شوی وي.
El viaje fue duro, con el trineo del correo arrastrándose detrás de ellos.
سفر سخت و، د پوستي سلیج د دوی تر شا راښکته کېده.
Las cargas pesadas y el trabajo duro agotaban a los perros cada largo día.
درانه بارونه او سخت کار هره اوږده ورځ سپي ستړي کول.
Llegaron a Dawson delgados, cansados y necesitando más de una semana de descanso.
دوی ډاوسن ته ورسېدل، نری، ستړي او د یوې اونۍ څخه زیات آرام ته اړتیا درلوده.
Pero sólo dos días después, emprendieron nuevamente el descenso por el Yukón.
خو یوازې دوه ورځې وروسته، دوی بیا د یوکون په لور روان شول.
Estaban cargados con más cartas destinadas al mundo exterior.
دوی د بهرنۍ نړۍ لپاره د نورو لیکونو سره ډک شوي وو.
Los perros estaban exhaustos y los hombres se quejaban constantemente.
سپي ستړي شوي وو او سړي په دوامداره توګه شکایت کاوه.
La nieve caía todos los días, suavizando el camino y ralentizando los trineos.
هره ورځ واوره ورېده، لاره یې نرمه کړه او د سلیجونو سرعت یې ورو کړ.
Esto provocó que el tirón fuera más difícil y hubo más resistencia para los corredores.
دې کار د منډه وهونکو لپاره د کشولو او ډېر کشولو لپاره سخت کړ.
A pesar de eso, los pilotos fueron justos y se preocuparon por sus equipos.
سره له دې، موټر چلوونکي عادل وو او د خپلو ټیمونو پاملرنه یې کوله.
Cada noche, los perros eran alimentados antes de que los hombres pudieran comer.
هره شپه، مخکې له دې چې سړي وخوري، سپو ته خواړه ورکول کېدل.
Ningún hombre duerme sin antes revisar las patas de su propio perro.
هیڅ سړی د خپل سپي د پښو د معاینې څخه مخکې نه ویده کیده.

Aún así, los perros se fueron debilitando a medida que los kilómetros iban desgastando sus cuerpos.
خو بیا هم، سپي کمزوري شول څکه چې مایلونه یې په بدنونو ولګېدل۔
Habían viajado mil ochocientas millas durante el invierno.
دوی په ژمي کې اتلس سوه میله سفر کړی و۔
Tiraron de trineos a lo largo de cada milla de esa brutal distancia.
دوی د دې ظالمانه واټن په هر میل کې سلیجونه کش کړل۔
Incluso los perros de trineo más resistentes sienten tensión después de tantos kilómetros.
حتی تر ټولو سخت سلیج سپي هم د ډیرو میلونو وروسته فشار احساسوي۔
Buck aguantó, mantuvo a su equipo trabajando y mantuvo la disciplina.
باک ټینګ ودرېد، خپل ټیم یې کار ته وسپاره، او نظم یې وساته۔
Pero Buck estaba cansado, al igual que los demás en el largo viaje.
خو باک ستړی و، لکه د اوږد سفر نورو په څېر۔
Billee gemía y lloraba mientras dormía todas las noches sin falta.
بیلي به هره شپه په خوب کې بې له کومې ناکامۍ چیغې وهلې او ژړل به یې۔
Joe se volvió aún más amargado y Solleks se mantuvo frío y distante.
جو نور هم تریخ شو، او سولیکس سړه او لرې پاتې شو۔
Pero fue Dave quien sufrió más de todo el equipo.
خو دا ډېو وو چې د ټولې لوبډلې څخه تر ټولو ډېر زیان یې وګاته۔
Algo había ido mal dentro de él, aunque nadie sabía qué.
د هغه دننه یو څه غلط شوي وو، که څه هم هیڅوک نه پوهیدل چې څه۔
Se volvió más malhumorado y les gritaba a los demás con creciente enojo.
هغه ډېر غوسه شو او په زیاتېدونکي غوسه یې په نورو باندې چغې وهلې۔
Cada noche iba directo a su nido, esperando ser alimentado.
هره شپه به هغه مستقیم خپلې ځالې ته تللو، د خوړو په تمه به۔
Una vez que cayó, Dave no se levantó hasta la mañana.
کله چې هغه ښکته شو، ډېو تر سهاره بیا نه و پاڅېد۔

En las riendas, tirones o arranques repentinos le hacían gritar de dolor.

په بام کې، ناڅاپه ټکانونه یا ټکانونه هغه د درد له امله چیغې وهلې.

Su conductor buscó la causa, pero no encontró heridos.

د هغه موټر چلوونکي د لامل په لټه کې شو، خو په هغه کې کوم ټپي ونه موند.

Todos los conductores comenzaron a observar a Dave y discutieron su caso.

ټولو موټر چلوونکو د ډیو لیدل پیل کړل او د هغه د قضیې په اړه یې بحث وکړ.

Hablaron durante las comidas y durante el último cigarrillo del día.

دوی د ډوډۍ پر مهال او د ورځې د وروستي سګرټ څکولو پر مهال خبرې کولې.

Una noche tuvieron una reunión y llevaron a Dave al fuego.

یوه شپه دوی یوه غونډه وکړه او ډیو یې اور ته راوست.

Le apretaron y le palparon el cuerpo, y él gritaba a menudo.

هغوی د هغه جسد فشار ورکړ او معاینه یې وکړه، او هغه ډېر ځله چیغې وهلې.

Estaba claro que algo iba mal, aunque no parecía haber ningún hueso roto.

په ښکاره توګه، یو څه غلط وو، که څه هم هیڅ هډوکی مات شوی نه ښکاریده.

Cuando llegaron a Cassiar Bar, Dave se estaba cayendo.

کله چې دوی کاسیر بار ته ورسېدل، ډیو غورځېدلی و.

El mestizo escocés pidió un alto y eliminó a Dave del equipo.

د سکاچ نیم نسل لوبه ودروله او ډیو یې له ټیم څخه لرې کړ.

Sujetó a Solleks en el lugar de Dave, más cerca del frente del trineo.

هغه سولیکس د ډیو په ځای کې، د سلیج مخې ته نږدې ودراوه.

Su intención era dejar que Dave descansara y corriera libremente detrás del trineo en movimiento.

هغه غوښتل چې ډیو ته اجازه ورکړي چې آرام وکړي او د حرکت کونکي سلیج شاته آزاد منډه وکړي.

Pero incluso estando enfermo, Dave odiaba que lo sacaran del trabajo que había tenido.

خو حتی ناروغه، ډېو له دې څخه کرکه کوله چې له خپلې دندې څخه دې و ایستل شي۔
Gruñó y gimió cuando le quitaron las riendas del cuerpo.
هغه چیغه کړه او چیغه یې کړه کله چې د هغه له بدن څخه یې بامونه ایستل شول۔
Cuando vio a Solleks en su lugar, lloró con el corazón roto.
کله چې هغه سولیکس په خپل ځای ولید، نو د مات زړه درد سره یې ژړل۔
El orgullo por el trabajo en los senderos estaba profundamente arraigado en Dave, incluso cuando se acercaba la muerte.
د لارې د کار ویاړ د ډیو په زړه کې ژور و، حتی که مرگ نږدې شو۔
Mientras el trineo se movía, Dave se tambaleaba sobre la nieve blanda cerca del sendero.
لکه څنګه چې سلیج حرکت وکړ، ډیو د لارې سره نږدې د نرمې واورې له لارې وغورځېد۔
Atacó a Solleks, mordiéndolo y empujándolo desde el costado del trineo.
هغه په سولیکس برید وکړ، د سلیج له اړخ څخه یې وویشت او ټېل وهل۔
Dave intentó saltar al arnés y recuperar su lugar de trabajo.
ډېو هڅه وکړه چې په هارنس کې ټوپ ووهي او خپل د کار ځای بیرته ترلاسه کړي۔
Gritó, se quejó y lloró, dividido entre el dolor y el orgullo por el trabajo.
هغه چیغې وهلې، چیغې وهلې او ژړل یې، د درد او د زیږون په ویاړ کې راگیر و۔
El mestizo usó su látigo para intentar alejar a Dave del equipo.
نیم نسل خپل څټک وکاراوه ترڅو ډیو له ټیم څخه لرې کړي۔
Pero Dave ignoró el látigo y el hombre no pudo golpearlo más fuerte.
خو ډېو د وهلو له پامه وغورځاوه، او سړی یې نور سخت ونه شو وهلی۔
Dave rechazó el camino más fácil detrás del trineo, donde la nieve estaba acumulada.
ډېو د سلېج تر شا اسانه لاره رد کړه، چېرته چې واوره ډکه وه۔
En cambio, luchaba en la nieve profunda junto al sendero, en la miseria.

پرځای یې، هغه د لارې تر څنګ په ژوره واوره کې په بدبختۍ کې مبارزه وکړه.
Finalmente, Dave se desplomó, quedó tendido en la nieve y aullando de dolor.
بالاخره، ډېو ولوېد، په واوره کې پروت و او له درده یې چیغې وهلې.
Gritó cuando el largo tren de trineos pasó a su lado uno por uno.
هغه چیغه کړه کله چې د سلیجونو اوږده ریل ګاډی یو په یو له هغه څخه تیر شو.
Aún con las fuerzas que le quedaban, se levantó y tropezó tras ellos.
بیا هم، په هغه څه سره چې پاتې وو، هغه پورته شو او د دوی وروسته یې ټکر وکړ.
Lo alcanzó cuando el tren se detuvo nuevamente y encontró su viejo trineo.
کله چې اورګاډی بیا ودرېد، هغه یې ونیو او خپله زوړ سلیج یې وموند.
Pasó junto a los otros equipos y se quedó de nuevo al lado de Solleks.
هغه د نورو ټیمونو څخه مخکې شو او بیا د سولیکس تر څنګ ودرېد.
Cuando el conductor se detuvo para encender su pipa, Dave aprovechó su última oportunidad.
کله چې موټر چلوونکي د پایپ د روښانه کولو لپاره ودرېد، ډېو خپل وروستی چانس واخیست.
Cuando el conductor regresó y gritó, el equipo no avanzó.
کله چې موټر چلوونکی بیرته راغی او چیغه یې کړه، ټیم مخ په وړاندې لاړ نه شو.
Los perros habían girado la cabeza, confundidos por la parada repentina.
سپیو خپل سرونه ګرځولي وو، د ناڅاپي دریدو له امله مغشوش شوي وو.
El conductor también estaba sorprendido: el trineo no se había movido ni un centímetro hacia adelante.
موټر چلوونکی هم حیران شو - سلیج یو انچ هم مخ په وړاندې نه و تللی.
Llamó a los demás para que vinieran a ver qué había sucedido.
هغه نورو ته غږ وکړ چې راشي او وګوري چې څه پیښ شوي دي.
Dave había mordido las riendas de Solleks, rompiéndolas ambas.

ډېو د سوليکس باندونه ژوولي وو، او دواړه يې سره جلا کړي وو.
Ahora estaba de pie frente al trineo, nuevamente en su posición correcta.
اوس هغه د سليج مخې ته ولاړ و، بيرته په خپل سم موقعيت کې.
Dave miró al conductor y le rogó en silencio que se mantuviera en el carril.
ډېو موټر چلوونکي ته وکتل، په خاموشۍ سره يې وغوښتل چې په لاره کې پاتې شي.
El conductor estaba desconcertado, sin saber qué hacer con el perro que luchaba.
موټر چلوونکی حيران و، نه پوهيده چې د دې مبارزه کوونکي سپي لپاره څه وکړي.
Los otros hombres hablaron de perros que habían muerto al ser sacados a la calle.
نورو سړيو د هغو سپو په اړه خبرې وکړې چې د ايستلو له امله مړه شوي وو.
Contaron sobre perros viejos o heridos cuyo corazón se rompió al ser abandonados.
دوی د هغو زړو يا ټپي شويو سپيو په اړه وويل چې زړونه يې د پرېښودو پر مهال ماتېدل.
Estuvieron de acuerdo en que era una misericordia dejar que Dave muriera mientras aún estaba en su arnés.
دوی موافقه وکړه چې دا رحم و چې ډيو ته اجازه ورکړل شي چې په خپل زنجير کې مړ شي.
Lo volvieron a sujetar al trineo y Dave tiró con orgullo.
هغه بيرته په سليج باندې وتړل شو، او ډيو په وياړ سره کش کړ.
Aunque a veces gritaba, trabajaba como si el dolor pudiera ignorarse.
که څه هم هغه کله ناکله چيغې وهلې، خو داسې يې کار کاوه لکه درد چې له پامه غورځول شي.
Más de una vez se cayó y fue arrastrado antes de levantarse de nuevo.
څو ځله هغه ولوېد او بيا پورته کېدو دمخه يې کش کړ.
Un día, el trineo pasó por encima de él y desde ese momento empezó a cojear.

يو ځل، سليج پر هغه وګرځېد، او له هغې شيبې څخه وروسته هغه په ګوډ ګوډ شو۔

Aún así, trabajó hasta llegar al campamento y luego se acostó junto al fuego.

بيا هم، هغه تر هغه وخته پورې کار کاوه چې کمپ ته ورسېد، او بيا د اور په غاړه پروت و۔

Por la mañana, Dave estaba demasiado débil para viajar o incluso mantenerse en pie.

سهار پورې، ډېو ډېر کمزوری و چې سفر يې نه شو کولای يا حتی مستقيم ودرېدای هم نه شوای۔

En el momento de preparar el arnés, intentó alcanzar a su conductor con un esfuerzo tembloroso.

د زنګ وهلو په وخت کې، هغه هڅه وکړه چې په لړزونکې هڅې سره خپل موټر چلوونکي ته ورسيږي۔

Se obligó a levantarse, se tambaleó y se desplomó sobre el suelo nevado.

هغه ځان په زور پورته کړ، ټکان يې وخوړ، او په واوره پوښلې ځمکه ولوېد۔

Utilizando sus patas delanteras, arrastró su cuerpo hacia el área del arnés.

هغه د خپلو مخکينيو پښو په کارولو سره خپل بدن د زنګ وهلو ساحې ته کش کړ۔

Avanzó poco a poco, centímetro a centímetro, hacia los perros de trabajo.

هغه ځان د کار کوونکو سپو په لور، انچ په انچ مخته وخوځاوه۔

Sus fuerzas se acabaron, pero siguió avanzando en su último y desesperado esfuerzo.

د هغه ځواک له منځه لاړ، خو هغه په خپل وروستي نا اميده فشار کې حرکت ته دوام ورکړ۔

Sus compañeros de equipo lo vieron jadeando en la nieve, todavía deseando unirse a ellos.

د هغه د ټيم ملګرو هغه وليد چې په واوره کې ساه اخلي، او لا هم د دوی سره د يوځای کيدو لپاره ليواله و۔

Lo oyeron aullar de dolor mientras dejaban atrás el campamento.

کله چې دوی له کمپ څخه ووتل، دوی د هغه د ژړا غږ واورېد چې له غمه یې کاوه.

Cuando el equipo desapareció entre los árboles, el grito de Dave resonó detrás de ellos.

کله چې تیم په ونو کې ورک شو، د ډیو چیغې د دوی تر شا غږېدلې.

El tren de trineos se detuvo brevemente después de cruzar un tramo de bosque junto al río.

د سلیج ریل ګاډی د سیند د لرګیو له یوې برخې څخه د تیریدو وروسته د لنډ وخت لپاره ودرېد.

El mestizo escocés caminó lentamente de regreso hacia el campamento que estaba detrás.

د سکاچ نیم نسل ورو ورو د کمپ شاته په لور روان شو.

Los hombres dejaron de hablar cuando lo vieron salir del tren de trineos.

کله چې یې هغه د سلیج ریل ګاډي څخه د وتلو په حال کې ولید، نو سړیو خبرې ودرولې.

Entonces un único disparo se oyó claro y nítido en el camino.

بیا د لارې په اوږدو کې د ډزو یو واضح او تیز غږ راغی.

El hombre regresó rápidamente y ocupó su lugar sin decir palabra.

سړی په چټکۍ سره راستون شو او پرته له کومې خبرې څخه په خپل ځای کېناست.

Los látigos crujieron, las campanas tintinearon y los trineos rodaron por la nieve.

څپې ماتې شوې، زنګونه غږېدل، او سلېجونه د واورې له لارې ګرځېدل.

Pero Buck sabía lo que había sucedido... y todos los demás perros también.

خو بک پوهیده چې څه پیښ شوي دي - او همداسې نورو سپیانو هم پوهیده.

-El trabajo de las riendas y el sendero

ـ د لګاو او لارې زحمت

Treinta días después de salir de Dawson, el Salt Water Mail llegó a Skaguay.

د ډاوسن له وتلو دېرش ورځې وروسته، د مالګې اوبو میل سکاګوای ته ورسېد.

Buck y sus compañeros tomaron la delantera, llegando en lamentables condiciones.

باک او د هغه تیم ملګرو مخکښ رول ولوباوه، او په خواشینونکي حالت کې راورسېدل.

Buck había bajado de ciento cuarenta a ciento quince libras.

باک له یو سل څلوېښت پونډو څخه یو سل پنځلس پونډو ته راټیټ شوی و.

Los otros perros, aunque más pequeños, habían perdido aún más peso corporal.

نور سپي، که څه هم کوچني وو، خو د بدن وزن یې نور هم کم شوی و.

Pike, que antes fingía cojear, ahora arrastraba tras él una pierna realmente herida.

پایک، چې یو وخت جعلي ګوند وه، اوس یې یوه رښتیا ټپي پښه شاته کش کړه.

Solleks cojeaba mucho y Dub tenía un omóplato torcido.

سولیکس په سختۍ سره ګوډ ګوډ روان و، او د ډوب اوږه یې ماته شوې وه.

Todos los perros del equipo tenían las patas doloridas por las semanas que pasaron en el sendero helado.

د تیم هر سپی د څو اونیو راهیسې په کنګل شوې لاره کې د پښو درد کاوه.

Ya no tenían resorte en sus pasos, sólo un movimiento lento y arrastrado.

د دوی په قدمونو کې هیڅ پسرلی نه و پاتې، یوازې ورو، کشونکی حرکت.

Sus pies golpeaban el sendero con fuerza y cada paso añadía más tensión a sus cuerpos.

د دوی پښې په لاره کې سختې ولګېدې، هر ګام د دوی په بدنونو کې نور فشار اضافه کړ.

No estaban enfermos, sólo agotados más allá de toda recuperación natural.
دوی ناروغه نه وو، یوازې د طبیعي رغیدو څخه بهر ستړي شوي وو۔
No era el cansancio de un día duro que se curaba con una noche de descanso.
دا د یوې سختې ورځې ستړیا نه وه، چې د شپې د آرام سره روغه شوې وه۔
Fue un agotamiento acumulado lentamente a lo largo de meses de esfuerzo agotador.
دا ستړیا وه چې د میاشتو سختو هڅو په پایله کې ورو ورو رامینځته شوې وه۔
No quedaban reservas de fuerza: habían agotado todas las que tenían.
هیڅ ډول ریزرف ځواک پاتې نه و - دوی هر هغه څه چې درلودل یې ختم کړي وو۔
Cada músculo, fibra y célula de sus cuerpos estaba gastado y desgastado.
د دوی په بدن کې هر عضلات، فایبر او حجرات مصرف شوي او خراب شوي وو۔
Y había una razón: habían recorrido dos mil quinientas millas.
او یو دلیل وو - دوی پنځه ویشت سوه میله مزل کړی وو۔
Habían descansado sólo cinco días durante las últimas mil ochocientas millas.
دوی په تیرو اتلس سوه میله کې یوازې پنځه ورځې آرام کړی و۔
Cuando llegaron a Skaguay, parecían apenas capaces de mantenerse en pie.
کله چې دوی سکاګوای ته ورسېدل، نو داسې ښکارېدل چې دوی په سختۍ سره د مستقیم ودریدو توان درلود۔
Se esforzaron por mantener las riendas tensas y permanecer delante del trineo.
دوی هڅه وکړه چې باګونه تینګ وساتي او د سلیج څخه مخکې پاتې شي۔
En las bajadas sólo lograron evitar ser atropellados.
په ښکته غرونو کې، دوی یوازې وکولی شول چې د ډوبیدو څخه ځان وژغوري۔
"Sigan adelante, pobres pies doloridos", dijo el conductor mientras cojeaban.

موټر چلوونکي په داسې حال کې چې دوی په ګوډ ګوډ روان وو، وويل :
لاړ شه، بېچاره پښې دې درد کوي"."
"Este es el último tramo, luego todos tendremos un largo descanso, seguro".
دا وروستی مرحله ده، بیا موږ ټول یو اوږد آرام ترلاسه کوو، یقینا"."
"Un descanso verdaderamente largo", prometió mientras los observaba tambalearse hacia adelante.
یوه ربښتیا اوږده استراحت، "هغه ژمنه وکړه، او دوی یې مخ په وړاندې " ودرېدل.
Los conductores esperaban que ahora tuvieran un descanso largo y necesario.
موټر چلوونکو تمه درلوده چې اوس به دوی ته یوه اوږده او اړینه وقفه ورکړل شي.
Habían recorrido mil doscientas millas con sólo dos días de descanso.
دوی یوازې د دوو ورځو آرام سره دولس سوه میله سفر کړی و.
Por justicia y razón, sintieron que se habían ganado tiempo para relajarse.
د انصاف او دلیل له مخې، دوی احساس کاوه چې دوی د آرام کولو لپاره وخت ترلاسه کړی دی.
Pero eran demasiados los que habían llegado al Klondike y muy pocos los que se habían quedado en casa.
خو ډېر خلک کلونډیک ته راغلي وو، او ډېر لږ خلک په کور کې پاتې شوي وو.
Las cartas de las familias llegaron en masa, creando montañas de correo retrasado.
د کورنیو څخه لیکونه راغلل، چې د ځنډول شویو پوستونو ډېری یې جوړې کړې.
Llegaron órdenes oficiales: nuevos perros de la Bahía de Hudson tomarían el control.
رسمي امرونه راغلل - د هډسن خلیج نوي سپي به ځای ونیسي.
Los perros exhaustos, ahora llamados inútiles, debían ser eliminados.
ستړي سپي، چې اوس بې ارزښته بلل کیږي، باید له منځه یوړل شي.
Como el dinero importaba más que los perros, los iban a vender a bajo precio.

ځرنګه چې پيسې د سپو په پرتله ډيرې مهمې وې، نو دوی به په ارزانه بيه وپلورل شي.

Pasaron tres días más antes de que los perros sintieran lo débiles que estaban.

درې نورې ورځې تېرې شوې مخکې لدې چې سپي احساس وکړي چې څومره کمزوري دي.

En la cuarta mañana, dos hombres de Estados Unidos compraron todo el equipo.

په څلورم سهار، د متحده ایالاتو څخه دوو کسانو ټوله لوبډله واخيسته.

La venta incluía todos los perros, además de sus arneses usados.

په خرڅلاو کې ټول سپي شامل وو، او د هغوی اغوستل شوي زنګونه هم شامل وو.

Los hombres se llamaban entre sí "Hal" y "Charles" mientras completaban el trato.

د معاملې د بشپړولو په وخت کې، سړيو يو بل ته "هال "او "چارلس " وويل.

Charles era un hombre de mediana edad, pálido, con labios flácidos y puntas de bigote feroces.

چارلس د منځني عمر درلود، رنګ يې رنګه و، شونډې يې نرمې او بريتونه يې سخت وو.

Hal era un hombre joven, de unos diecinueve años, que llevaba un cinturón lleno de cartuchos.

هال يو ځوان سړی و، شايد نولس کلن و، د کارتوس ډک کمربند يې اغوستی و.

El cinturón contenía un gran revólver y un cuchillo de caza, ambos sin usar.

په کمربند کې يو لوی تومانچه او د ښکار چاقو وه، چې دواړه نه کارول شوي وو.

Esto demostró lo inexperto e inadecuado que era para la vida en el norte.

دا وښودله چې هغه د شمالي ژوند لپاره څومره بې تجربې او نا مناسب و.

Ninguno de los dos pertenecía a la naturaleza; su presencia desafiaba toda razón.

هيڅ انسان په ځنګل کې نه و؛ د دوی شتون ټول دليلونه رد کړل.

Buck observó cómo el dinero intercambiaba manos entre el comprador y el agente.

بک د پیرودونکي او اجنټ ترمنځ د پیسو تبادله ولیدله۔
Sabía que los conductores de trenes correos abandonaban su vida como el resto.
هغه پوهیده چې د پوستي ریل ګاډي چلوونکي د نورو په څیر د هغه ژوند پریږدي۔
Siguieron a Perrault y a François, ahora desaparecidos sin posibilidad de recuperación.
دوی پیرولټ او فرانسوا تعقیب کړل، چې اوس د یادولو څخه بهر دي۔
Buck y el equipo fueron conducidos al descuidado campamento de sus nuevos dueños.
باک او ټیم یې د خپلو نویو مالکینو بې خونده کمپ ته بوتلل شول۔
La tienda se hundía, los platos estaban sucios y todo estaba desordenado.
خیمه لوېدلې وه، لوښي چټل وو، او هرڅه ګډوډ پراته وو۔
Buck también notó que había una mujer allí: Mercedes, la esposa de Charles y hermana de Hal.
بک هلته یوه ښځه هم ولیده - مرسډیز، د چارلس میرمن او د هال خور۔
Formaban una familia completa, aunque no eran aptos para el recorrido.
دوی یوه بشپړه کورنۍ جوړه کړه، که څه هم د لارې سره مناسب نه وه۔
Buck observó nervioso cómo el trío comenzó a empacar los suministros.
باک په ویره سره وکتل کله چې درې واړو د توکو بسته کول پیل کړل۔
Trabajaron duro, pero sin orden: sólo alboroto y esfuerzos desperdiciados.
دوی سخت کار وکړ خو پرته له نظم څخه - یوازې ګډوډي او ضایع شوې هڅې۔
La tienda estaba enrollada hasta formar un volumen demasiado grande para el trineo.
خیمه په یوه غټ شکل کې تاو شوې وه، د سلیج لپاره ډېره لویه وه۔
Los platos sucios se empaquetaron sin limpiarlos ni secarlos.
چټل لوښي پرته له دې چې پاک یا وچ شي، بسته شوي وو۔
Mercedes revoloteaba por todos lados, hablando, corrigiendo y entrometiéndose constantemente.
مرسډیز ګرځېده، په دوامداره توګه یې خبرې کولې، اصلاح یې کوله او مداخله یې کوله۔

Cuando le ponían un saco en el frente, ella insistía en que lo pusieran en la parte de atrás.

کله چې یوه کڅوړه مخې ته کېښودل شوه، هغې ټینګار وکړ چې دا په شا کې کېښودل شي.

Metió la bolsa en el fondo y al siguiente momento la necesitó.

هغې کڅوړه په بېخ کې ډکه کړه، او بله شیبه یې ورته اړتیا درلوده.

De esta manera, el trineo fue desempaquetado nuevamente para alcanzar la bolsa específica.

نو سلیج بیا خلاص شو ترڅو یوې ځانګړې کڅوړې ته ورسیږي.

Cerca de allí, tres hombres estaban parados afuera de una tienda de campaña, observando cómo se desarrollaba la escena.

نږدې، درې سړي د خیمې بهر ولاړ وو، او د پېښې ننداره یې کوله.

Sonrieron, guiñaron el ojo y sonrieron ante la evidente confusión de los recién llegados.

دوی د نویو راغلو کسانو په ښکاره ګډوډۍ موسکا وکړه، سترګې یې وغړولې او موسکا یې وکړه.

"Ya tienes una carga bastante pesada", dijo uno de los hombres.

یو سړي وویل" :تاسو لا دمخه یو ښه درووند بار لرئ."

"No creo que debas llevar esa tienda de campaña, pero es tu elección".

" زه فکر نه کوم چې ته باید دا خیمه له ځان سره ولرې، خو دا ستا انتخاب دی."

"¡Inimaginable!", exclamó Mercedes levantando las manos con desesperación.

بې خوبه"-مرسدیز چیغه کړه، په نا امیدۍ یې لاسونه پورته کړل ".

"¿Cómo podría viajar sin una tienda de campaña donde refugiarme?"

"څنګه کولی شم پرته له خیمې څخه سفر وکړم چې لاندې پاتې شم؟"

"Es primavera, ya no volverás a ver el frío", respondió el hombre.

سړي ځواب ورکړ" :د پسرلي موسم دی - ته به بیا سړه هوا ونه ګورې."

Pero ella meneó la cabeza y ellos siguieron apilando objetos en el trineo.

خو هغي سر وخوخاوه، او دوی په سليج باندي د شيانو راتولولو ته دوام ورکر۔

La carga se elevó peligrosamente a medida que añadían los últimos elementos.

کله چي دوی وروستي شيان اضافه کرل، بار په خطرناکه توګه لور شو۔

"¿Crees que el trineo se deslizará?" preguntó uno de los hombres con mirada escéptica.

فکر کوي چي سليج به سپور شي؟ "يو له هغو کسانو څخه چي شکمن " نظر يي درلود وپوښتل۔

"¿Por qué no debería?", replicó Charles con gran fastidio.

ولي بايد نه وي؟ "چارلس په سخت غوسه خواب ورکر"۔

—Está bien —dijo rápidamente el hombre, alejándose un poco de la ofensa.

هو، دا سمه ده، "سري په چتکی سره وويل، له تيری څخه شاته شو"۔

"Solo me preguntaba, me pareció que tenía la parte superior demasiado pesada".

زه يوازي فکر کوم ـ دا ماته يو څه ډير دروند ښکاريده"۔"

Charles se dio la vuelta y ató la carga lo mejor que pudo.

چارلس مخ واراوه او بار يي تر هغه ځايه چي امکان يي درلود وتړلو۔

Pero las ataduras estaban sueltas y el embalaje en general estaba mal hecho.

خو د وهلو تکولو ځايونه خلاص وو او بسته بندي يي په ټوليزه توګه خرابه وه۔

"Claro, los perros tirarán de eso todo el día", dijo otro hombre con sarcasmo.

هو، سپي به ټوله ورځ دا کش کري، "يو بل سري په طنزيه دول وويل"۔

—Por supuesto —respondió Hal con frialdad, agarrando el largo palo del trineo.

البته، "هال په سره سينه خواب ورکر، د سليج اورده ګی پول يي ونيولو"۔

Con una mano en el poste, blandía el látigo con la otra.

په يوه لاس يي په ستنه کي، په بل لاس کي يي کوټه وخوځوله۔

"¡Vamos!", gritó. "¡Muévanse!", instando a los perros a empezar.

هغه چيغه کره" :راخئ چي لار شولري يي کرئ" "سپي يي وهڅول " چي پيل وکري۔

Los perros se inclinaron hacia el arnés y se tensaron durante unos instantes.

سپي په زنګون تکیه وکړه او د څو شیبو لپاره یې فشار ورکړ۔
Entonces se detuvieron, incapaces de mover ni un centímetro el trineo sobrecargado.
بیا دوی ودرېدل، د ډېر بار شوي سلیج یو انچ هم نه شوای ګرځېدلی۔
—¡Esos brutos perezosos! —gritó Hal, levantando el látigo para golpearlos.
لټ ځناور"۔هال چیغه کړه، د هغوی د وهلو لپاره یې کوټه پورته کړه "۔
Pero Mercedes entró corriendo y le arrebató el látigo de las manos a Hal.
خو مرسډیز په منډه راغی او د هال له لاسونو څخه یې کوپی ونیوله۔
—Oh, Hal, no te atrevas a hacerles daño —gritó alarmada.
هغې په ژړا چیغه کړه" :او، هال، ته د هغوی د ټپي کولو جرئت مه کوه۔"
"Prométeme que serás amable con ellos o no daré un paso más".
ژمنه وکړه چې ته به ورسره مهربانه یې، که نه نو زه به بل ګام هم " پورته نه کړم۔"
—No sabes nada de perros —le espetó Hal a su hermana.
هال په خپلې خور باندې په غوسه وویل" :ته د سپیو په اړه هیڅ نه پوهېږې۔"
"Son perezosos y la única forma de moverlos es azotándolos".
دوی سست دي، او د دوی د حرکت کولو یوازینی لار د دوی وهل دي"۔"
"Pregúntale a cualquiera, pregúntale a uno de esos hombres de allí si dudas de mí".
له هر چا پوښتنه وکړه - که ته زما په اړه شک لرې نو له هغو کسانو " څخه یو یې وپوښته۔"
Mercedes miró a los espectadores con ojos suplicantes y llorosos.
مرسډیز لیدونکو ته په زاریو او اوښکو ډکو سترګو وکتل۔
Su rostro mostraba lo profundamente que odiaba ver cualquier dolor.
د هغې مخ ښودله چې هغه د هر ډول درد لیدلو څخه څومره کرکه لري۔
"Están débiles, eso es todo", dijo un hombre. "Están agotados".
یو سړي وویل" :دوی کمزوري دي، بس-دوی ستړي شوي دي -"
"Necesitan descansar, han trabajado demasiado tiempo sin descansar".

دوی آرام ته اړتیا لري - دوی د اوږدې مودې لپاره پرته له وقفې کار " کړی دی."
—Maldito sea el resto —murmuró Hal con el labio curvado.
لعنت دې وي، "هال په غوته شونډه سره وخندل".
Mercedes jadeó, visiblemente dolida por la grosera palabra que pronunció.
مرسډیز ساه واخیسته، په څرګنده توګه د هغه د بدې خبرې له امله دردمنه وه.
Aún así, ella se mantuvo leal y defendió instantáneamente a su hermano.
بیا هم، هغه وفاداره پاتې شوه او سمدلاسه یې د خپل ورور دفاع وکړه.
—No le hagas caso a ese hombre —le dijo a Hal—. Son nuestros perros.
هغې هال ته وویل" :هغه سړی مه ګڼه-دوی زموږ سپي دي -"
"Los conduces como mejor te parezca, haz lo que creas correcto".
تاسو هغه څنګه چې مناسب ګڼئ چلوئ - هغه څه وکړئ چې تاسو یې " سم ګڼئ."
Hal levantó el látigo y volvió a golpear a los perros sin piedad.
هال یو ځل بیا کوته پورته کړه او بې رحمه یې سپي ووهل.
Se lanzaron hacia adelante, con el cuerpo agachado y los pies hundidos en la nieve.
دوی مخ په وړاندې توپونه وهل، بدنونه یې ښکته وو، پښې یې په واورو کې اچولې وې.
Ponían toda su fuerza en tirar, pero el trineo no se movía.
د دوی ټول ځواک په کشولو ولګېد، خو سلیج حرکت نه کاوه.
El trineo quedó atascado, como un ancla congelada en la nieve compacta.
سلیج داسې بند پاتې شو، لکه لنګر چې په واوره کې کنګل شوی وي.
Tras un segundo esfuerzo, los perros se detuvieron de nuevo, jadeando con fuerza.
د دوهمې هڅې وروسته، سپي بیا ودرېدل، په زوره یې ساه ورکړه.
Hal levantó el látigo una vez más, justo cuando Mercedes interfirió nuevamente.
هال یو ځل بیا د وهلو تکی پورته کړه، لکه څنګه چې مرسډیز بیا مداخله وکړه.

Ella cayó de rodillas frente a Buck y abrazó su cuello.
هغه د باک مخې ته په زنګونونو کېناسته او د هغه غاړه یې غېږ کې ونیوله.
Las lágrimas llenaron sus ojos mientras le suplicaba al perro exhausto.
کله چې هغې ستړي سپي ته زارۍ کولې، سترګې یې اوښکې ډکې شوې.
"Pobres queridos", dijo, "¿por qué no tiran más fuerte?"
"هغې وویل" :تاسو غریبو عزیزانو، ولې نور سخت نه کشوئ؟
"Si tiras, no te azotarán así".
که ته کش کړې، نو بیا به داسې په وهلو نه شې"."
A Buck no le gustaba Mercedes, pero estaba demasiado cansado para resistirse a ella ahora.
باک مرسدیز نه خوښاوه، خو اوس ډېر ستړی شوی و چې د هغې په وړاندې مقاومت ونه کړي.
Él aceptó sus lágrimas como una parte más de ese día miserable.
هغه د هغې اوښکې د بدبختۍ ورځې د یوې بلې برخې په توګه ومنلې.
Uno de los hombres que observaban finalmente habló después de contener su ira.
یو له لیدونکو څخه بالاخره د خپل غوسې له کنټرولولو وروسته خبرې وکړې.
"No me importa lo que les pase a ustedes, pero esos perros importan".
زه پروا نه لرم چې ستاسو سره څه کیږي، مګر دا سپي مهم دي"."
"Si quieres ayudar, suelta ese trineo: está congelado hasta la nieve".
که غواړې مرسته وکړې، نو هغه سلیج خلاص کړه - دا تر واورې پورې کنګل شوی دی."
"Presiona con fuerza el polo G, derecha e izquierda, y rompe el sello de hielo".
" په ګي پول باندې په ښي او چپ اړخ کې سخت ټک ورکړئ، او د یخ مهر مات کړئ."
Se hizo un tercer intento, esta vez siguiendo la sugerencia del hombre.
دریمه هڅه وشوه، دا ځل د سړي د وړاندیز په تعقیب.
Hal balanceó el trineo de un lado a otro, soltando los patines.

هال سلیج له یوې خوا بلې خوا ته وخوځاوه، او منډې وهونکي یې خلاص کړل.
El trineo, aunque sobrecargado y torpe, finalmente avanzó con dificultad.
سلیج، که څه هم ډیر بار او عجیب و، بالاخره مخ په وړاندې وخوځېد.
Buck y los demás tiraron salvajemente, impulsados por una tormenta de latigazos.
باک او نورو په بې رحمۍ سره حرکت وکړ، د څپې وهلو طوفان لخوا وهل شوی.
Cien metros más adelante, el sendero se curvaba y descendía hacia la calle.
سل گزه وړاندې، لاره کږه شوه او کوڅې ته راښکته شوه.
Se hubiera necesitado un conductor habilidoso para mantener el trineo en posición vertical.
د سلیج د مستقیم ساتلو لپاره به یو ماهر چلوونکي ته اړتیا وه.
Hal no era hábil y el trineo se volcó al girar en la curva.
هال ماهر نه و، او سلیج د کږې شاوخوا گرځېدو سره سم سر وخوځاوه.
Las ataduras sueltas cedieron y la mitad de la carga se derramó sobre la nieve.
خلاصې وهل شوې وه، او نیم بار یې په واورې باندې وغورځېد.
Los perros no se detuvieron; el trineo, más ligero, siguió volando de lado.
سپي ونه دریدل؛ سپک سلیج یې په څنک کې الوتنه وکړه.
Enojados por el abuso y la pesada carga, los perros corrieron más rápido.
د ناوړه چلند او دروند بار څخه په غوسه، سپي گړندي منډه کړه.
Buck, furioso, echó a correr, con el equipo siguiéndolo detrás.
باک په غوسه کې منډه وکړه، او تیم یې شاته شو.
Hal gritó "¡Guau! ¡Guau!", pero el equipo no le hizo caso.
هال چیغه کړه "واه-واه -خو تیم ورته هیڅ پام ونه کړ ".
Tropezó, cayó y fue arrastrado por el suelo por el arnés.
هغه وغورځېد، ولوېد، او د زنگ په واسطه په ځمکه کې راښکته شو.
El trineo volcado saltó sobre él mientras los perros corrían delante.
کله چې سپي مخکې منډې وهلې، نو غورځېدلې سلیج یې پر سر ولگېد.

El resto de los suministros se dispersaron por la concurrida calle de Skaguay.

پاتې توکي د سکاګوای په ګڼه ګونه کوڅه کې خپاره شوي دي.

La gente bondadosa se apresuró a detener a los perros y recoger el equipo.

مهربانه خلک د سپو د درولو او د وسایلو د راټولولو لپاره منډه کړه.

También dieron consejos, contundentes y prácticos, a los nuevos viajeros.

دوی نویو مسافرو ته هم واضح او عملي مشورې ورکړې.

"Si quieres llegar a Dawson, lleva la mitad de la carga y el doble de perros".

که غواړې ډاوسن ته ورسیږې، نو نیم بار واخله او سپي دوه چنده کړه"."

Hal, Charles y Mercedes escucharon, aunque no con entusiasmo.

هال، چارلس او مرسډیز غوږ ونیو، که څه هم په لیوالتیا سره نه.

Instalaron su tienda de campaña y comenzaron a clasificar sus suministros.

هغوی خپله خیمه ودروله او د خپلو توکو په ترتیبولو یې پیل وکړ.

Salieron alimentos enlatados, lo que hizo reír a carcajadas a los espectadores.

ډبې شوي توکي راووتل، چې لیدونکي یې په لوړ غږ وخندل.

"¿Enlatado en el camino? Te morirás de hambre antes de que se derrita", dijo uno.

په لاره کې کنډ شوي شیان؟ مخکې لدې چې هغه اوبه شي، تاسو به وږي شئ، "یو وویل.

¿Mantas de hotel? Mejor tíralas todas.

د هوټل کمپلې؟ غوره ده چې ټول یې وغورځوئ"."

"Si también deshazte de la tienda de campaña, aquí nadie lava los platos".

خیمه هم وباسه، او دلته څوک لوښي نه مینځي"."

¿Crees que estás viajando en un tren Pullman con sirvientes a bordo?

"ته فکر کوې چې د پلمن ریل ګاډي کې د نوکرانو سره سپاره یې؟"

El proceso comenzó: todos los objetos inútiles fueron arrojados a un lado.

پروسه پیل شوه - هر بې ګټې شی یوې خوا ته وغورځول شو.

Mercedes lloró cuando sus maletas fueron vaciadas en el suelo nevado.

مرسديز ژړل کله چې د هغې کڅوړې په واوره پوښل شوې ځمکې خالي شوې.

Ella sollozaba por cada objeto que tiraba, uno por uno, sin pausa.

هغې په هر غورځول شوي شي باندې ژړل، پرته له ځنډه.

Ella juró no dar un paso más, ni siquiera por diez Charleses.

هغې ژمنه وکړه چې يو ګام هم نور نه پورته کوي - حتی د لسو چارلس لپاره هم نه.

Ella le rogó a cada persona cercana que le permitiera conservar sus cosas preciosas.

هغې له نږدې هر کس څخه وغوښتل چې خپل قیمتي شیان وساتي.

Por último, se secó los ojos y comenzó a arrojar incluso la ropa más importante.

بالاخره، هغې خپلې سترګې پاکې کړې او حتی مهمې جامې يې وغورځولې.

Cuando terminó con los suyos, comenzó a vaciar los suministros de los hombres.

کله چې يې خپل کار پای ته ورساوه، هغې د سړيو د توکو خالي کول پيل کړل.

Como un torbellino, destrozó las pertenencias de Charles y Hal.

د طوفان په څير، هغې د چارلس او هال سامانونه څيرې کړل.

Aunque la carga se redujo a la mitad, todavía era mucho más pesada de lo necesario.

که څه هم بار نيمايي ته راټيټ شو، خو بيا هم د اړتيا په پرتله ډير درون و.

Esa noche, Charles y Hal salieron y compraron seis perros nuevos.

په هغه شپه، چارلس او هال بهر لاړل او شپږ نوي سپي يې واخيستل.

Estos nuevos perros se unieron a los seis originales, además de Teek y Koona.

دا نوي سپي د اصلي شپږو سپو سره يوځای شول، د تيک او کونا سره يوځای شول.

Juntos formaron un equipo de catorce perros enganchados al trineo.

دوی په ګډه د څوارلسو سپو یوه ډله جوړه کړه چې سلیج ته یې تړلي وو.
Pero los nuevos perros no eran aptos y estaban mal entrenados para el trabajo con trineos.
خو نوي سپي د سلیج کار لپاره نا مناسب او په سمه توګه روزل شوي نه وو.
Tres de los perros eran pointers de pelo corto y uno era un Terranova.
دري سپي لنډ ویښتان لرونکي وو، او یو یې د نیوفونډلینډ وو.
Los dos últimos perros eran mestizos, sin ninguna raza ni propósito claros.
وروستي دوه سپي د هیڅ روښانه نسل یا هدف پرته غوټی وو.
No entendieron el camino y no lo aprendieron rápidamente.
دوی لاره نه پوهیده، او دوی یې ژر زده نه کړه.
Buck y sus compañeros los miraron con desprecio y profunda irritación.
باک او د هغه ملګرو دوی ته په سپکاوي او ژور خپګان سره کتل.
Aunque Buck les enseñó lo que no debían hacer, no podía enseñarles cuál era el deber.
که څه هم باک هغوی ته دا ورزده کړه چې څه ونه کړي، خو هغه وظیفه نه شو ورزده کولی.
No se adaptaron bien a la vida en senderos ni al tirón de las riendas y los trineos.
دوی د ژوند تعقیب یا د بامونو او سلیجونو کشولو سره ښه نه و.
Sólo los mestizos intentaron adaptarse, e incluso a ellos les faltó espíritu de lucha.
یوازې مغرورو هڅه کوله چې تطابق وکړي، او حتی دوی د جګړې روحیه نه درلوده.
Los demás perros estaban confundidos, debilitados y destrozados por su nueva vida.
نور سپي د خپل نوي ژوند له امله مغشوش، کمزوري او مات شوي وو.
Con los nuevos perros desorientados y los viejos exhaustos, la esperanza era escasa.
نوي سپي بې خبره او زاړه ستړي شوي وو، نو هیله کمزورې وه.
El equipo de Buck había recorrido dos mil quinientas millas de senderos difíciles.
د باک تیم پنځه ویشت سوه میله سخته لاره وهلې وه.

Aún así, los dos hombres estaban alegres y orgullosos de su gran equipo de perros.

بیا هم، دواړه سړي خوشحاله وو او د خپل لوی سپي تیم څخه ویاړي.

Creían que viajaban con estilo, con catorce perros enganchados.

دوی فکر کاوه چې دوی په ستایل سره سفر کوي، د څوارلسو سپو سره.

Habían visto trineos partir hacia Dawson y otros llegar desde allí.

دوی د ډاوسن لپاره سلیجونه لیدلي وو، او نور له هغه ځایه راځي.

Pero nunca habían visto uno tirado por tantos catorce perros.

خو دوی هیڅکله داسې یو نه دی لیدلی چې د څوارلسو سپو لخوا کش شوی وي.

Había una razón por la que equipos como ese eran raros en el desierto del Ártico.

یو دلیل وو چې دا ډول تیمونه په شمالي قطبي دښته کې نادر وو.

Ningún trineo podría transportar suficiente comida para alimentar a catorce perros durante el viaje.

هیڅ سلیج دومره خواړه نه شي لیږدولی چې د سفر لپاره څوارلس سپي وخوري.

Pero Charles y Hal no lo sabían: habían hecho los cálculos.

خو چارلس او هال دا نه پوهېدل - دوی محاسبه کړې وه.

Planificaron la comida: tanta cantidad por perro, tantos días, y listo.

دوی خواړه په قلم سره ولیکل :د هر سپي لپاره دومره ډیر، په ډیرو ورځو کې، بشپړ شول.

Mercedes miró sus figuras y asintió como si tuviera sentido.

مرسدیز د دوی څېرو ته وکتل او سر یې داسې وخوځاوه لکه دا چې معنی ولري.

Todo le parecía muy sencillo, al menos en el papel.

دا ټول هغې ته ډیر ساده ښکارېدل، لږ تر لږه په کاغذ باندې.

A la mañana siguiente, Buck guió al equipo lentamente por la calle nevada.

بله ورځ سهار، باک تیم ورو ورو د واورې پوښلي کوڅې ته پورته کړ.

No había energía ni espíritu en él ni en los perros detrás de él.

په هغه یا د هغه تر شا سپو کې هیڅ انرژي یا روح نه و.

Estaban muertos de cansancio desde el principio: no les quedaban reservas.

دوی له پیل څخه ستړي وو - هیڅ ذخیره نه وه پاتې.

Buck ya había hecho cuatro viajes entre Salt Water y Dawson.

بک لا دمخه د سالټ واټر او داوسن ترمنځ څلور سفرونه کړي وو.

Ahora, enfrentado nuevamente el mismo desafío, no sentía nada más que amargura.

اوس، چې بیا له ورته لارې سره مخ شو، هغه له تریخوالي پرته بل څه احساس نه کړل.

Su corazón no estaba en ello, ni tampoco el corazón de los otros perros.

د هغه زړه په کې نه و، او نه هم د نورو سپو زړونه په کې وو.

Los nuevos perros eran tímidos y los huskies carecían de confianza.

نوي سپي ډارن وو، او هسکي ټول باور نه درلود.

Buck sintió que no podía confiar en estos dos hombres ni en su hermana.

باک احساس وکړ چې هغه په دې دوو سړیو یا د دوی په خور تکیه نشي کولی.

No sabían nada y no mostraron señales de aprender en el camino.

دوی هیڅ نه پوهېدل او په لاره کې یې د زده کړې هیڅ نښه نه وه ښودلې.

Estaban desorganizados y carecían de cualquier sentido de disciplina.

دوی بې نظمه وو او د نظم او ضبط هیڅ احساس یې نه درلود.

Les tomó media noche montar un campamento descuidado cada vez.

دوی هر ځل نیمه شپه وخت ونیو چې یو بې نظمه کمپ جوړ کړي.

Y la mitad de la mañana siguiente la pasaron otra vez jugueteando con el trineo.

او د بلې سهار نیمایي برخه یې بیا د سلیج سره په ټکر کې تیره کړه.

Al mediodía, a menudo se detenían simplemente para arreglar la carga desigual.

تر غرمې پورې، دوی ډیری وخت یوازې د نا مساوي بار د سمولو لپاره ودرېدل.

Algunos días, viajaron menos de diez millas en total.

په ځينو ورځو کې، دوی په توليزه توګه له لسو ميلو څخه لږ سفر وکړ.
Otros días ni siquiera conseguían salir del campamento.
په نورو ورځو کې، دوی په هيڅ ډول له کمپ څخه د وتلو توان نه درلود.
Nunca llegaron a cubrir la distancia alimentaria planificada.
دوی هيڅکله د پلان شوي خوراکي توکو واټن پوره کولو ته نږدې نه شول.
Como era de esperar, muy rápidamente se quedaron sin comida para los perros.
لکه څنګه چې تمه کېده، دوی د سپو لپاره ډېر ژر خواړه کم کړل.
Empeoró las cosas sobrealimentándolos en los primeros días.
دوی په لومړيو ورځو کې د ډير خوراک کولو سره وضعيت نور هم خراب کړ.
Esto acercaba la hambruna con cada ración descuidada.
دې کار د هرې بې پروايۍ سره لوږه نږدې کړه.
Los nuevos perros no habían aprendido a sobrevivir con muy poco.
نوي سپي په ډېر لږ څه ژوندي پاتې کېدل زده نه کړل.
Comieron con hambre, con apetitos demasiado grandes para el camino.
دوی په لوږه وخوړل، د لارې لپاره يې اشتها ډيره وه.
Al ver que los perros se debilitaban, Hal creyó que la comida no era suficiente.
د سپو د کمزوري کېدو په ليدلو سره، هال باور وکړ چې خواړه کافي نه دي.
Duplicó las raciones, empeorando aún más el error.
هغه خوراکونه دوه چنده کړل، چې تېروتنه يې نوره هم خرابه کړه.
Mercedes añadió más problemas con lágrimas y suaves súplicas.
مرسډيز د اوښکو او نرمي زارۍ سره ستونزه نوره هم زياته کړه.
Cuando no pudo convencer a Hal, alimentó a los perros en secreto.
کله چې هغې هال قانع نه کړ، نو په پټه يې سپيو ته خواړه ورکړل.
Ella robó de los sacos de pescado y se lo dio a sus espaldas.
هغې د کبانو له کڅوړو څخه غلا وکړه او د هغه تر شا يې ورته ورکړه.
Pero lo que los perros realmente necesitaban no era más comida: era descanso.

خو هغه ځه چې سپو ته په ربښتيا هم اړتيا وه نور خواړه نه وو - دا آرام وو.
Iban a poca velocidad, pero el pesado trineo aún seguía avanzando.
دوی ډېر وخت تېروه، خو درنه سلېج لا هم دوام درلود.
Ese peso solo les quitaba las fuerzas que les quedaban cada día.
يوازې همدغه وزن هره ورځ د دوی پاتې ځواک کماوه.
Luego vino la etapa de desalimentación ya que los suministros escasearon.
بيا د کم خوراک مرحله راغله ځکه چې اکمالات کم شول.
Una mañana, Hal se dio cuenta de que la mitad de la comida para perros ya había desaparecido.
هال يوه سهار پوه شو چې د سپي نيمايي خواړه لا دمخه ختم شوي دي.
Sólo habían recorrido una cuarta parte de la distancia total del recorrido.
دوی د ټولې لارې يوازې څلورمه برخه سفر کړی و.
No se podía comprar más comida por ningún precio que se ofreciera.
نور خواړه نشو اخيستلی، مهمه نه ده چې په کومه بيه ورکړل شوې وي.
Redujo las raciones de los perros por debajo de la ración diaria estándar.
هغه د سپو د خوړو برخه د معياري ورځني خوراک څخه کمه کړه.
Al mismo tiempo, exigió viajes más largos para compensar las pérdidas.
په ورته وخت کې، هغه د زيان د جبران لپاره د اوږد سفر غوښتنه وکړه.
Mercedes y Carlos apoyaron este plan, pero fracasaron en su ejecución.
مرسډيز او چارلس د دې پلان ملاتړ وکړ، خو په پلي کولو کې پاتې راغلل.
Su pesado trineo y su falta de habilidad hicieron que el avance fuera casi imposible.
د دوی درنې سليج او د مهارت نشتوالي پرمختګ تقريبا ناممکن کړ.
Era fácil dar menos comida, pero imposible forzar más esfuerzo.
لږ خواړه ورکول اسانه وو، خو د ډېرو هڅو مجبورول ناممکن وو.
No podían salir temprano ni tampoco viajar horas extras.

دوی نه شوای کولی چې ژر پیل وکړي، او نه هم د اضافي ساعتونو لپاره سفر کولی شي.
No sabían cómo trabajar con los perros, ni tampoco ellos mismos.
دوی نه پوهېدل چې څنګه سپي کار وکړي، او نه هم پخپله.
El primer perro que murió fue Dub, el desafortunado pero trabajador ladrón.
لومړنی سپی چې مړ شو ډوب و، هغه بدبخته خو محنتي غل و.
Aunque a menudo lo castigaban, Dub había hecho su parte sin quejarse.
که څه هم ډېری وخت سزا ورکول کېده، ډوب پرته له شکایت څخه خپل وزن پورته کړ.
Su hombro lesionado empeoró sin cuidados ni necesidad de descanso.
د هغه ټپي اوږه د پاملرنې یا اړتیا پرته خرابه شوه.
Finalmente, Hal usó el revólver para acabar con el sufrimiento de Dub.
په پای کې، هال د ډوب د کړاو د پای ته رسولو لپاره له تومانچې څخه کار واخیست.
Un dicho común afirma que los perros normales mueren con raciones para perros esquimales.
یوه عامه خبره دا وه چې عادي سپي په هسکي راشنونو مري.
Los seis nuevos compañeros de Buck tenían sólo la mitad de la porción de comida del husky.
د باک شپږو نویو ملګرو د هسکي د خوړو یوازې نیمایي برخه درلوده.
Primero murió el Terranova y después los tres bracos de pelo corto.
لومړی نیوفونډلینډ مړ شو، بیا درې لنډ ویښتان لرونکي پوائنټران.
Los dos mestizos resistieron más tiempo pero finalmente perecieron como el resto.
دوه وحشیان ډېر وخت دوام وکړ خو بالاخره د نورو په څېر له منځه لاړل.
Para entonces, todas las comodidades y la dulzura de Southland habían desaparecido.
په دې وخت کې، د ساوت لینډ ټولې اسانتیاوې او نرمښت ورک شوي وو.
Las tres personas habían perdido los últimos vestigios de su educación civilizada.

دغو دریو کسانو د خپل متمدن پالنې وروستی نښې له لاسه ورکړې وې۔
Despojado de glamour y romance, el viaje al Ártico se volvió brutalmente real.
د ښکلا او رومانس څخه بې برخې، د ارکټیک سفر په وحشیانه توګه ریښتینی شو۔
Era una realidad demasiado dura para su sentido de masculinidad y feminidad.
دا یو حقیقت وو چې د دوی د نارینه وو او ښځینه وو د احساس لپاره خورا سخت وو۔
Mercedes ya no lloraba por los perros, ahora lloraba sólo por ella misma.
مرسدیز نور د سپیو لپاره نه ژړل، مګر اوس یوازې د ځان لپاره ژړل۔
Pasó su tiempo llorando y peleando con Hal y Charles.
هغې خپل وخت د هال او چارلس سره په ژړا او شخړه کې تېر کړ۔
Pelear era lo único que nunca estaban demasiado cansados para hacer.
شخړه یوازینی شی و چې دوی یې هیڅکله د کولو لپاره ستړي نه وو۔
Su irritabilidad surgió de la miseria, creció con ella y la superó.
د دوی خپګان له بدبختی څخه راغلی، ورسره وده وکړه، او له هغې څخه یې تیر شو۔
La paciencia del camino, conocida por quienes trabajan y sufren con bondad, nunca llegó.
د لارې صبر، هغه کسانو ته چې په مهربانی سره زحمت او کړاو ګالي، هیڅکله نه دی رسیدلی۔
Esa paciencia que conserva dulce la palabra a pesar del dolor les era desconocida.
هغه صبر، چې د درد په منځ کې خبرې خوږې ساتي، دوی ته نا اشنا وو۔
No tenían ni un ápice de paciencia ni la fuerza que suponía sufrir con gracia.
دوی د صبر هیڅ نښه نه درلوده، او نه هغه ځواک چې له کړاو څخه یې په فضل سره تر لاسه کاوه۔
Estaban rígidos por el dolor: les dolían los músculos, los huesos y el corazón.
دوی د درد څخه سخت وو - په عضلاتو، هډوکو او زړونو کې درد۔
Por eso se volvieron afilados de lengua y rápidos para usar palabras ásperas.

له همدي امله، دوی ژبه تېزه او په سختو الفاظو کې چټک شول.
Cada día comenzaba y terminaba con voces enojadas y amargas quejas.
هره ورځ د غوسې او ترخو شکايتونو سره پيل او پای ته ورسېده.
Charles y Hal discutían cada vez que Mercedes les daba una oportunidad.
هرکله چې مرسډيز ورته موقع ورکوله، چارلس او هال به يې سره شخړه کوله.
Cada hombre creía que hacía más de lo que le correspondía en el trabajo.
هر سړي باور درلود چې هغه د کار له خپلې عادلانه برخې څخه ډېر کار کړی دی.
Ninguno de los dos perdió la oportunidad de decirlo una y otra vez.
دواړو هيڅکله د دې ويلو فرصت له لاسه ورنکړ، بيا بيا.
A veces Mercedes se ponía del lado de Charles, a veces del lado de Hal.
کله کله مرسډيز د چارلس پلوي کوله، کله کله د هال.
Esto dio lugar a una gran e interminable disputa entre los tres.
دا د درې واړو ترمنځ د يوې لويې او نه ختميدونکې شخړې لامل شو.
Una disputa sobre quién debería cortar leña se salió de control.
د دې په اړه شخړه چې څوک بايد لرګي پرې کړي، له کنټرول څخه بهر شوه.
Pronto se nombraron padres, madres, primos y parientes muertos.
ډېر ژر، د پلرونو، مورګانو، د تره زامنو او د مړو خپلوانو نومونه واخيستل شول.
Las opiniones de Hal sobre el arte o las obras de su tío se convirtieron en parte de la pelea.
د هنر يا د هغه د تره د ډرامو په اړه د هال نظرونه د جګړې برخه شوه.
Las creencias políticas de Charles también entraron en el debate.
د چارلس سياسي باورونه هم په بحث کې شامل شول.
Para Mercedes, incluso los chismes de la hermana de su marido parecían relevantes.

مرسدیز ته، حتی د هغې د میړه د خور خبرې هم اړونده ښکارېدې.
Ella expresó sus opiniones sobre eso y sobre muchos de los defectos de la familia de Charles.
هغې په دې او د چارلس د کورنۍ د ډېرو نیمګړتیاوو په اړه نظرونه خپاره کړل.
Mientras discutían, el fuego permaneció apagado y el campamento medio montado.
پداسې حال کې چې دوی په شخړه کې وو، اور نه روښانه پاتې شو او کمپ نیم سوځېدلی و.
Mientras tanto, los perros permanecieron fríos y sin comida.
په عین حال کې، سپي ساړه پاتې شول او پرته له خوړو څخه.
Mercedes tenía un motivo de queja que consideraba profundamente personal.
مرسدیز یوه شکایت درلوده چې هغې یې ژوره شخصي ګڼله.
Se sintió maltratada como mujer, negándole sus privilegios de gentileza.
هغې د یوې ښځې په توګه ناوړه چلند احساس کړ، د هغې نرم امتیازات یې رد کړل.
Ella era bonita y dulce, y acostumbrada a la caballerosidad toda su vida.
هغه ښکلې او نرمه وه، او ټول عمر یې له زړورتیا سره عادت درلود.
Pero su marido y su hermano ahora la trataban con impaciencia.
خو اوس یې میړه او ورور ورسره بې صبري کوله.
Su costumbre era actuar con impotencia y comenzaron a quejarse.
د هغې عادت دا و چې بې وسه عمل وکړي، او دوی شکایت پیل کړ.
Ofendida por esto, les hizo la vida aún más difícil.
له دې څخه په غوسه شوې، هغې د دوی ژوند نور هم ستونزمن کړ.
Ella ignoró a los perros e insistió en montar ella misma el trineo.
هغې سپي له پامه وغورځول او ټینګار یې وکړ چې پخپله په سلیج کې سپاره شي.
Aunque parecía ligera de aspecto, pesaba ciento veinte libras.
که څه هم په ظاهره کې سپکه وه، خو وزن یې یو سل او شل پونډه وو.

Esa carga adicional era demasiado para los perros hambrientos y débiles.

دا اضافه بار د وږو او کمزورو سپیو لپاره ډېر زیات و.

Aún así, ella cabalgó durante días, hasta que los perros se desplomaron en las riendas.

بیا هم، هغې څو ورځې موټر چلاوه، تر هغه چې سپي یې په بام کې راپرېوتل.

El trineo se detuvo y Charles y Hal le rogaron que caminara.

سلیج ولاړ و، او چارلس او هال هغې ته د تګ غوښتنه وکړه.

Ellos suplicaron y rogaron, pero ella lloró y los llamó crueles.

هغوی زارۍ او زارۍ وکړې، خو هغې ژړل او هغوی یې ظالمان وبلل.

En una ocasión la sacaron del trineo con pura fuerza y enojo.

په یوه موقع، دوی په ډېر زور او غوسه هغه له سلیج څخه راښکته کړه.

Nunca volvieron a intentarlo después de lo que pasó aquella vez.

دوی هیڅکله بیا هڅه ونه کړه چې له هغه وخت وروسته څه پیښ شول.

Ella se quedó flácida como un niño mimado y se sentó en la nieve.

هغه د خراب شوي ماشوم په څیر ګندل شوه او په واوره کې کښېناست.

Ellos siguieron adelante, pero ella se negó a levantarse o seguirlos.

دوی مخکې لاړل، خو هغې له پورته کېدو یا شاته تګ څخه انکار وکړ.

Después de tres millas, se detuvieron, regresaron y la llevaron de regreso.

له درې میله مزل وروسته، دوی ودرېدل، بیرته راغلل او هغه یې بیرته یوړه.

La volvieron a cargar en el trineo, nuevamente usando la fuerza bruta.

دوی هغه بیا په سلیج کې بار کړه، بیا یې د وحشي ځواک په کارولو سره.

En su profunda miseria, fueron insensibles al sufrimiento de los perros.

په خپل ژور غم کې، دوی د سپیو د کړاو په وړاندې بې رحمه وو.

Hal creía que uno debía endurecerse y forzar esa creencia a los demás.

هال په دې باور وو چې یو څوک باید سخت شي او دا باور په نورو باندې تحمیل کړي.

Primero intentó predicar su filosofía a su hermana.
هغه لومړی هڅه وکړه چې خپله فلسفه خپلې خور ته وعظ کړي
y luego, sin éxito, le predicó a su cuñado.
او بیا، پرته له بریالیتوبه، هغه خپل ورور ته وعظ وکړ.
Tuvo más éxito con los perros, pero sólo porque los lastimaba.
هغه د سپیو سره ډیر بریالیتوب درلود، مګر یوازې د دې لپاره چې هغه دوی ته زیان ورساوه.
En Five Fingers, la comida para perros se quedó completamente sin comida.
په پنځه ګوتو کې، د سپي خواړه په بشپړه توګه ختم شول.
Una vieja india desdentada vendió unas cuantas libras de cuero de caballo congelado
یو بې غاښه زوړ اسکوا څو پونډه کنګل شوي آس پوستکی وپلورل
Hal cambió su revólver por la piel de caballo seca.
هال خپل تومانچه د وچې آس د پوستکي په بدل کې ورکړه.
La carne había procedido de caballos hambrientos de ganaderos meses antes.
غوښه څو میاشتې وړاندې د څارویو د وږو اسونو څخه راغلې وه.
Congelada, la piel era como hierro galvanizado: dura y incomestible.
کنګل شوی، پوستکی د ګالوانیز اوسپنې په څیر و؛ سخت او د خوړلو وړ نه و.
Los perros tenían que masticar sin parar la piel para poder comérsela.
سپي اړ وو چې د خوړلو لپاره یې په دوامداره توګه پوتکی ژوي.
Pero las cuerdas correosas y el pelo corto no constituían apenas alimento.
خو د چرمي تارونه او لنډ ویښتان یې په سختۍ سره تغذیه کېدل.
La mayor parte de la piel era irritante y no era alimento en ningún sentido estricto.
د پوستکي ډېره برخه ځورونکې وه، او په ریښتیني معنی کې خواړه نه وو.
Y durante todo ese tiempo, Buck se tambaleaba al frente, como en una pesadilla.
او د دې ټولو په اوږدو کې، باک په مخ کې ودرېد، لکه د یو خوب په څیر.

Tiraba cuando podía, y cuando no, se quedaba tendido hasta que un látigo o un garrote lo levantaban.

کله چې به یې توان درلود، نو کش به یې کاوه؛ کله چې به یې توان نه درلود، نو تر هغه وخته پورې پروت و چې متروکه یا ډنډه به یې پورته کړه.

Su fino y brillante pelaje había perdido toda la rigidez y brillo que alguna vez tuvo.

د هغه نازک، ځلیدونکی کوټ ټول هغه سختوالی او ځلا چې یو وخت یې درلوده له لاسه ورکړې وه.

Su cabello colgaba lacio, enmarañado y cubierto de sangre seca por los golpes.

د هغه ویښتان نرم، کش شوي او د وهلو له امله د وچو وینو سره لخته شوي وو.

Sus músculos se encogieron hasta convertirse en cuerdas y sus almohadillas de carne estaban todas desgastadas.

د هغه عضلات په تارونو بدل شول، او د غوښې پیډونه یې ټول خراب شول.

Cada costilla, cada hueso se veía claramente a través de los pliegues de la piel arrugada.

هره پښتۍ، هر هډوکی د غوړو شویو پوستکي له لارې په څرګنده توګه ښکاریده.

Fue desgarrador, pero el corazón de Buck no podía romperse.

دا زړه ماتوونکی و، خو د باک زړه مات نشو.

El hombre del suéter rojo lo había probado y demostrado hacía mucho tiempo.

هغه سړي چې سور سویټر یې اغوستی و، دا ازموینه کړې وه او ډېر وخت یې ثابته کړې وه.

Tal como sucedió con Buck, sucedió con el resto de sus compañeros de equipo.

لکه څنګه چې د باک سره وه، همداسې د هغه د پاتې ټولو ټیم ملګرو سره هم وه.

Eran siete en total, cada uno de ellos un esqueleto andante de miseria.

ټولټال اوه کسان وو، هر یو یې د بدبختۍ یو روان کنکال و.

Se habían vuelto insensibles a los latigazos y solo sentían un dolor distante.

دوی بې حسه شوي وو چې په وهلو وهلو بوخت وو، یوازې لرې درد یې احساس کاوه۔

Incluso la vista y el sonido les llegaban débilmente, como a través de una espesa niebla.

حتی لید او غږ دوی ته په لږ څه ډول رسیدلی، لکه د یوې ګڼې دوړې له لارې۔

No estaban ni medio vivos: eran huesos con tenues chispas en su interior.

دوی نیم ژوندي نه وو - دوی هډوکي وو چې دننه یې تیاره څراغونه وو۔

Al detenerse, se desplomaron como cadáveres y sus chispas casi desaparecieron.

کله چې ودرول شول، دوی د مړو په څیر راپرېوتل، د دوی څراغونه تقریبا ورک شول۔

Y cuando el látigo o el garrote volvían a golpear, las chispas revoloteaban débilmente.

او کله چې به کوپړه یا ډنډه بیا ووهله، نو سپرغی به په کمزوري ډول وخوځېدې۔

Entonces se levantaron, se tambalearon hacia adelante y arrastraron sus extremidades hacia delante.

بیا دوی پورته شول، ودرېدل، او خپل پښې یې مخ په وړاندې کش کړې۔

Un día el amable Billee se cayó y ya no pudo levantarse.

یوه ورځ مهربانه بېلي ولوېده او نور یې نشوای پورته کېدای۔

Hal había cambiado su revólver, por lo que utilizó un hacha para matar a Billee.

هال خپل تومانچه تبادله کړې وه، نو پرځای یې هغه د تبر څخه کار واخیست ترڅو بیلی ووژني۔

Lo golpeó en la cabeza, luego le cortó el cuerpo y se lo llevó arrastrado.

هغه یې په سر وواهه، بیا یې بدن پرې کړ او په کشولو یې لرې کړ۔

Buck vio esto, y también los demás; sabían que la muerte estaba cerca.

باک دا ولیدل، او نورو هم ولیدل؛ دوی پوهیدل چې مرګ نږدې دی۔

Al día siguiente Koona se fue, dejando sólo cinco perros en el equipo hambriento.

بله ورځ کونا لاړه، او په لوږه ډله کې یې یوازې پنځه سپي پریښودل۔

Joe, que ya no era malo, estaba demasiado perdido como para darse cuenta de gran cosa.

جو، نور بدبين نه دی، دومره لرې تللی و چې د ډير څه په اړه يې معلومات نه درلودل.
Pike, que ya no fingía su lesión, estaba apenas consciente.
پایک، نور د خپل ټپ دعوا نه کوله، په سختۍ سره هوش درلود.
Solleks, todavía fiel, lamentó no tener fuerzas para dar.
سوليکس، چې لا هم وفادار و، غمجن و چې د ورکولو توان يې نه درلود.
Teek fue el que más perdió porque estaba más fresco, pero su rendimiento se estaba agotando rápidamente.
تیک تر ټولو ډېر وهل شوی و ځکه چې هغه تازه و، خو ژر مړاوی شو.
Y Buck, todavía a la cabeza, ya no mantenía el orden ni lo hacía cumplir.
او باک، چې لا هم په مشرۍ کې و، نور يې نظم نه دی ساتلی او نه يې پلي کړی دی.
Medio ciego por la debilidad, Buck siguió el rastro sólo por el tacto.
باک د کمزورۍ سره نيم ړوند و، او د پوازيتوب احساس سره يې لاره تعقيب کړه.
Era un hermoso clima primaveral, pero ninguno de ellos lo notó.
د پسرلي موسم ډېر ښکلی و، خو هيچا يې پام ونه کړ.
Cada día el sol salía más temprano y se ponía más tarde que el anterior.
هره ورځ لمر د پخوا په پرتله مخکې راپورته کېده او وروسته لوېيده.
A las tres de la mañana ya había amanecido; el crepúsculo duró hasta las nueve.
د سهار په دريو بجو سهار شو؛ ماښام تر نهو بجو پورې دوام وکړ.
Los largos días estuvieron llenos del resplandor del sol primaveral.
اوږدې ورځې د پسرلي د لمر له بشپړې رڼا ډکې وې.
El silencio fantasmal del invierno se había transformado en un cálido murmullo.
د ژمي ارواحي چوپتيا په ګرم غږ بدله شوې وه.
Toda la tierra estaba despertando, viva con la alegría de los seres vivos.
ټوله ځمکه راويښ شوه، د ژونديو شيانو په خوښۍ سره ژوندۍ وه.
El sonido provenía de lo que había permanecido muerto e inmóvil durante el invierno.

غږ له هغه څه ښخه راغی چې مړ پروت و او د ژمي په اوږدو کې لا هم پاتې و.
Ahora, esas cosas se movieron nuevamente, sacudiéndose el largo sueño helado.
اوس، هغه شیان بیا حرکت وکړ، د یخنی اوږده خوب یې لرې کړ.
La savia subía a través de los oscuros troncos de los pinos que esperaban.
د انتظار کوونکو صنوبر ونو د تیاره ډډونو له لارې ساپ راپورته شو.
Los sauces y los álamos brotan brillantes y jóvenes brotes en cada ramita.
د ونې او اسپین ونې په هره څانګه کې روښانه ځواني غوټۍ راټوکوي.
Los arbustos y las enredaderas se vistieron de un verde fresco a medida que el bosque cobraba vida.
بوټي او تاکونه تازه شنه شول څکه چې ځنګلونه ژوندي شول.
Los grillos cantaban por la noche y los insectos se arrastraban bajo el sol del día.
د شپې به چرګان چغې وهلې، او حشرات به د ورځې په رڼا کې په خزندګانو ګرځېدل.
Las perdices graznaban y los pájaros carpinteros picoteaban en lo profundo de los árboles.
تیترونه ګړنګونه وهل، او لرګین په ونو کې ژور وټکول.
Las ardillas parloteaban, los pájaros cantaban y los gansos graznaban al hablarles a los perros.
ګلبنۍ چغې وهلې، مرغۍ سندرې ویلې، او قاز د سپو پر سر هارن وهلی.
Las aves silvestres llegaron en grupos afilados, volando desde el sur.
وحشي مرغۍ په تیزو ښدو کې راغله، له جنوب څخه پورته الوتنه وکړه.
De cada ladera llegaba la música de arroyos ocultos y caudalosos.
د هرې غونډۍ څخه د پټو او تېزو ویالو موسیقي راغله.
Todas las cosas se descongelaron y se rompieron, se doblaron y volvieron a ponerse en movimiento.
ټول شیان ویل شول او ټوټې ټوټې شول، کږ شول او بیرته حرکت ته راغلل.
El Yukón se esforzó por romper las frías cadenas del hielo congelado.
یوکون هڅه وکړه چې د کنګل شوي یخ سړې زنځیرونه مات کړي.

El hielo se derritió desde abajo, mientras que el sol lo derritió desde arriba.

يخ لاندې ويلې شو، پداسې حال کې چې لمر هغه له پورته څخه ويلې کړه.

Se abrieron agujeros de aire, se abrieron grietas y algunos trozos cayeron al río.

د هوا سوري خلاص شول، درزونه خپاره شول، او ټوټې يې په سيند کې ولوېدې.

En medio de toda esta vida frenética y llameante, los viajeros se tambaleaban.

د دې ټول سوځېدلي او سوځېدلي ژوند په منځ کې، مسافر ټکان وخوړ.

Dos hombres, una mujer y una jauría de perros esquimales caminaban como muertos.

دوه سړي، يوه ښځه، او د هسکيانو يوه کڅوړه د مړو په څير ګرځېدل.

Los perros caían, Mercedes lloraba, pero seguía montando el trineo.

سپي لوېدل، مرسديز ژړل، خو بيا هم په سليج کې سپور و.

Hal maldijo débilmente y Charles parpadeó con los ojos llorosos.

هال په کمزوري ډول لعنت ووايه، او چارلس د اوښکو ډکو سترګو له لارې سترګې پټې کړې.

Se toparon con el campamento de John Thornton junto a la desembocadura del río Blanco.

دوی د وايټ سيند د خولې له لارې د جان تورنتن کمپ ته ننوتل.

Cuando se detuvieron, los perros cayeron al suelo, como si todos hubieran muerto.

کله چې دوی ودرېدل، سپي په ځمکه وغورځېدل، لکه ټول مړه شوي وي.

Mercedes se secó las lágrimas y miró a John Thornton.

مرسديز خپلې اوښکې پاکې کړې او جان تورنتن ته يې وکتل.

Charles se sentó en un tronco, lenta y rígidamente, dolorido por el camino.

چارلس په لرګي ناست و، ورو او په کلکه، د لارې له امله درد کاوه.

Hal habló mientras Thornton tallaba el extremo del mango de un hacha.

هال خبرې کولې پداسې حال کې چې تورنتون د تبر د لاستي پای پرې کاوه.

Él tallaba madera de abedul y respondía con respuestas breves y firmes.

هغه د برچ لرګي سپین کړل او په لندو او تینګو ځوابونو سره یې ځواب ورکړ.
Cuando se le preguntó, dio consejos, seguro de que no serían seguidos.
کله چې ترې وپوښتل شول، هغه مشوره ورکړه، ډاډه وه چې دا به تعقیب نشي.
Hal explicó: "Nos dijeron que el hielo del sendero se estaba desprendiendo".
هال تشریح کړه، "دوی موږ ته وویل چې د لارې یخ توییږي."
Dijeron que nos quedáramos allí, pero llegamos a White River.
دوی وویل چې موږ باید هلته پاتې شو - مګر موږ وایټ سیند ته " ورسیدو."
Terminó con un tono burlón, como para proclamar la victoria en medio de las dificultades.
هغه په مسخره غږ سره پای ته ورساوه، لکه څنګه چې په سختۍ کې د بریا ادعا کوي.
—Y te dijeron la verdad —respondió John Thornton a Hal en voz baja.
او دوی تاسو ته ریښتیا وویل، "جان تورنټن هال ته په خاموشۍ سره " ځواب ورکړ.
"El hielo puede ceder en cualquier momento; está a punto de desprenderse".
یخ ممکن په هره شیبه کې لاره ورکړي - دا چمتو ده چې وغورځیږي"."
"Solo la suerte ciega y los tontos pudieron haber llegado tan lejos con vida".
یوازې ړانده بخت او احمقان کولی شي تر دې حده ژوندي راشي"."
"Te lo digo directamente: no arriesgaría mi vida ni por todo el oro de Alaska".
زه تاسو ته په څرګنده توګه وایم، زه به د الاسکا د سرو زرو لپاره خپل " ژوند په خطر کې ونه اچوم."
—Supongo que es porque no eres tonto —respondió Hal.
هال ځواب ورکړ " :دا ځکه چې ته احمق نه یې، زه فکر کوم."
—De todos modos, seguiremos hasta Dawson. —Desenrolló el látigo.
په هرصورت، موږ به ډاوسن ته لاړ شو"-.هغه خپل متریک خلاص کړ ".
—¡Sube, Buck! ¡Hola! ¡Sube! ¡Vamos! —gritó con dureza.

هلته پورته شه، بک"سلام ـ پورته شه ـ لاړ شه ـ هغه په زوره چیغه کړه "ـ
Thornton siguió tallando madera, sabiendo que los tontos no escucharían razones.
تورنټون په غوسه غړېده، پوهېده چې احمقان به عقل نه اوري.
Detener a un tonto era inútil, y dos o tres tontos no cambiaban nada.
د یو احمق بندول بې ګټې وو - او دوه یا درې احمقانو هیڅ بدلون نه دی راوستی.
Pero el equipo no se movió ante la orden de Hal.
خو تیم د هال د امر په غږ سره حرکت ونه کړ.
A estas alturas, sólo los golpes podían hacerlos levantarse y avanzar.
تر اوسه پورې، یوازې ګوزارونه کولی شي دوی پورته او مخ په وړاندې وخوځوي.
El látigo golpeó una y otra vez a los perros debilitados.
ښتک بیا بیا په کمزورو سپیو ولګېد.
John Thornton apretó los labios con fuerza y observó en silencio.
جان تورنټن خپلې شونډې په کلکه کېښودې او په چوپتیا یې کتل.
Solleks fue el primero en ponerse de pie bajo el látigo.
سولیکس لومړنی کس و چې د ښتک لاندې یې پښو ته وخوځېد.
Entonces Teek lo siguió, temblando. Joe gritó al tambalearse.
بیا تیک ورپسې راغی، لړزېده.جو چیغه کړه کله چې هغه ودرېد -
Pike intentó levantarse, falló dos veces y finalmente se mantuvo en pie, tambaleándose.
پایک هڅه وکړه چې پورته شي، دوه ځله ناکام شو، بیا بالاخره بې ثباته ودرېد.
Pero Buck yacía donde había caído, sin moverse en absoluto este momento.
خو بک هلته پروت و چې غورځېدلی و، دا ځل یې هیڅ حرکت نه کاوه.
El látigo lo golpeaba una y otra vez, pero él no emitía ningún sonido.
ښتک هغه څو ځله وواهه، خو هغه هیڅ غږ ونه کړ.
Él no se inmutó ni se resistió, simplemente permaneció quieto y en silencio.
هغه نه تکان وخوړ او نه یې مقاومت وکړ، یوازې ارام او غلی پاتې شو.

Thornton se movió más de una vez, como si fuera a hablar, pero no lo hizo.
تورنتن څو ځله وخوځېد، لکه څنګه چې خبرې کول غواړي، خو ونه شو.
Sus ojos se humedecieron y el látigo siguió golpeando contra Buck.
سترګې يې لوند شوې، او بيا هم د باک په وړاندې څټک مات شو.
Finalmente, Thornton comenzó a caminar lentamente, sin saber qué hacer.
بالاخره، تورنتون ورو ورو حرکت پيل کړ، نه پوهېده چې څه وکړي.
Era la primera vez que Buck fallaba y Hal se puso furioso.
دا لومړی ځل و چې بک ناکام شو، او هال په غوسه شو.
Dejó el látigo y en su lugar tomó el pesado garrote.
هغه کوټه وغورځوله او پر ځای يې درنه ډنډه پورته کړه.
El palo de madera cayó con fuerza, pero Buck todavía no se levantó para moverse.
د لرګيو ډنډ په زور سره ښکته شو، خو بک لا هم د حرکت لپاره پورته نه شو.
Al igual que sus compañeros de equipo, era demasiado débil, pero más que eso.
د خپلو ملګرو په څېر، هغه ډېر کمزوری و - خو له دې هم ډېر.
Buck había decidido no moverse, sin importar lo que sucediera después.
باک پريکړه کړې وه چې حرکت ونه کړي، مهمه نه ده چې بل څه راشي.
Sintió algo oscuro y seguro flotando justo delante.
هغه يو څه تياره او ډاډمن احساس کړ چې يوازې مخکې ولاړ دی.
Ese miedo se apoderó de él tan pronto como llegó a la orilla del río.
هغه وېره هغه ته راغله کله چې هغه د سيند غاړې ته ورسېد.
La sensación no lo había abandonado desde que sintió el hielo fino bajo sus patas.
دا احساس له هغه څخه نه و وتلی ځکه چې هغه د خپلو پنجو لاندې يخ نری احساس کړ.
Algo terrible lo esperaba; lo sintió más allá del camino.
يو څه وحشتناکه انتظار کاوه - هغه دا د لارې په اوږدو کې احساس کړ.
No iba a caminar hacia esa cosa terrible que había delante.
هغه به د دې وحشتناک شي په لور مخکې نه ځي
Él no iba a obedecer ninguna orden que lo llevara a esa cosa.

هغه به د هيڅ هغه امر اطاعت ونه کړي چې هغه دي کار ته اړ باسي۔
El dolor de los golpes apenas lo afectaba ahora: estaba demasiado lejos.
د وهلو درد اوس هغه ته په سختۍ سره رسيدلی و - هغه ډير لرې تللی و۔
La chispa de la vida parpadeaba débilmente y se apagaba bajo cada golpe cruel.
د ژوند ځرک د هرې ظالمانه ضربې لاندې کم او تياره شو۔
Sus extremidades se sentían distantes; su cuerpo entero parecía pertenecer a otro.
د هغه پښې لرې احساس شوې؛ د هغه ټول بدن داسې ښکاريده لکه د بل چا پورې اړه ولري۔
Sintió un extraño entumecimiento mientras el dolor desapareció por completo.
هغه يو عجيب بې حسي احساس کړه ځکه چې درد په بشپړه توګه ورک شو۔
Desde lejos, sentía que lo golpeaban, pero apenas lo sabía.
له لرې څخه، هغه احساس کاوه چې وهل کيږي، خو په سختۍ سره پوهېده۔
Podía oír los golpes débilmente, pero ya no dolían realmente.
هغه د ټکانونو غږونه په کمه اندازه اورېدل، خو نور يې په ريښتيا سره درد نه کاوه۔
Los golpes dieron en el blanco, pero su cuerpo ya no parecía el suyo.
ګوزارونه وشول، خو د هغه بدن نور د هغه خپل نه ښکاريده۔
Entonces, de repente y sin previo aviso, John Thornton lanzó un grito salvaje.
بيا ناڅاپه، پرته له خبرتيا، جان تورنټن يو وحشي چيغه وکړه۔
Era un grito inarticulado, más el grito de una bestia que el de un hombre.
دا بې معنی وه، د انسان په پرتله د حيوان چيغه وه۔
Saltó hacia el hombre con el garrote y tiró a Hal hacia atrás.
هغه د لرګي سره سړي ته ټوپ وواهه او هال يې شاته وغورځاوه۔
Hal voló como si lo hubiera golpeado un árbol y aterrizó con fuerza en el suelo.
هال داسې الوتنه وکړه لکه څنګه چې د ونې سره ټکر شوی وي، په ځمکه باندې په کلکه راښکته شو۔

Mercedes gritó en pánico y se llevó las manos a la cara.
مرسډيز په ويره کې په لوړ غږ چيغه کړه او د هغې مخ يې ونيو.
Charles se limitó a mirar, se secó los ojos y permaneció sentado.
چارلس يوازې ورته کتل، سترګې يې پاکې کړې، او ناست پاتې شو.
Su cuerpo estaba demasiado rígido por el dolor para levantarse o ayudar en la pelea.
د هغه بدن د درد له امله دومره سخت و چې پورته کېدلی نه شو يا په جګړه کې مرسته نه شو کولی.
Thornton se quedó de pie junto a Buck, temblando de furia, incapaz de hablar.
تورنټن د باک تر څنګ ولاړ و، له غوسې لړزېده، او د خبرو کولو توان يې نه درلود.
Se estremeció de rabia y luchó por encontrar su voz a través de ella.
هغه له غوسې ولړزېد او د خپل غږ د موندلو لپاره يې مبارزه وکړه.
—Si vuelves a golpear a ese perro, te mataré —dijo finalmente.
هغه بالاخره وويل" :که ته بيا هغه سپی ووهې، زه به دې ووژنم."
Hal se limpió la sangre de la boca y volvió a avanzar.
هال له خولې څخه وينه پاکه کړه او بيا مخ ته راغی.
—Es mi perro —murmuró—. ¡Quítate del medio o te curaré!
هغه وخندل، "دا زما سپی دی.له لارې لرې شه، که نه نو زه به دې سم " " کړم."
"Voy a Dawson y no me lo vas a impedir", añadió.
هغه زياته کړه" :زه ډاوسن ته ځم، او ته ما نه منع کوې."
Thornton se mantuvo firme entre Buck y el joven enojado.
تورنټن د بک او غوسه شوي ځوان تر منځ ټينګ ولاړ و.
No tenía intención de hacerse a un lado o dejar pasar a Hal.
هغه هيڅ اراده نه درلوده چې يو طرف شي يا هال پرېږدي.
Hal sacó su cuchillo de caza, largo y peligroso en la mano.
هال خپله د ښکار چاقو راوويستله، چې اوږده او خطرناکه وه او په لاس کې وه.
Mercedes gritó, luego lloró y luego rió con una histeria salvaje.
مرسډيز چيغه کړه، بيا يې ژړل، بيا يې په وحشي جنون کې وخندل.

Thornton golpeó la mano de Hal con el mango de su hacha, fuerte y rápido.

تورنتون د هال لاس د خپل تبر په لاس سخت او ګړندی وواهه.

El cuchillo se soltó del agarre de Hal y voló al suelo.

چاقو د هال له منګولو څخه خلاص شو او په ځمکه ولوېد.

Hal intentó recoger el cuchillo y Thornton volvió a golpearle los nudillos.

هال هڅه وکړه چې چاقو پورته کړي، او تورنتون بیا د هغه ګوتې ووهلې.

Entonces Thornton se agachó, agarró el cuchillo y lo sostuvo.

بیا تورنتن ښکته شو، چاقو یې واخیست او ونیوله.

Con dos rápidos golpes del mango del hacha, cortó las riendas de Buck.

د تبر د لاستی په دوو چټکو توتو سره، هغه د باک لګاوونه پرې کړل.

Hal ya no tenía fuerzas para luchar y se apartó del perro.

هال په خپل وجود کې هیڅ جګړه نه درلوده او له سپي څخه شاته شو.

Además, Mercedes necesitaba ahora ambos brazos para mantenerse erguida.

سربېره پردې، مرسډیز اوس دواړو لاسونو ته اړتیا درلوده ترڅو هغه سمه وساتي.

Buck estaba demasiado cerca de la muerte como para volver a ser útil para tirar de un trineo.

باک مرګ ته ډېر نږدې و چې بیا د سلیج کشولو لپاره کار ترې واخیست.

Unos minutos después, se marcharon y se dirigieron río abajo.

څو دقیقې وروسته، دوی راووتل، د سیند په لور روان شول.

Buck levantó la cabeza débilmente y los observó mientras salían del banco.

باک په کمزوري ډول خپل سر پورته کړ او د بانک څخه د دوی د وتلو ننداره یې وکړه.

Pike lideró el equipo, con Solleks en la parte trasera, al volante.

پایک د ټیم مشري کوله، او سولیکس د ویل ځای په شا کې و.

Joe y Teek caminaron entre ellos, ambos cojeando por el cansancio.

جو او تیک د دواړو ترمنځ روان وو، دواړه د ستړیا له امله په ګوډ ګوډ روان وو.

Mercedes se sentó en el trineo y Hal agarró el largo palo.

مرسډيز په سليج کې کښېناست، او هال اوږده جی پول په لاس کې ونيوه.
Charles se tambaleó detrás, sus pasos torpes e inseguros.
چارلس شاته وغورځېد، ګامونه يې بې خونده او ناڅرګند وو.
Thornton se arrodilló junto a Buck y buscó con delicadeza los huesos rotos.
تورنتن د باک تر څنګ زنګون وواهه او په نرمۍ سره يې د ماتو هډوکو احساس وکړ.
Sus manos eran ásperas pero se movían con amabilidad y cuidado.
لاسونه يې سخت وو خو په مهربانۍ او پاملرنې سره يې حرکت کاوه.
El cuerpo de Buck estaba magullado pero no mostraba lesiones duraderas.
د باک بدن ټپونه وو خو دايمي ټپ يې نه درلود.
Lo que quedó fue un hambre terrible y una debilidad casi total.
هغه څه چې پاتې وو هغه سخته لوږه او تقريبا بشپړه کمزوري وه.
Cuando esto quedó claro, el trineo ya había avanzado mucho río abajo.
کله چې دا څرګنده شوه، سليج ډېر ښکته سيند ته تللی و.
El hombre y el perro observaron cómo el trineo se deslizaba lentamente sobre el hielo agrietado.
سړي او سپي د يخ د درزيدو په سر د سليج ورو ورو ختل وليدل.
Luego vieron que el trineo se hundía en un hueco.
بيا، دوی وليدل چې سليج په يوه کنده کې ډوب شو.
El mástil voló hacia arriba, con Hal todavía aferrándose a él en vano.
د ګيو قطب پورته پورته شو، هال لا هم بې ګټې ودرېد.
El grito de Mercedes les llegó a través de la fría distancia.
د مرسډيز چيغه د سړې فاصلې له لارې دوی ته ورسېده.
Charles se giró y dio un paso atrás, pero ya era demasiado tarde.
چارلس وګرځېد او شاته ولاړ - خو ډېر ناوخته و.
Una capa de hielo entera cedió y todos ellos cayeron al suelo.
يوه ټوله يخ پاڼه وغورځېده، او ټول يې وغورځېدل.
Los perros, los trineos y las personas desaparecieron en el agua negra que había debajo.
سپي، سليج، او خلک لاندې تورو اوبو کې ورک شول.

En el hielo por donde habían pasado sólo quedaba un amplio agujero.

په هغه ځای کې چې دوی تېر شوي وو یوازې په یخ کې یوه پراخه سوري پاتې وه.

El sendero se había hundido por completo, tal como Thornton había advertido.

د لارې ښکته برخه غورځېدلې وه - لکه څنګه چې تورنتون خبرداری ورکړی و.

Thornton y Buck se miraron el uno al otro y guardaron silencio por un momento.

تورنتن او بک یو بل ته وکتل، د یوې شیبې لپاره چوپ وو.

—Pobre diablo —dijo Thornton suavemente, y Buck le lamió la mano.

تورنتن په نرمی سره وویل" :ته بېچاره شیطانه، "او بک یې لاس څټ کړ.

-Por el amor de un hombre
ـ د يو سړي د مينې لپاره

John Thornton se congeló los pies en el frío del diciembre anterior.

جان تورنتن د تیر دسمبر په یخنی کې خپلې پښې کنګل کړې۔

Sus compañeros lo hicieron sentir cómodo y lo dejaron recuperarse solo.

د هغه ملګرو هغه آرام کړ او هغه يې يوازې پريښود چې روغ شي۔

Subieron al río para recoger una balsa de troncos para aserrar para Dawson.

دوی د سیند غاړې ته لاړل ترڅو د ډاوسن لپاره د لرګیو یوه بیړی راټوله کړي۔

Todavía cojeaba ligeramente cuando rescató a Buck de la muerte.

کله چې هغه بک له مرګ څخه وژغوره، هغه لا هم لږ څه ګوډ ګوډ روان و۔

Pero como el clima cálido continuó, incluso esa cojera desapareció.

خو د ګرمې هوا په دوام سره، هغه نرمښت هم ورک شو۔

Durante los largos días de primavera, Buck descansaba a orillas del río.

د پسرلي په اوږدو ورځو کې د سیند په غاړه پروت، باک استراحت کاوه۔

Observó el agua fluir y escuchó a los pájaros y a los insectos.

هغه بهېدونکي اوبه وکتلې او د مرغيو او حشراتو غږ يې واورېد۔

Lentamente, Buck recuperó su fuerza bajo el sol y el cielo.

ورو ورو، باک د لمر او اسمان لاندې خپل ځواک بيرته ترلاسه کړ۔

Un descanso fue maravilloso después de viajar tres mil millas.

د درې زره ميله سفر وروسته آرام ډېر ښه احساس شو۔

Buck se volvió perezoso a medida que sus heridas sanaban y su cuerpo se llenaba.

باک سست شو ځکه چې د هغه ټپونه روغ شول او بدن يې ډک شو۔

Sus músculos se reafirmaron y la carne volvió a cubrir sus huesos.

د هغه عضلات قوي شول، او غوښه بيرته راغله او هډوکي يې پوښل۔

Todos estaban descansando: Buck, Thornton, Skeet y Nig.

دوی ټول استراحت کاوه — باک، تورنتن، سکیټ، او نیګ.
Esperaron la balsa que los llevaría a Dawson.
دوی د هغه بیړۍ انتظار کاوه چې دوی به ډاوسن ته وړي.
Skeet era un pequeño setter irlandés que se hizo amigo de Buck.
سکیټ یو کوچنی ایرلینډي سیټر و چې له بک سره یې ملګرتیا وکړه.
Buck estaba demasiado débil y enfermo para resistirse a ella en su primer encuentro.
باک ډېر کمزوری او ناروغ و چې په لومړۍ ناسته کې یې مقاومت ونه کړ.
Skeet tenía el rasgo de sanador que algunos perros poseen naturalmente.
سکیټ هغه شفا ورکوونکي ځانګړتیا درلوده چې ځیني سپي یې په طبیعي ډول لري.
Como una gata madre, lamió y limpió las heridas abiertas de Buck.
د مور پیشو په څیر، هغې د باک خام ټپونه چاټ کړل او پاک کړل.
Todas las mañanas, después del desayuno, repetía su minucioso trabajo.
هره سهار د ناشتې وروسته، هغې خپل محتاط کار تکرار کړ.
Buck llegó a esperar su ayuda tanto como la de Thornton.
باک د تورنتون په څېر د هغې د مرستې تمه درلوده.
Nig también era amigable, pero menos abierto y menos cariñoso.
نګ هم دوستانه و، خو لږ خلاص او لږ مینه ناک و.
Nig era un perro grande y negro, mitad sabueso y mitad lebrel.
نګ یو لوی تور سپی و، یوه برخه یې د وینې ښکار او یوه برخه یې د هوسۍ ښکار وه.
Tenía ojos sonrientes y un espíritu bondadoso sin límites.
هغه خندونکي سترګې او په روح کې یې بې پایه ښه طبیعت درلود.
Para sorpresa de Buck, ninguno de los perros mostró celos hacia él.
د باک د حیرانتیا لپاره، هیڅ سپي د هغه په وړاندې کینه ونه ښوده.
Tanto Skeet como Nig compartieron la amabilidad de John Thornton.
سکیټ او نیګ دواړو د جان تورنتن مهربانۍ شریکه کړه.

A medida que Buck se hacía más fuerte, lo atrajeron hacia juegos de perros tontos.
لکه څنګه چې بک پیاوړی شو، دوی هغه د سپو احمقانه لوبو ته وهڅول.
Thornton también jugaba a menudo con ellos, incapaz de resistirse a su alegría.
تورنتن ډیری وخت د دوی سره لوبې کولې، او د دوی د خوښۍ مقاومت یې نشو کولی.
De esta manera lúdica, Buck pasó de la enfermedad a una nueva vida.
په دې خوندور ډول، باک له ناروغۍ څخه نوي ژوند ته لاړ.
El amor, el amor verdadero, ardiente y apasionado, finalmente era suyo.
مینه - ریښتینې، سوځیدونکې، او جذباتي مینه - بالاخره د هغه وه.
Nunca había conocido ese tipo de amor en la finca de Miller.
هغه هیڅکله د میلر په جایداد کې دا ډول مینه نه وه لیدلې.
Con los hijos del Juez había compartido trabajo y aventuras.
د قاضي د زامنو سره، هغه کار او ساہسک شریک کړی و.
En los nietos vio un orgullo rígido y jactancioso.
د لمسیانو سره، هغه سخت او مغرور غرور ولید.
Con el propio juez Miller mantuvo una amistad respetuosa.
هغه پخپله د قاضي میلر سره یوه درناوي وړ ملګرتیا درلوده.
Pero el amor que era fuego, locura y adoración llegó con Thornton.
خو مینه چې اور، لیونتوب او عبادت وو د تورنتن سره راغله.
Este hombre había salvado la vida de Buck, y eso solo significaba mucho.
دې سړي د باک ژوند وژغوره، او یوازې دا ډېر مهم و.
Pero más que eso, John Thornton era el tipo de maestro ideal.
خو له دې څخه زیات، جان تورنتن د مثالي ډول ماسټر وو.
Otros hombres cuidaban perros por obligación o necesidad laboral.
نورو نارینه وو د دندې یا سوداګریزې اړتیا له مخې د سپیو پالنه کوله.
John Thornton cuidaba a sus perros como si fueran sus hijos.
جان تورنتن د خپلو سپو پالنه داسې کوله لکه څنګه چې د هغه ماشومان وي.

Él se preocupaba por ellos porque los amaba y simplemente no podía evitarlo.

هغه د دوی پاملرنه کوله ځکه چې هغه ورسره مینه درلوده او په ساده ډول یې مرسته نشو کولی.

John Thornton vio incluso más lejos de lo que la mayoría de los hombres lograron ver.

جان تورنټن د هغه څه څخه ډیر څه ولیدل چې ډیری نارینه یې هیڅکله نشي لیدلی.

Nunca se olvidó de saludarlos amablemente o decirles alguna palabra de aliento.

هغه هیڅکله هیر نه کړ چې هغوی ته په مهربانی سره سلام وکړي یا د خوښی کلمه ووایی.

Le encantaba sentarse con los perros para tener largas charlas, o "gases", como él decía.

هغه د سپو سره د اوږدو خبرو اترو لپاره ناست خوښاوه، یا لکه څنګه چې "هغه وویل "ګیسي.

Le gustaba agarrar bruscamente la cabeza de Buck entre sus fuertes manos.

هغه خوښېده چې د باک سر په خپلو قوي لاسونو کې په کلکه ونیسي.

Luego apoyó su cabeza contra la de Buck y lo sacudió suavemente.

بیا یې خپل سر د باک په سر کېښود او په نرمی سره یې وخوځاوه.

Mientras tanto, él llamaba a Buck con nombres groseros que significaban amor para Buck.

په دې ټولو وختونو کې، هغه باک ته بد نومونه ویل چې د باک لپاره د مینې معنی لري.

Para Buck, ese fuerte abrazo y esas palabras le trajeron una profunda alegría.

د باک لپاره، هغه سخت غېږ او دې خبرو ژوره خوښي راوړه.

Su corazón parecía latir con fuerza de felicidad con cada movimiento.

د هغه زړه په هر حرکت کې د خوښی څخه لړزېده.

Cuando se levantó de un salto, su boca parecía como si se estuviera riendo.

کله چې هغه وروسته پورته شو، نو خوله یې داسې ښکارېده لکه خندل.

Sus ojos brillaban intensamente y su garganta temblaba con una alegría tácita.

ستركې يې په روښانه ډول ځلېدلې او ستونی يې د ناڅرګندې خوښۍ له امله لړزېده.
Su sonrisa se detuvo en ese estado de emoción y afecto resplandeciente.
د هغه موسکا د احساساتو او ځلیدونکي مینې په حالت کې ولاړه وه.
Entonces Thornton exclamó pensativo: "¡Dios! ¡Casi puede hablar!"
بیا تورنتن په سوچ سره وویل" :خدایه.هغه تقریبا خبرې کولی شي -"
Buck tenía una extraña forma de expresar amor que casi causaba dolor.
باک د مینې د څرګندولو یوه عجیبه لاره درلوده چې تقریبا یې درد درلود.
A menudo apretaba muy fuerte la mano de Thornton entre los dientes.
هغه ډیری وخت د تورنتن لاس په خپلو غاښونو کې ډېر تینګ نیولی و.
La mordedura iba a dejar marcas profundas que permanecerían durante algún tiempo.
چیچلو به ژورې نښې پرېښودې چې د یو څه وخت لپاره وروسته پاتې شوې.
Buck creía que esos juramentos eran de amor y Thornton lo sabía también.
باک باور درلود چې دا قسمونه مینه وه، او تورنتن هم دا خبره پوهېده.
La mayoría de las veces, el amor de Buck se demostraba en una adoración silenciosa, casi silenciosa.
ډیری وختونه، د باک مینه په خاموش، تقریبا خاموش عبادت کې ښکاره شوه.
Aunque se emocionaba cuando lo tocaban o le hablaban, no buscaba atención.
که څه هم کله چې لمس کېده یا ورسره خبرې کېدې نو ډېر خوشحاله کېده، خو پاملرنه یې نه غوښتله.
Skeet empujó su nariz bajo la mano de Thornton hasta que él la acarició.
سکیټ خپله پوزه د تورنتن د لاس لاندې تینګه کړه تر هغه چې هغه یې په لاس کې ونیوه.
Nig se acercó en silencio y apoyó su gran cabeza en la rodilla de Thornton.
نګ په خاموشۍ سره پورته شو او خپل لوی سر یې د تورنتن په زنګون کېښود.

Buck, por el contrario, se conformaba con amar desde una distancia respetuosa.

برعکس، باک د درناوي وړ واټن څخه په مینه کولو راضي و.

Durante horas permaneció tendido a los pies de Thornton, alerta y observando atentamente.

هغه د تورنتن پښو ته په ساعتونو ساعتونو دروغ ووېل، هوښیار او له نږدې یې څارل.

Buck estudió cada detalle del rostro de su amo y su más mínimo movimiento.

باک د خپل مالک د مخ هر جزئیات او لږ حرکت مطالعه کړ.

O yacía más lejos, estudiando la figura del hombre en silencio.

یا لرې پروت و، په خاموشۍ سره د سړي شکل مطالعه کول.

Buck observó cada pequeño movimiento, cada cambio de postura o gesto.

باک هر کوچنی حرکت، د حالت یا اشارې هر بدلون څاره.

Tan poderosa era esta conexión que a menudo atraía la mirada de Thornton.

دا اړیکه دومره قوي وه چې ډېری وخت به یې د تورنتن سترګې ځان ته اړولې.

Sostuvo la mirada de Buck sin palabras, pero el amor brillaba claramente a través de ella.

هغه د باک سترګو ته پرته له خبرو وکتل، مینه یې په څرګنده توګه ځلیده.

Durante mucho tiempo después de ser salvado, Buck nunca perdió de vista a Thornton.

د ژغورل کېدو وروسته د اوږدې مودې لپاره، باک هیڅکله تورنتن له سترګو پټ نه کړ.

Cada vez que Thornton salía de la tienda, Buck lo seguía de cerca afuera.

هر کله چې تورنتن له خیمې ووت، باک به یې له نږدې تعقیباوه.

Todos los amos severos de las Tierras del Norte habían hecho que Buck tuviera miedo de confiar.

په شمالي لینډ کې ټولو سختو بادارانو باک د باور کولو څخه ویره درلوده.

Temía que ningún hombre pudiera seguir siendo su amo durante más de un corto tiempo.

هغه وېرېده چې هیڅ سړی د لنډ وخت څخه زیات د هغه مالک نشي پاتې کېدای.

Temía que John Thornton desapareciera como Perrault y François.
هغه وېره درلوده چې جان تورنټن به د پیرولټ او فرانسوا په څېر ورک شي۔
Incluso por la noche, el miedo a perderlo acechaba el sueño inquieto de Buck.
حتی د شپې، د هغه د لاسه ورکولو وېره د باک بې خوبه خوب ځوروي۔
Cuando Buck se despertó, salió a escondidas al frío y fue a la tienda de campaña.
کله چې باک له خوبه راویښ شو، هغه په یخنۍ کې راووت او خیمې ته لاړ۔
Escuchó atentamente el suave sonido de la respiración en su interior.
هغه د دننه د تنفس نرم غږ ته په دقت سره غوږ ونیو۔
A pesar del profundo amor de Buck por John Thornton, lo salvaje siguió vivo.
سره له دې چې د جان تورنټن سره د بک ژوره مینه وه، خو وحشي ژوندی پاتې شو۔
Ese instinto primitivo, despertado en el Norte, no desapareció.
هغه ابتدايي غریزه، چې په شمال کې را ویښ شوه، ورکه نه شوه۔
El amor trajo devoción, lealtad y el cálido vínculo del fuego.
مینې عقیدت، وفاداري، او د اور د غاړې ګرمه اړیکه راوړه۔
Pero Buck también mantuvo sus instintos salvajes, agudos y siempre alerta.
خو باک هم خپل وحشي غریزونه، تیز او تل هوښیار ساتل۔
No era sólo una mascota domesticada de las suaves tierras de la civilización.
هغه یوازې د تمدن د نرمو ځمکو څخه یو پالل شوی څاروی نه و۔
Buck era un ser salvaje que había venido a sentarse junto al fuego de Thornton.
باک یو وحشي مخلوق وو چې د تورنټن د اور تر څنګ کېناست۔
Parecía un perro del Sur, pero en su interior vivía lo salvaje.
هغه د ساوت لینډ سپي په څېر ښکاریده، مګر وحشیتوب یې دننه ژوند کاوه۔
Su amor por Thornton era demasiado grande como para permitirle robarle algo.

د تورنتن سره د هغه مينه دومره زياته وه چې د سړي څخه يې غلا ته اجازه نه ورکوله.

Pero en cualquier otro campamento, robaría con valentía y sin pausa.

خو په بل هر کمپ کې به هغه په زړورتيا او پرته له ځنډه غلا کوله.

Era tan astuto al robar que nadie podía atraparlo ni acusarlo.

هغه په غلا کې دومره هوښيار و چې هيڅوک يې نشو نيولی يا يې تورنولی نشي.

Su rostro y su cuerpo estaban cubiertos de cicatrices de muchas peleas pasadas.

د هغه مخ او بدن د ډيرو تيرو جګړو له امله په ټپونو پوښل شوي وو.

Buck seguía luchando con fiereza, pero ahora luchaba con más astucia.

باک لا هم په کلکه جګړه کوله، خو اوس يې په ډير هوښيارۍ سره جګړه وکړه.

Skeet y Nig eran demasiado amables para pelear, y eran de Thornton.

سکيټ او نګ د جګړې لپاره ډېر نرم وو، او دوی د تورنتن وو.

Pero cualquier perro extraño, por fuerte o valiente que fuese, cedía.

خو هر عجيب سپی، که هر څومره قوي يا زړور وي، لاره يې ورکړه.

De lo contrario, el perro se encontraría luchando contra Buck; luchando por su vida.

که نه نو، سپی ځان د بک سره په جګړه کې ومومند؛ د خپل ژوند لپاره مبارزه کوي.

Buck no tuvo piedad una vez que decidió pelear contra otro perro.

کله چې باک د بل سپي سره د جګړې پريکړه وکړه، نو هغه هيڅ رحم ونه کړ.

Había aprendido bien la ley del garrote y el colmillo en las Tierras del Norte.

هغه په شمالي ليند کې د کلب او فنګ قانون ښه زده کړی و.

Él nunca renunció a una ventaja y nunca se retractó de la batalla.

هغه هيڅکله هم ګټه له لاسه ورنکړه او هيڅکله يې له جګړې څخه شاته نه شو.

Había estudiado a los Spitz y a los perros más feroces del correo y de la policía.

هغه د سپیتز او د پوستي او پولیسو تر تولو وحشي سپو په اړه زده کړه کړې وه.

Sabía claramente que no había término medio en un combate salvaje.

هغه په ځرګنده توګه پوهیده چې په وحشي جګړه کې هیڅ منځنی لاره نشته.

Él debía gobernar o ser gobernado; mostrar misericordia significaba mostrar debilidad.

هغه باید حکومت وکړي یا واکمن شي؛ د رحم ښودلو معنی د کمزورۍ ښودل دي.

Mercy era una desconocida en el crudo y brutal mundo de la supervivencia.

رحم د بقا په خام او ظالمانه نړۍ کې نامعلوم و.

Mostrar misericordia era visto como miedo, y el miedo conducía rápidamente a la muerte.

رحم ښودل د وېرې په توګه ګڼل کېده، او وېره په چټکۍ سره د مرګ لامل کېده.

La antigua ley era simple: matar o ser asesinado, comer o ser comido.

زوړ قانون ساده وو :ووژنئ یا ووژل شئ، وخورئ یا وخوړل شئ.

Esa ley vino desde las profundidades del tiempo, y Buck la siguió plenamente.

دا قانون د وخت له ژورو څخه راغلی و، او بک په بشپړ ډول دا تعقیب کړ.

Buck era mayor que su edad y el número de respiraciones que tomaba.

باک د خپلو کلونو او د هغو ساه اخیستلو شمیر څخه لوی و.

Conectó claramente el pasado antiguo con el momento presente.

هغه په ځرګنده توګه لرغونی ماضي له اوسني شیبې سره وصل کړ.

Los ritmos profundos de las épocas lo atravesaban como mareas.

د زمانو ژور تالونه د څپو په څېر په هغه کې ګرځېدل.

El tiempo latía en su sangre con la misma seguridad con la que las estaciones movían la tierra.

وخت د هغه په وينه کې داسې چټک حرکت کاوه لکه څنګه چې فصلونه ځمکه خوځوي.
Se sentó junto al fuego de Thornton, con el pecho fuerte y los colmillos blancos.
هغه د تورنتن د اور تر څنګ ناست و، قوي سينه او سپين غاښونه يې درلودل.
Su largo pelaje ondeaba, pero detrás de él los espíritus de los perros salvajes observaban.
د هغه اوږده وېښتان ښورېدل، خو تر شا يې د وحشي سپو روحونه څارل.
Lobos medio y lobos completos se agitaron dentro de su corazón y sus sentidos.
نيم ليوان او بشپړ ليوان د هغه په زړه او حواسو کې ولړزېدل.
Probaron su carne y bebieron la misma agua que él.
هغوی د هغه غوښه وڅکله او هماغه اوبه يې وڅښلې چې هغه يې څښلې.
Olfatearon el viento junto a él y escucharon el bosque.
دوی د هغه تر څنګ باد بوی کړ او د ځنګل غږ يې واورېد.
Susurraron los significados de los sonidos salvajes en la oscuridad.
دوی په تياره کې د وحشي غږونو معنی په غوږونو کې ووهله.
Ellos moldearon sus estados de ánimo y guiaron cada una de sus reacciones tranquilas.
دوی د هغه مزاج ته شکل ورکړ او د هغه هر خاموش غبرګون يې رهبري کړ.
Se quedaron con él mientras dormía y se convirtieron en parte de sus sueños más profundos.
کله چې هغه ويده شو، دوی ورسره ويده شول او د هغه د ژورو خوبونو برخه شوه.
Soñaron con él, más allá de él, y constituyeron su propio espíritu.
دوی د هغه سره، له هغه هاخوا خوبونه ليدل، او د هغه روح يې جوړ کړ.
Los espíritus de la naturaleza llamaron con tanta fuerza que Buck se sintió atraído.
د وحشي روحونو غږ دومره زورور و چې باک د کشولو احساس وکړ.
Cada día, la humanidad y sus reivindicaciones se debilitaban más en el corazón de Buck.
د هرې ورځې په تېرېدو سره، د باک په زړه کې انسان او د هغه ادعاوې کمزورې کېدې.

En lo profundo del bosque, un llamado extraño y emocionante estaba por surgir.
د ځنګله په ژوره کې، یو عجیب او په زړه پورې غږ پورته کېده.
Cada vez que escuchaba el llamado, Buck sentía un impulso que no podía resistir.
هر کله چې به هغه زنګ واورېد، باک به یو داسې خواهش احساس کړ چې هغه یې مقاومت نشو کولی.
Él iba a alejarse del fuego y de los caminos humanos trillados.
هغه به د اور او د وهل شویو انسانانو له لارو څخه مخ واړوي.
Iba a adentrarse en el bosque, avanzando sin saber por qué.
هغه غوښتل چې ځنګله ته ورګډ شي، پرته له دې چې پوه شي ولې مخکې لاړ شي.
Él no cuestionó esta atracción porque el llamado era profundo y poderoso.
هغه د دې کشش په اړه پوښتنه ونه کړه، ځکه چې زنګ ژور او پیاوړی و.
A menudo, alcanzaba la sombra verde y la tierra suave e intacta.
ډیری وخت، هغه شنه سیوري او نرمې نه لمس شوې ځمکې ته ورسید
Pero entonces el fuerte amor por John Thornton lo atrajo de nuevo al fuego.
خو بیا د جان تورنټن سره قوي مینې هغه بیرته اور ته راواړوه.
Sólo John Thornton realmente pudo sostener en sus manos el corazón salvaje de Buck.
یوازې جان تورنتون په ریښتیا سره د باک وحشي زړه په خپل منګولو کې ساتلی و.
El resto de la humanidad no tenía ningún valor o significado duradero para Buck.
د انسانانو پاتې برخه د باک لپاره هیڅ تلپاتې ارزښت یا معنی نه درلوده.
Los extraños podrían elogiarlo o acariciar su pelaje con manos amistosas.
نا اشنا خلک ممکن د هغه ستاینه وکړي یا د دوستانه لاسونو سره د هغه ویښتان وخوري.
Buck permaneció impasible y se alejó por demasiado afecto.
باک بې حرکته پاتې شو او د ډیرې مینې له امله لاړ.

Hans y Pete llegaron con la balsa que habían esperado durante tanto tiempo.

هانس او پیټ د هغه بېړۍ سره راغلل چې له ډیرې مودې راهیسې یې انتظار کېده.

Buck los ignoró hasta que supo que estaban cerca de Thornton.

باک دوی له پامه وغورځول تر هغه چې پوه شو چې دوی تورنتن ته نږدې دي.

Después de eso, los toleró, pero nunca les mostró total calidez.

له هغې وروسته، هغه هغوی زغمل، خو هیڅکله یې پوره تودوخه ونه ښوده.

Él aceptaba comida o gentileza de ellos como si les estuviera haciendo un favor.

هغه له هغوی څخه خواړه یا مهرباني واخیسته لکه څنګه چې یې پر هغوی احسان کاوه.

Eran como Thornton: sencillos, honestos y claros en sus pensamientos.

دوی د تورنتن په څیر وو - ساده، صادق، او په فکر کې روښانه.

Todos juntos viajaron al aserradero de Dawson y al gran remolino.

ټول یوځای د داوسن د اره کارخانې او لوی ایډي ته سفر وکړ

En su viaje aprendieron a comprender profundamente la naturaleza de Buck.

په خپل سفر کې دوی د باک طبیعت په ژوره توګه پوهیدل زده کړل.

No intentaron acercarse como lo habían hecho Skeet y Nig.

دوی هڅه ونه کړه چې د سکیټ او نیګ په څیر نږدې شي.

Pero el amor de Buck por John Thornton solo se profundizó con el tiempo.

خو د جان تورنتن سره د باک مینه د وخت په تیریدو سره ژوره شوه.

Sólo Thornton podía colocar una mochila en la espalda de Buck en el verano.

یوازې تورنتون کولی شوای چې په دوبي کې د باک په شا باندې یوه کڅوړه کېږدي.

Cualquiera que fuera lo que Thornton ordenaba, Buck estaba dispuesto a hacerlo a cabalidad.

هر هغه څه چې تورنتون امر کاوه، باک په بشپړ ډول د ترسره کولو لپاره چمتو و.
Un día, después de que dejaron Dawson hacia las cabeceras del río Tanana,
یوه ورځ، وروسته له هغه چې دوی د تانانا سیند د سر اوبو ته د ډاوسن څخه ووتل،
El grupo se sentó en un acantilado que caía un metro hasta el lecho rocoso desnudo.
ډله په یوه ډبره کې ناسته وه چې درې فوټه ښکته شوه او ډبره یې خلاصه شوه.
John Thornton se sentó cerca del borde y Buck descansó a su lado.
جان تورنتن د څنډې ته نږدې ناست و، او بک د هغه تر څنګ استراحت وکړ.
Thornton tuvo una idea repentina y llamó la atención de los hombres.
تورنتن ناڅاپه یو فکر وکړ او د سړیو پام یې راواړاوه.
Señaló hacia el otro lado del abismo y le dio a Buck una única orden.
هغه د کندې له بلې خوا اشاره وکړه او بک ته یې یو واحد امر ورکړ.
—¡Salta, Buck! —dijo, extendiendo el brazo por encima del precipicio.
توپ کړه، بک".هغه وویل، خپل لاس یې د ځاځکي په سر وخوځاوه ".
En un momento, tuvo que agarrar a Buck, quien estaba saltando para obedecer.
په یوه شیبه کې، هغه باید باک ونیسي، چې د اطاعت لپاره یې توپ وهلی و.
Hans y Pete corrieron hacia adelante y los pusieron a ambos a salvo.
هانس او پیټ مخ په وړاندې منډه کړه او دواړه یې بیرته خوندي ځای ته راوستل.
Cuando todo terminó y recuperaron el aliento, Pete habló.
وروسته له هغه چې هرڅه پای ته ورسېدل، او دوی ساه واخیسته، پیټ خبرې وکړې.
"El amor es extraño", dijo, conmocionado por la feroz devoción del perro.

مینه عجیبه ده، "هغه وویل، د سپي د سختې عقیدې څخه تکان وخوړ"-
Thornton meneó la cabeza y respondió con seriedad y calma.
تورنټون سر وخوځاوه او په ارام جدیت سره یې ځواب ورکړ-
"No, el amor es espléndido", dijo, "pero también terrible".
نه، مینه ډېره ښکلې ده، "هغه وویل، "خو ډېره بده هم ده"-"
"A veces, debo admitirlo, este tipo de amor me da miedo".
کله ناکله، زه باید اعتراف وکړم، دا ډول مینه ما ویره راکوي"-"
Pete asintió y dijo: "Odiaría ser el hombre que te toque".
پیټ سر وخوځاوه او ویې ویل، "زه به له هغه سړي څخه کرکه وکړم چې تاته لاس اچوي-"
Miró a Buck mientras hablaba, serio y lleno de respeto.
هغه د خبرو کولو پر مهال بک ته وکتل، جدي او له درناوي ډک-
—¡Py Jingo! —dijo Hans rápidamente—. Yo tampoco, señor.
پای جینګو"-هانس په چټکۍ سره وویل "-زه هم، نه صاحب" -"

Antes de que terminara el año, los temores de Pete se hicieron realidad en Circle City.
د کال پای ته رسیدو دمخه، د پیټ ویره په سرکل ښار کې ریښتیا شوه-
Un hombre cruel llamado Black Burton provocó una pelea en el bar.
د بلیک برټن په نوم یو ظالم سړي په بار کې جګړه غوره کړه-
Estaba enojado y malicioso, arremetiendo contra un nuevo novato.
هغه په غوسه او کرکه لرونکی و، په یوه نوي نرم پښه یې ګوزار وکړ-
John Thornton entró en escena, tranquilo y afable como siempre.
جان تورنټن دننه راغی، د تل په څیر ارام او ښه طبیعت درلود-
Buck yacía en un rincón, con la cabeza gacha, observando a Thornton de cerca.
باک په یوه کونج کې پروت و، سر یې ښکته و، تورنټن یې له نږدې څاره-
Burton atacó de repente, y su puñetazo hizo que Thornton girara.
برټن ناڅاپه وواهه، د هغه ګوزار تورنټن ته وګرځاوه-
Sólo la barandilla de la barra evitó que se estrellara con fuerza contra el suelo.
یوازې د بار پټلۍ هغه د ځمکې سره د سختې ټکر څخه وساته-

Los observadores oyeron un sonido que no era un ladrido ni un aullido.

څارونکو يو غږ واورېد چې نه د غافلۍ او نه د چيغې وهلو غږ و.

Un rugido profundo salió de Buck mientras se lanzaba hacia el hombre.

کله چې د سړي په لور روان شو، د باک څخه يو ژور شور راغی.

Burton levantó el brazo y apenas salvó su vida.

برټن خپل لاس پورته کړ او په سختۍ سره يې خپل ژوند وژغوره.

Buck se estrelló contra él y lo tiró al suelo.

باک ورسره ټکر وکړ، او هغه يې په فرش وغورځاوه.

Buck mordió profundamente el brazo del hombre y luego se abalanzó sobre su garganta.

باک د سړي په لاس کې ژوره خوله ولګوله، بيا يې د ستوني لپاره توپ وواهه.

Burton sólo pudo bloquearlo parcialmente y su cuello quedó destrozado.

برټن يوازې په جزوي ډول بندولی شو، او غاړه يې پرې شوې وه.

Los hombres se apresuraron a entrar, con los garrotes en alto, y apartaron a Buck del hombre sangrante.

سړي ورغلل، ډنډې يې پورته کړې، او بک يې د ويني بهيدونکي سړي څخه وشړلو.

Un cirujano trabajó rápidamente para detener la fuga de sangre.

يو جراح په چټکۍ سره کار وکړ ترڅو د ويني بهيدل ودروي.

Buck caminaba de un lado a otro y gruñía, intentando atacar una y otra vez.

باک سرعت وکړ او ګړنګ يې وکړ، هڅه يې کوله چې بيا بيا بريد وکړي.

Sólo los golpes con los palos le impidieron llegar hasta Burton.

يوازې د څرخېدو کلبونو هغه د برټن ته د رسيدو مخه ونيوله.

Allí mismo se convocó y celebró una asamblea de mineros.

د کان کيندونکو يوه غونډه راوبلل شوه او په هماغه ځای کې جوړه شوه.

Estuvieron de acuerdo en que Buck había sido provocado y votaron por liberarlo.

دوی ومنله چې بک پارول شوی و او د هغه د خوشي کولو لپاره يې رايه ورکړه.

Pero el feroz nombre de Buck ahora resonaba en todos los campamentos de Alaska.
خو د باک وحشتناک نوم اوس د الاسکا په هر کمپ کې غږېږي.
Más tarde ese otoño, Buck salvó a Thornton nuevamente de una nueva manera.
وروسته په مني کې، بک تورنتن بیا په یوه نوي ډول وژغوره.
Los tres hombres guiaban un bote largo por rápidos agitados.
درې سړي د سختو څپو په اوږدو کې یوه اوږده کښتۍ رهبري کوله.
Thornton tripulaba el bote, gritando instrucciones para llegar a la costa.
تورنتن کښتۍ چلوله، او ساحل ته یې لارښووني کولې.
Hans y Pete corrieron por la tierra, sosteniendo una cuerda de árbol a árbol.
هانس او پیټ په ځمکه منډه کړه، له یوې ونې څخه بلې ونې ته یې رسۍ ونیوله.
Buck seguía el ritmo en la orilla, siempre observando a su amo.
باک د سیند په غاړه حرکت کاوه، تل یې خپل مالک ته کتل.
En un lugar desagradable, las rocas sobresalían bajo el agua rápida.
په یوه ناوړه ځای کې، ډبرې د ګړندیو اوبو لاندې راوتلې وې.
Hans soltó la cuerda y Thornton dirigió el bote hacia otro lado.
هانس رسۍ پرېښوده، او تورنتون کښتۍ پراخه کړه.
Hans corrió para alcanzar el barco nuevamente más allá de las rocas peligrosas.
هانس د خطرناکو ډبرو څخه تېر شو او بیا یې د کښتۍ د نیولو لپاره منډې ووهلې.
El barco superó la cornisa pero se topó con una parte más fuerte de la corriente.
کښتۍ د څنډې څخه پاکه شوه خو د جریان یوې قوي برخې سره ټکر شوه.
Hans agarró la cuerda demasiado rápido y desequilibró el barco.
هانس ډېر ژر رسۍ ونیوه او کښتۍ یې له توازن څخه وویسته.
El barco se volcó y se estrelló contra la orilla, boca abajo.
کښتۍ څپېره شوه او د غاړې سره ټکر شوه، ښکته پورته.

Thornton fue arrojado y arrastrado hacia la parte más salvaje del agua.
تورنټن بهر وغورځول شو او د اوبو تر ټولو وحشي برخې ته وغورځول شو.
Ningún nadador habría podido sobrevivir en esas aguas turbulentas y mortales.
په دې وژونکو، ځغلونکو اوبو کې هیڅ لامبو وهونکی ژوندی نه شو پاتې کېدای.
Buck saltó instantáneamente y persiguió a su amo río abajo.
باک سمدلاسه ټوپ ووهه او خپل بادار یې د سیند لاندې تعقیب کړ.
Después de trescientos metros, llegó por fin a Thornton.
له درې سوه متره واټن وروسته، هغه بالاخره تورنټن ته ورسېد.
Thornton agarró la cola de Buck y Buck se giró hacia la orilla.
تورنټون د باک لکۍ ونیوله، او باک د ساحل په لور وګرځېد.
Nadó con todas sus fuerzas, luchando contra el arrastre salvaje del agua.
هغه په بشپړ ځواک سره لامبو وهله، د اوبو له وحشي کشش سره یې مبارزه وکړه.
Se movieron río abajo más rápido de lo que podían llegar a la orilla.
دوی د سیند د لاندې برخې ته په چټکۍ سره حرکت وکړ تر هغه چې ساحل ته ونه رسیږي.
Más adelante, el río rugía cada vez más fuerte mientras caía en rápidos mortales.
مخکې، سیند په لوړ غږ سره شور کاوه ځکه چې دا په وژونکو چټکو څپو کې ولوېد.
Las rocas cortaban el agua como los dientes de un peine enorme.
ډبرې د اوبو له لارې د یوې لویې کنګبنې د غاښونو په څیر ټوټې ټوټې شوې.
La atracción del agua cerca de la caída era salvaje e ineludible.
د ښاخکي ته نږدې د اوبو کشش وحشي او حتمي و.
Thornton sabía que nunca podrían llegar a la costa a tiempo.
تورنټن پوهیده چې دوی هیڅکله په وخت سره ساحل ته نشي رسیدلی.
Raspó una roca, se estrelló contra otra,

،هغه په یوه ډبره کې ټوټه ټوټه کړه، په یوه ثانیه کې یې ټوټه ټوټه کړه
Y entonces se estrelló contra una tercera roca, agarrándola con ambas manos.
او بیا هغه په دریم ډبره ولګېد، او په دواړو لاسونو یې ونیو.
Soltó a Buck y gritó por encima del rugido: "¡Vamos, Buck! ¡Vamos!".
هغه باک پرېښود او د شور په غږ یې وویل" :لاړ شه، باک-لاړ شه ."
Buck no pudo mantenerse a flote y fue arrastrado por la corriente.
باک نشو کولی چې په اوبو کې پاتې شي او د اوبو د څپو له امله ډوبه شو.
Luchó con todas sus fuerzas, intentando girar, pero no consiguió ningún progreso.
هغه سخته مبارزه وکړه، د ګرځېدو لپاره یې مبارزه وکړه، خو هیڅ پرمختګ یې ونه کړ.
Entonces escuchó a Thornton repetir la orden por encima del rugido del río.
بیا یې واورېدل چې تورنتون د سیند د شور په سر امر تکراروي.
Buck salió del agua y levantó la cabeza como para echar una última mirada.
باک له اوبو څخه راووت، سر یې پورته کړ لکه د وروستي ځل لپاره چې وګوري.
Luego se giró y obedeció, nadando hacia la orilla con resolución.
بیا یې مخ واړاوه او اطاعت یې وکړ، په هوډ سره د سیند په لور لامبو وواهه.
Pete y Hans lo sacaron a tierra en el último momento posible.
پیټ او هانس هغه په وروستی ممکنه شیبه کې ساحل ته راښکته کړ.
Sabían que Thornton podría aferrarse a la roca sólo por unos minutos más.
دوی پوهېدل چې تورنتن یوازې د څو دقیقو لپاره په ډبره پورې ټرلی شي.
Corrieron por la orilla hasta un lugar mucho más arriba de donde estaba colgado.
دوی بانک ته پورته شول او هغه ځای ته یې پورته کړه چې هغه پکې ځړیدلی و.
Ataron la cuerda del bote al cuello y los hombros de Buck con cuidado.

دوی د کبنتی تار د باک په غاړه او اوږو پورې په احتیاط سره وتړلو۔
La cuerda estaba ajustada pero lo suficientemente suelta para permitir la respiración y el movimiento.
رسۍ کلکه وه خو د تنفس او حرکت لپاره کافي خلاصه وه۔
Luego lo lanzaron nuevamente al caudaloso y mortal río.
بیا یې هغه بیا په تېز او وژونکي سیند کې وغورځاوه۔
Buck nadó con valentía, pero perdió su ángulo debido a la fuerza de la corriente.
باک په زړورتیا سره لامبو ووهه خو د سیند په زور کې یې خپله زاویه له لاسه ورکړه۔
Se dio cuenta demasiado tarde de que iba a dejar atrás a Thornton.
هغه ډېر ناوخته ولیدل چې هغه به د تورنتون څخه تېر شي۔
Hans tiró de la cuerda con fuerza, como si Buck fuera un barco que se hundía.
هانس رسۍ داسې ټینګه کړه لکه بک چې یوه ډوبه کبنتۍ وي۔
La corriente lo arrastró hacia abajo y desapareció bajo la superficie.
د اوبو جریان هغه لاندې کش کړ، او هغه د سطحې لاندې ورک شو۔
Su cuerpo chocó contra el banco antes de que Hans y Pete pudieran sacarlo.
د هغه جسد د سیند سره ولګېد مخکې لدې چې هانس او پیټ هغه راوباسي۔
Estaba medio ahogado y le sacaron el agua a golpes.
هغه نیم ډوب شوی و، او هغوی له هغه څخه اوبه وبهولې۔
Buck se puso de pie, se tambaleó y volvió a desplomarse en el suelo.
باک ولاړ و، تکان وخوړ، او بیا په ځمکه ولوېد۔
Entonces oyeron la voz de Thornton llevada débilmente por el viento.
بیا دوی د تورنتن غږ واورېد چې د باد له خوا په سپک ډول لیرډول شوی و۔
Aunque las palabras no eran claras, sabían que estaba cerca de morir.
که څه هم الفاظ یې روښانه نه وو، خو دوی پوهېدل چې هغه مرګ ته نږدې دی۔

El sonido de la voz de Thornton golpeó a Buck como una sacudida eléctrica.

د تورنتن د غږ غږ په بک باندې د برېښنا د ټکان په څېر ولګېد.

Saltó y corrió por la orilla, regresando al punto de lanzamiento.

هغه ټوپ کړ او بانک ته يې منډه کړه، او د لانچ ځای ته راستون شو.

Nuevamente ataron la cuerda a Buck, y nuevamente entró al arroyo.

بیا یې رسۍ د باک سره وتړله، او هغه بیا ویالې ته ننوتل.

Esta vez nadó directo y firmemente hacia el agua que palpitaba.

دا ځل، هغه په مستقیم او ټینګ ډول په ګړندۍ اوبو کې لامبو وواهه.

Hans soltó la cuerda con firmeza mientras Pete evitaba que se enredara.

هانس رسۍ په دوامداره توګه خوشې کړه پداسې حال کې چې پیټ یې د ګډوډۍ څخه ساتله.

Buck nadó con fuerza hasta que estuvo alineado justo encima de Thornton.

باک ډېر لامبو وهله تر هغه چې د تورنتن پورته په قطار کې ودرول شو.

Luego se dio la vuelta y se lanzó hacia abajo como un tren a toda velocidad.

بیا هغه وګرځېد او د اورګاډي په څېر په بشپړ سرعت سره ښکته شو.

Thornton lo vio venir, se preparó y le rodeó el cuello con los brazos.

تورنتون هغه ولید چې راځي، ځان یې ونیو او لاسونه یې د غاړې شاوخوا وتړل.

Hans ató la cuerda fuertemente alrededor de un árbol mientras ambos eran arrastrados hacia abajo.

هانس رسۍ د یوې ونې شاوخوا په چټکۍ سره وتړله څکه چې دواړه لاندې راښکته شول.

Cayeron bajo el agua y se estrellaron contra rocas y escombros del río.

دوی د اوبو لاندې وغورځېدل، په ډبرو او د سیند په کثافاتو سره ټکر شول.

En un momento Buck estaba arriba y al siguiente Thornton se levantó jadeando.

یوه شیبه چې بک پورته و، بله شیبه تورنتن ساه واخیسته.

Maltratados y asfixiados, se desviaron hacia la orilla y se pusieron a salvo.

وهل شوي او ساه بنده شوي، دوی بانک او خونديتوب ته مخه کړه.

Thornton recuperó el conocimiento, acostado sobre un tronco a la deriva.

تورنتن بيرته هوش ته راغی، د يوې ځنډې لرګي ته پروت و.

Hans y Pete trabajaron duro para devolverle el aliento y la vida.

هانس او پيټ هغه ته د ساه او ژوند بيرته راوستلو لپاره سخت کار وکړ.

Su primer pensamiento fue para Buck, que yacía inmóvil y flácido.

د هغه لومړی فکر د بک په اړه و، چې بې حرکته او ګوډ پروت و.

Nig aulló sobre el cuerpo de Buck y Skeet le lamió la cara suavemente.

نګ د باک پر بدن چيغه کړه، او سکيټ يې په نرمۍ سره مخ څټ کړ.

Thornton, dolorido y magullado, examinó a Buck con manos cuidadosas.

تورنتن، چې ټپي او ټپي شوی و، په احتياط سره يې باک معاينه کړ.

Encontró tres costillas rotas, pero ninguna herida mortal en el perro.

هغه د سپي درې پښتې ماتې وموندلې، خو په سپي کې يې وژونکي ټپونه نه وو.

"Eso lo resuelve", dijo Thornton. "Acamparemos aquí". Y así lo hicieron.

تورنتن وويل" :دا مسله حل کوي.موږ دلته کمپ کوو" "-او دوی وکړل ".

Se quedaron hasta que las costillas de Buck sanaron y pudo caminar nuevamente.

دوی تر هغه وخته پورې پاتې شول چې د باک پسلۍ روغې شوې او هغه بيا ګرځېدلی شو.

Ese invierno, Buck realizó una hazaña que aumentó aún más su fama.

په هغه ژمي کې، باک يوه داسې کارنامه ترسره کړه چې د هغه شهرت يې نور هم لوړ کړ.

Fue menos heroico que salvar a Thornton, pero igual de impresionante.

دا د تورنتن د ژغورلو په پرتله لږ اتلولي وه، خو هغومره اغېزمنه وه.

En Dawson, los socios necesitaban suministros para un viaje lejano.

په داوسن کې، شریکانو د لرې سفر لپاره اکمالاتو ته اړتیا درلوده.

Querían viajar hacia el Este, hacia tierras vírgenes y silvestres.

دوی غوښتل چې ختیځ ته سفر وکړي، په هغو سیمو کې چې لاس نه لري.

La escritura de Buck en el Eldorado Saloon hizo posible ese viaje.

د ایلډورادو سالون کې د باک کار دا سفر ممکن کړ.

Todo empezó con hombres alardeando de sus perros mientras bebían.

دا د نارینه وو سره پیل شو چې د څښاک په اړه یې د خپلو سپیو په اړه ویاړ کاوه.

La fama de Buck lo convirtió en blanco de desafíos y dudas.

د باک شهرت هغه د ننګونو او شکونو هدف وګرځاوه.

Thornton, orgulloso y tranquilo, se mantuvo firme en la defensa del nombre de Buck.

تورنتن، ویاړلی او ارام، د باک د نوم په دفاع کې ټینګ ولاړ و.

Un hombre dijo que su perro podía levantar doscientos cincuenta kilos con facilidad.

یو سړي ووېل چې د هغه سپی په اسانۍ سره پنځه سوه پونډه وزن پورته کولی شي.

Otro dijo seiscientos, y un tercero se jactó de setecientos.

بل ووېل شپږ سوه، او دریم یې اووه سوه لاپې وهلې.

"¡Pfft!" dijo John Thornton, "Buck puede tirar de un trineo de mil libras".

ففف"-جان تورنتن ووېل، "بک کولی شي زر پونډه سلیج راوباسي "-

Matthewson, un Rey de Bonanza, se inclinó hacia delante y lo desafió.

میتیوسن، د بونانزا پاچا، مخ په وړاندې تکیه وکړه او هغه ته یې ننګونه وکړه.

¿Crees que puede poner tanto peso en movimiento?

"ته فکر کوې چې هغه دومره وزن په حرکت کې اچولی شي؟"

"¿Y crees que puede tirar del peso cien yardas enteras?"

"او ته فکر کوې چې هغه وزن پوره سل ګزه پورته کولی شي؟"

Thornton respondió con frialdad: «Sí. Buck es lo suficientemente bueno como para hacerlo».

تورنتون په سړه سينه ځواب ورکړ، "هوباک دومره سپی دی چې دا کار وکړي."

"Pondrá mil libras en movimiento y las arrastrará cien yardas".

هغه به زر پونده حرکت وکړي، او سل گزه به يې کش کړي"۔

Matthewson sonrió lentamente y se aseguró de que todos los hombres escucharan sus palabras.

ميتيوسن ورو ورو موسکا وکړه او داد يې ترلاسه کړ چې ټول خلک د هغه خبرې اوري۔

Tengo mil dólares que dicen que no puede. Ahí está.

زه زر ډالر لرم چې وايي هغه نشي کولی"۔دا هلته دی۔"

Arrojó un saco de polvo de oro del tamaño de una salchicha sobre la barra.

هغه د ساسيج په اندازه د سرو زرو يوه کڅوړه په بار باندې وغورځوله۔

Nadie dijo una palabra. El silencio se hizo denso y tenso a su alrededor.

هيچا يوه خبره هم ونه کړه.د دوی شاوخوا چوپتيا درنه او کړکيچنه شوه ۔

El engaño de Thornton —si es que lo hubo— había sido tomado en serio.

د تورنتون سپکاوی ۔ که دا يو وو ۔ په جدي توگه نيول شوی و۔

Sintió que el calor le subía a la cara mientras la sangre le subía a las mejillas.

هغه احساس کاوه چې په مخ کې يې تودوخه لوړه شوې او وينه يې گالونو ته روانه شوه۔

En ese momento su lengua se había adelantado a su razón.

په هغه شيبه کې د هغه ژبه د هغه له عقل څخه مخکې شوې وه۔

Realmente no sabía si Buck podría mover mil libras.

هغه په ريښتيا نه پوهيده چې آيا بک زر پونده حرکت کولی شي۔

¡Media tonelada! Solo su tamaño le hacía sentir un gran peso en el corazón.

نيم ټن-يوازې د دې اندازې د هغه زړه دروند کړ ۔

Tenía fe en la fuerza de Buck y creía que era capaz.

هغه د باک په ځواک باور درلود او فکر يې کاوه چې هغه وړ دی۔

Pero nunca se había enfrentado a un desafío así, no de esta manera.

خو هغه هيڅکله له دې ډول ننگونې سره مخ نه و، نه داسې۔

Una docena de hombres lo observaban en silencio, esperando ver qué haría.

دولس سړي په خاموشۍ سره هغه ته کتل، په دې تمه چې هغه به څه وکړي.

Él no tenía el dinero, ni tampoco Hans ni Pete.

هغه پیسې نه درلودې — نه هانس او نه پیټ.

"Tengo un trineo afuera", dijo Matthewson fría y directamente.

میتیوسن په سړه سینه او مستقیم ډول وویل" :زه بهر سلیج لرم."

"Está cargado con veinte sacos de cincuenta libras cada uno, todo de harina.

دا شل بوجۍ بار دي، هر یو پنځوس پونده، ټول اوړه دي"."

Así que no dejen que un trineo perdido sea su excusa ahora", añadió.

نو اوس د ورک شوي سلیج بهانه مه پرېږدئ، "هغه زیاته کړه.

Thornton permaneció en silencio. No sabía qué decir.

تورنتن غلی ولاړ و.هغه نه پوهیده چې کوم الفاظ وړاندې کړي .

Miró a su alrededor los rostros sin verlos con claridad.

هغه شاوخوا مخونو ته وکتل پرته له دې چې په څرګنده توګه یې وویني.

Parecía un hombre congelado en sus pensamientos, intentando reiniciarse.

هغه د یو سړي په څیر ښکاریده چې په فکر کې کنګل شوی و، هڅه یې کوله چې بیا پیل وکړي.

Luego vio a Jim O'Brien, un amigo de la época de Mastodon.

بیا یې جیم اوبراین ولید، چې د ماستودون د ورځو یو ملګری و.

Ese rostro familiar le dio un coraje que no sabía que tenía.

هغه پیژندل شوې څېرې هغه ته هغه جرئت ورکړ چې هغه یې نه پوهیده.

Se giró y preguntó en voz baja: "¿Puedes prestarme mil?"

هغه مخ واړاوه او په ټیټ غږ یې وپوښتل، "ایا ته ماته زر ډالر پور ورکولی شې؟"

"Claro", dijo O'Brien, dejando caer un pesado saco junto al oro.

هو، "اوبراین وویل، د سرو زرو سره نږدې یې یوه درنه بوجۍ غورځولې وه."

"Pero la verdad, John, no creo que la bestia pueda hacer esto".

خو په رښتیا، جان، زه باور نه لرم چې حیوان دا کار کولی شي"."

Todos los que estaban en el Eldorado Saloon corrieron hacia afuera para ver el evento.

په ایلډورادو سالون کې ټول خلک د پېښې لیدو لپاره بهر ته ورغلل.

Abandonaron las mesas y las bebidas, e incluso los juegos se pausaron.

دوی مېزونه او څښاکونه پرېښودل، او حتی لوبې ودرول شوې.

Comerciantes y jugadores acudieron para presenciar el final de la audaz apuesta.

سوداګر او قماربازان د دې زړور شرط پای لیدلو لپاره راغلل.

Cientos de personas se reunieron alrededor del trineo en la calle helada y abierta.

په سلګونو کسان د یخ وهلي خلاص سړک په شاوخوا کې د سلیج شاوخوا راټول شول.

El trineo de Matthewson estaba cargado con un montón de sacos de harina.

د میتیوسن سلیج د اوړو د کڅوړو ډک بار سره ولاړ و.

El trineo había permanecido parado durante horas a temperaturas bajo cero.

سلیج د ساعتونو لپاره په منفي تودوخې کې ناست و.

Los patines del trineo estaban congelados y pegados a la nieve compacta.

د سلیج منډه وهونکي د واورې له امله سخت کنګل شوي وو.

Los hombres ofrecieron dos a uno de que Buck no podría mover el trineo.

سړیو دوه په یو چانس وړاندې کړ چې بک نشي کولی سلیج حرکت وکړي.

Se desató una disputa sobre lo que realmente significaba "break out".

د "بریک آوټ "په اصل کې د څه معنی په اړه شخړه راپورته شوه.

O'Brien dijo que Thornton debería aflojar la base congelada del trineo.

اوبراین وویل چې تورنتون باید د سلیج کنګل شوی اساس خلاص کړي.

Buck pudo entonces "escapar" de un comienzo sólido e inmóvil.

"بیا بک کولی شي د یوې قوي، بې حرکته پیل څخه "مات شي.

Matthewson argumentó que el perro también debe liberar a los corredores.

میتیوسن استدلال وکړ چې سپې باید منده وهونکي هم آزاد کړي.
Los hombres que habían escuchado la apuesta estuvieron de acuerdo con la opinión de Matthewson.
هغه سړي چې شرط یې اوریدلی و د میتیوسن له نظر سره موافق وو.
Con esa decisión, las probabilidades aumentaron a tres a uno en contra de Buck.
د دې پریکړې سره، د باک په وړاندې چانس درې پر یو ته پورته شو.
Nadie se animó a asumir las crecientes probabilidades de tres a uno.
هیڅوک د درې پر یو د زیاتوالي احتمال د منلو لپاره مخکې لاړ نه شول.
Ningún hombre creyó que Buck pudiera realizar la gran hazaña.
هیڅ یو سړي باور نه کاوه چې بک به دا لویه بریا ترسره کړي.
Thornton se había apresurado a hacer la apuesta, cargado de dudas.
تورنتن په بیړه شرط ته ننوتلی و، او له شکونو ډک و.
Ahora miró el trineo y el equipo de diez perros que estaba a su lado.
اوس یې سلیج او د هغې تر څنګ د لسو سپیو تیم ته وکتل.
Ver la realidad de la tarea la hizo parecer más imposible.
د کار د واقعیت لیدلو سره دا نور هم ناممکن ښکاره شو.
Matthewson estaba lleno de orgullo y confianza en ese momento.
میتیوسن په هغه شیبه کې له ویاړ او باور څخه ډک و.
—¡Tres a uno! —gritó—. ¡Apuesto mil más, Thornton!
هغه چیغه کړه" :درې په یو-زه به نور زر شرط ولګوم، تورنتن" ".
"¿Qué dices?" añadió lo suficientemente alto para que todos lo oyeran.
ته څه وایې؟ "هغه زیاته کړه، دومره لوړ غږ چې ټول یې واوري".
El rostro de Thornton mostraba sus dudas, pero su ánimo se había elevado.
د تورنتن په مخ د هغه شکونه څرګندېدل، خو روحیه یې لوړه شوې وه.
Ese espíritu de lucha ignoraba las probabilidades y no temía a nada en absoluto.
هغه جنګي روحیه له ستونزو سترګې پټې کړې او له هیڅ شي څخه نه وېرېده.

Llamó a Hans y Pete para que trajeran todo su dinero a la mesa.

هغه هانس او پیټ ته زنګ وواهه چې خپلې ټولې پیسې میز ته راوړي.

Les quedaba poco: sólo doscientos dólares en total.

دوی لږ څه پاتې وو - یوازې دوه سوه ډالر ټول.

Esta pequeña suma constituía su fortuna total en tiempos difíciles.

دا کوچنۍ پیسې د سختو وختونو په جریان کې د دوی ټوله شتمني وه.

Aún así, apostaron toda su fortuna contra la apuesta de Matthewson.

بیا هم، دوی د میتیوسن د شرط په وړاندې ټوله شتمني پریښوده.

El equipo de diez perros fue desenganchado y se alejó del trineo.

د لسو سپو ټیم بې خطره و او له سلیج څخه لیرې شو.

Buck fue colocado en las riendas, vistiendo su arnés familiar.

باک د خپل پیژندل شوي زنګ په اغوستلو سره په بام کې کیښودل شو.

Había captado la energía de la multitud y sentía la tensión.

هغه د خلکو انرژي احساس کړې وه او فشار یې احساس کړ.

De alguna manera, sabía que tenía que hacer algo por John Thornton.

په یو ډول، هغه پوهیده چې هغه باید د جان تورنټن لپاره یو څه وکړي.

La gente murmuraba con admiración ante la orgullosa figura del perro.

خلکو د سپي د ویاړلي شخصیت په ستاینه سره ګونګوسې وکړې.

Era delgado y fuerte, sin un solo gramo de carne extra.

هغه ډنګر او قوي و، پرته له دې چې یو اونس اضافي غوښه ولري.

Su peso total de ciento cincuenta libras era todo potencia y resistencia.

د هغه ټول وزن چې یو سل او پنځوس پونډه وو، ټول ځواک او برداشت وو.

El pelaje de Buck brillaba como la seda, espeso y saludable.

د باک کوټ د ورېښمو په څېر ځلېده، د روغتیا او ځواک څخه ډک و.

El pelaje a lo largo de su cuello y hombros pareció levantarse y erizarse.

د هغه د غاړې او اوږو په اوږدو کې ویښتان پورته او خاربښ ښکاریده.

Su melena se movía levemente, cada cabello vivo con su gran energía.
د هغه د سر ویښته لږ څه حرکت کاوه، هر ویښته یې د خپلې لویې انرژۍ سره ژوندی و۔
Su pecho ancho y sus piernas fuertes hacían juego con su cuerpo pesado y duro.
د هغه پراخه سینه او قوي پښې د هغه درانه او سخت بدن سره سمون خوري۔
Los músculos se ondulaban bajo su abrigo, tensos y firmes como hierro.
د هغه د پوښ لاندې عضلات څپې وهلې، د تړل شوي اوسپنې په څیر کلک او تینګ وو۔
Los hombres lo tocaron y juraron que estaba construido como una máquina de acero.
سړیو هغه لمس کړ او قسم یې وکړ چې هغه د فولادو ماشین په څیر جوړ شوی دی۔
Las probabilidades bajaron levemente a dos a uno contra el gran perro.
د لوی سپي په وړاندې چانس یو څه دوه پر یو ته راټیټ شو۔
Un hombre de los bancos Skookum se adelantó, tartamudeando.
د سکوکوم بینچونو څخه یو سړی مخ په وړاندې لاړ، په ټکان سره۔
—¡Bien, señor! ¡Ofrezco ochocientas libras por él, antes del examen, señor!
ښه، صاحب"۔زه د هغه لپاره اته سوه وړاندیز کوم - د ازموینې څخه مخکې، صاحب۔"
"¡Ochocientos, tal como está ahora mismo!" insistió el hombre.
اته سوه، لکه څنګه چې هغه همدا اوس ولاړ دی"۔سړي ټینګار وکړ "۔
Thornton dio un paso adelante, sonrió y meneó la cabeza con calma.
تورنټن مخ په وړاندې لاړ، موسکا یې وکړه او په ارامه یې سر وخوځاوه۔
Matthewson intervino rápidamente con una voz de advertencia y el ceño fruncido.
میتیوسن په چټکۍ سره د خبرداري غږ سره دننه راغی او خپه شو۔
—Debes alejarte de él —dijo—. Dale espacio.
هغه وویل" :ته باید له هغه څخه لرې شې۔هغه ته ځای ورکړه" "۔

La multitud quedó en silencio; sólo los jugadores seguían ofreciendo dos a uno.
ګڼه ګوڼه غلي شوه؛ یوازې قماربازانو لا هم دوه پر یو وړاندیز کاوه.
Todos admiraban la complexión de Buck, pero la carga parecía demasiado grande.
ټولو د باک د جوړښت ستاینه وکړه، خو بار یې ډېر بنه ښکاریده.
Veinte sacos de harina, cada uno de cincuenta libras de peso, parecían demasiados.
د اوړو شل بوجی - چې هر یو یې پنځوس پونده وزن درلود - ډېر زیات ښکاریده.
Nadie estaba dispuesto a abrir su bolsa y arriesgar su dinero.
هیڅوک نه غوښتل چې خپل کڅوړه پرانیزي او خپلې پیسې په خطر کې واچوي.
Thornton se arrodilló junto a Buck y tomó su cabeza con ambas manos.
تورنتن د باک تر څنګ ودرېد او سر یې په دواړو لاسونو کې ونیو.
Presionó su mejilla contra la de Buck y le habló al oído.
هغه خپل ګال د باک په ګال کېښود او په غوږ کې یې خبرې وکړې.
Ya no había apretones juguetones ni susurros de insultos amorosos.
اوس د لوبو لړزولو یا په غوږونو کې د مینې سپکاوی نه و.
Él sólo murmuró suavemente: "Tanto como me amas, Buck".
هغه یوازې په نرمۍ سره وخندل، "څومره چې ته ما سره مینه لرې، بک."
Buck dejó escapar un gemido silencioso, su entusiasmo apenas fue contenido.
باک یو خاموش چیغه وکړه، د هغه لیوالتیا په سختۍ سره محدوده شوه.
Los espectadores observaron con curiosidad cómo la tensión llenaba el aire.
لیدونکو په لیوالتیا سره ولیدل څنګه چې هوا له تاوتریخوالي ډکه وه.
El momento parecía casi irreal, como algo más allá de la razón.
دا شیبه تقریبا غیر واقعي احساس شوه، لکه یو څه چې له عقل څخه هاخوا وي.
Cuando Thornton se puso de pie, Buck tomó suavemente su mano entre sus mandíbulas.
کله چې تورنتن ولاړ شو، باک په نرمۍ سره خپل لاس په ژامو کې ونیو.

Presionó con los dientes y luego lo soltó lenta y suavemente.

هغه په غاښونو فشار ورکړ، بیا یې ورو او په نرمۍ سره پرېښود.

Fue una respuesta silenciosa de amor, no dicha, pero entendida.

دا د مینې یو خاموش ځواب و، نه ویل شوی، بلکې پوه شوی و.

Thornton se alejó bastante del perro y dio la señal.

تورنتن د سپي څخه ډېر شاته شو او اشاره یې ورکړه.

—Ahora, Buck —dijo, y Buck respondió con calma y concentración.

اوس، بک، "هغه ووېل، او بک په متمرکزه ارامۍ سره ځواب ورکړ".

Buck apretó las correas y luego las aflojó unos centímetros.

باک نښې تینګې کړې، بیا یې څو انچه خلاصې کړې.

Éste era el método que había aprendido; su manera de romper el trineo.

دا هغه طریقه وه چې هغه زده کړې وه؛ د سلیج ماتولو لاره.

—¡Caramba! —gritó Thornton con voz aguda en el pesado silencio.

هو"-تورنتن چیغه کړه، د هغه غږ په درنه چوپتیا کې تیز و ".

Buck giró hacia la derecha y se lanzó con todo su peso.

باک ښي خوا ته وګرځېد او د خپل ټول وزن سره یې توپ وواهه.

La holgura desapareció y la masa total de Buck golpeó las cuerdas apretadas.

سستي ورکه شوه، او د بک بشپړ ډله په کلکو نښو ولګېده.

El trineo tembló y los patines produjeron un crujido crujiente.

سلیج ولړزېده، او منډه وهونکو یو کرکرا کرکرا غږ وکړ.

—¡Ja! —ordenó Thornton, cambiando nuevamente la dirección de Buck.

هو"-تورنتون امر وکړ، د باک لوري یې بیا بدل کړ ".

Buck repitió el movimiento, esta vez tirando bruscamente hacia la izquierda.

باک حرکت تکرار کړ، دا ځل یې په چټکۍ سره کیڼ اړخ ته کش کړ.

El trineo crujió más fuerte y los patines crujieron y se movieron.

سلیج په لوړ غږ ودرېد، منډه وهونکي توپونه وهل او حرکت کول.

La pesada carga se deslizó ligeramente hacia un lado sobre la nieve congelada.

دروند بار د کنګل شوې واورې په اوږدو کې لږ څه په څنګ کې وخوځېد.
¡El trineo se había soltado del sendero helado!
سلیج د یخنی لارې له منګولو څخه خلاص شوی و.
Los hombres contenían la respiración, sin darse cuenta de que ni siquiera estaban respirando.
سړیو خپل ساه بنده کړه، بې خبره وو چې حتی ساه نه اخلي.
—¡Ahora, TIRA! —gritó Thornton a través del silencio helado.
اوس، کش کړه"-تورنتن د کنګل شوې چوپتیا له لارې چیغه کړه ".
La orden de Thornton sonó aguda, como el chasquido de un látigo.
د تورنتون امر په چټکی سره وغږېد، لکه د څټک د ټکان په څیر.
Buck se lanzó hacia adelante con una estocada feroz y estremecedora.
باک ځان په یوه سخته او ټکان ورکوونکي ضربه سره مخ ته وغورځاوه.
Todo su cuerpo se tensó y se arrugó por la enorme tensión.
د هغه ټول بدن د لوی فشار لپاره تنګ او کلک شو.
Los músculos se ondulaban bajo su pelaje como serpientes que cobraban vida.
د هغه د ویښتو لاندې عضلات داسې څپې وهلې لکه ماران چې ژوندي راشي.
Su gran pecho estaba bajo y la cabeza estirada hacia delante, hacia el trineo.
د هغه لویه سینه ټیټه وه، سر یې د سلیج په لور غځېدلی و.
Sus patas se movían como un rayo y sus garras cortaban el suelo helado.
د هغه پښې د برېښنا په څېر حرکت کاوه، پنجې یې کنګل شوې ځمکه ټوټه ټوټه کوله.
Los surcos se abrieron profundos mientras luchaba por cada centímetro de tracción.
د هر انچ کشش لپاره د جګړې په وخت کې، کندې ژورې پرې شوې وې.
El trineo se balanceó, tembló y comenzó un movimiento lento e inquieto.
سلیج ولړزېد، لړزېده، او یو ورو، نا آرامه حرکت یې پیل کړ.
Un pie resbaló y un hombre entre la multitud gimió en voz alta.
یو پښه ښوییږه، او د ګڼې ګوڼې څخه یو سړي په لوړ غږ چیغه کړه.

Entonces el trineo se lanzó hacia adelante con un movimiento brusco y espasmódico.

بیا سلیج په یوه ټکان ورکوونکي او سخت حرکت سره مخ په وړاندې وخوځېد.

No se detuvo de nuevo: media pulgada... una pulgada... dos pulgadas más.

بیا ونه دربده — نیم انچ--یو انچ --دوه انچه نور.

Los tirones se hicieron más pequeños a medida que el trineo empezó a ganar velocidad.

لکه څنګه چې سلیج سرعت ترلاسه کول پیل کړل، ټکانونه کوچني شول.

Pronto Buck estaba tirando con una potencia suave, uniforme y rodante.

ډېر ژر باک په نرم، مساوي، څرخېدونکي ځواک سره کش کړ.

Los hombres jadearon y finalmente recordaron respirar de nuevo.

سړي ساه واخیسته او بالاخره یې بیا ساه اخیستل په یاد شول.

No se habían dado cuenta de que su respiración se había detenido por el asombro.

دوی پام نه و کړی چې د دوی ساه په ویره کې ودرول شوې ده.

Thornton corrió detrás, gritando órdenes breves y alegres.

تورنتن شاته منډه کړه، لنډ او خوشحاله امرونه یې وکړل.

Más adelante había una pila de leña que marcaba la distancia.

مخکې د لرګیو یوه ډېره وه چې واټن یې په نښه کاوه.

A medida que Buck se acercaba a la pila, los vítores se hacían cada vez más fuertes.

لکه څنګه چې بک ډېرۍ ته نږدې شو، د خوښۍ غږ نور هم لوړ شو.

Los aplausos aumentaron hasta convertirse en un rugido cuando Buck pasó el punto final.

کله چې بک د پای ټکی تېر کړ، نو د خوښۍ غږ په شور او غوغا بدل شو.

Los hombres saltaron y gritaron, incluso Matthewson sonrió.

سړیو ټوپونه ووهل او چیغې یې وهلې، حتی میتیوسن هم موسکا وکړه.

Los sombreros volaron por el aire y los guantes fueron arrojados sin pensar ni rumbo.

خولۍ په هوا کې الوتلې، دستکشې پرته له فکر کولو او هدف څخه وغورځول شوې.

Los hombres se abrazaron y se dieron la mano sin saber a quién.
سړیو یو بل ونیول او لاسونه یې سره ورکړل پرته له دې چې پوه شي څوک.
Toda la multitud vibró en una celebración salvaje y alegre.
ټوله ګڼه ګونه په وحشي او خوښۍ جشن کې غږېده.
Thornton cayó de rodillas junto a Buck con manos temblorosas.
تورنټن د بک تر څنګ په لړزېدلو لاسونو سره په زنګونونو ووت.
Apretó su cabeza contra la de Buck y lo sacudió suavemente hacia adelante y hacia atrás.
هغه خپل سر د باک په سر کېښود او په نرمۍ سره یې مخکې او وروسته وخوځاوه.
Los que se acercaron le oyeron maldecir al perro con silencioso amor.
هغو کسانو چې نږدې شول، هغه واورېدل چې سپي ته یې په خاموشه مینه لعنت ویل.
Maldijo a Buck durante un largo rato, suavemente, cálidamente, con emoción.
هغه د اوږدې مودې لپاره په باک باندې لعنت ووایه - په نرمۍ، تودۍ او په احساساتو سره.
—¡Bien, señor! ¡Bien, señor! —gritó el rey del Banco Skookum a toda prisa.
ښه، صاحب"ښه، صاحب ـ د سکوکوم بینچ پاچا په بیړه چیغه کړه ".
—¡Le daré mil, no, mil doscientos, por ese perro, señor!
صاحب، زه به تاسو ته د دې سپي لپاره زر - نه، دولس سوه - درکړم"-"
Thornton se puso de pie lentamente, con los ojos brillantes de emoción.
تورنټن ورو ورو خپلو پښو ته پورته شو، سترګې یې له احساساتو ځلېدلې.
Las lágrimas corrían abiertamente por sus mejillas sin ninguna vergüenza.
اوښکې یې په ښکاره ډول له کوم شرم پرته له مخ څخه رواني شوې.
“Señor”, le dijo al rey del Banco Skookum, firme y firme.
صاحب، "هغه د سکوکوم بینچ پاچا ته وویل، ثابت او ټینګ"
—No, señor. Puede irse al infierno, señor. Esa es mi última respuesta.
نه، صاحب"ـته دوزخ ته تللی شې، صاحب ـدا زما وروستی ځواب دی ـ"

Buck agarró suavemente la mano de Thornton con sus
fuertes mandíbulas.

باک د تورنتن لاس په نرمی سره په خپلو قوي ژامو کي ونيو۔

Thornton lo sacudió juguetonamente; su vínculo era más
profundo que nunca.

تورنتون هغه په لوبو سره وخوځاوه، د دوی اړيکه د تل په خير ژوره وه۔

La multitud, conmovida por el momento, retrocedió en
silencio.

گڼه گوڼه، چی په دي شيبه کي تکان وخور، په چوپتيا کي بيرته ولاړه۔

Desde entonces nadie se atrevió a interrumpir tan sagrado
afecto.

له هغه وروسته، هيچا د دي مقدسي ميني د مداخلي جرئت ونه کړ۔

-El sonido de la llamada

د زنګ غږ.

Buck había ganado mil seiscientos dólares en cinco minutos.

باک په پنځو دقیقو کې شپاړس سوه ډالر ګټلي وو.

El dinero permitió a John Thornton pagar algunas de sus deudas.

دې پیسو جان تورنتن ته اجازه ورکړه چې خپل ځینې پوروونه ادا کړي.

Con el resto del dinero se dirigió al Este con sus socios.

د پاتې پیسو سره هغه د خپلو ملګرو سره ختیځ ته لاړ.

Buscaban una legendaria mina perdida, tan antigua como el país mismo.

دوی د یوې افسانوي ورکې شوې کان په لټه کې وو، چې د هیواد په څیر زوړ وي.

Muchos hombres habían buscado la mina, pero pocos la habían encontrado.

ډېرو سړیو د کان په لټه کې وو، خو ډېرو کمو کسانو یې موندلی و.

Más de unos pocos hombres habían desaparecido durante la peligrosa búsqueda.

د خطرناکې پلټنې په جریان کې له څو څخه زیات سړي ورک شوي وو.

Esta mina perdida estaba envuelta en misterio y vieja tragedia.

دا ورک شوی کان په اسرار او زړې تراژیدي دوارو کې ډوب و.

Nadie sabía quién había sido el primer hombre que encontró la mina.

هیڅوک نه پوهېدل چې لومړنی سړی چې کان یې وموند څوک و.

Las historias más antiguas no mencionan a nadie por su nombre.

زړې کیسې د چا نوم نه یادوي.

Siempre había habido allí una antigua y destartalada cabaña.

هلته تل یو لرغونی او خراب کوټه وه.

Los hombres moribundos habían jurado que había una mina al lado de aquella vieja cabaña.

مړو کسانو قسم خوړلی و چې د هغه زاړه کوټې تر څنګ یو ماین و.

Probaron sus historias con oro como ningún otro en ningún otro lugar.

دوی خپلې کيسې په داسې سرو زرو ثابتې کړې لکه په بل ځای کې چې نه موندل کيږي.

Ningún alma viviente había jamás saqueado el tesoro de aquel lugar.

هيڅ ژوندي کس هيڅکله له هغه ځای څخه خزانه نه ده لوټ کړې.

Los muertos estaban muertos, y los muertos no cuentan historias.

مړي مړه وو، او مړي هيڅ کيسې نه کوي.

Entonces Thornton y sus amigos se dirigieron al Este.

نو تورنتن او ملګري يې ختيځ ته لاړل.

Pete y Hans se unieron, trayendo a Buck y seis perros fuertes.

پيټ او هانس سره يوځای شول، بک او شپږ پياوړي سپي يې راوړل.

Se embarcaron en un camino desconocido donde otros habían fracasado.

دوی په يوه نامعلومه لاره روان شول چيرې چې نور ناکام شوي وو.

Se deslizaron en trineo setenta millas por el congelado río Yukón.

دوی د کنګل شوي يوکون سيند په اوږدو کې اويا ميله پورته سليډينګ وکړ.

Giraron a la izquierda y siguieron el sendero hacia Stewart.

دوی چپ لوري ته وګرځېدل او د ستيوارټ په لاره پسې روان شول.

Pasaron Mayo y McQuestion y siguieron adelante.

دوی د مايو او مک کوشن څخه تېر شول، او نور هم مخ په وړاندې لاړل.

El río Stewart se encogió y se convirtió en un arroyo, atravesando picos irregulares.

ستوارټ کښتۍ په يوه وياله کې رانښکته شوه، د کندې لرونکو څوکو سره يې تيريدل.

Estos picos afilados marcaban la columna vertebral del continente.

دا تيزې څوکې د براعظم د ملا تير په نښه کوي.

John Thornton exigía poco a los hombres y a la tierra salvaje.

جان تورنتن له انسانانو يا ځنګلي ځمکې څخه لږ څه غوښتل.

No temía a nada de la naturaleza y se enfrentaba a lo salvaje con facilidad.

هغه په طبيعت کې له هيڅ شي څخه نه ويرېده او په اسانۍ سره يې له ځنګل سره مخ شو.

Con sólo sal y un rifle, podría viajar a donde quisiera.

یوازې د مالګې او ټوپک سره، هغه کولی شي هرچیرې چې وغواړي سفر وکړي.

Al igual que los nativos, cazaba alimentos mientras viajaba.

د ځایي خلکو په څېر، هغه به د سفر پر مهال خواړه ښکار کول.

Si no pescaba nada, seguía adelante, confiando en que la suerte le acompañaría.

که هغه هیڅ ونه نیول، نو هغه به روان و، په راتلونکي بخت به یې باور درلود.

En este largo viaje, la carne era lo principal que comían.

په دې اوږده سفر کې، غوښه هغه اصلي شی و چې دوی یې خوړل.

El trineo contenía herramientas y municiones, pero no un horario estricto.

په سلیج کې وسایل او مهمات وو، خو کوم دقیق مهالویش نه وو.

A Buck le encantaba este vagabundeo, la caza y la pesca interminables.

باک له دې ګرځېدو سره مینه درلوده؛ بې پایه ښکار او کب نیول.

Durante semanas estuvieron viajando día tras día.

د اونیو لپاره دوی هره ورځ په دوامداره توګه سفر کاوه.

Otras veces montaban campamentos y permanecían allí durante semanas.

نور وختونه به یې کمپونه جوړول او د اونیو لپاره به یې ارام پاتې کېدل.

Los perros descansaron mientras los hombres cavaban en la tierra congelada.

سپي آرام کول پداسې حال کې چې سړي په کنګل شوې خاوره کې کیندل.

Calentaron sartenes sobre el fuego y buscaron oro escondido.

دوی په اور باندې لوښي ګرم کړل او د پټو سرو زرو په لټه کې شول.

Algunos días pasaban hambre y otros días tenían fiestas.

ځینې ورځې به یې وږي وو، او ځینې ورځې به یې میلمستیاوې کولې.

Sus comidas dependían de la presa y de la suerte de la caza.

د دوی خواړه د ښکار او بخت پورې اړه لري.

Cuando llegaba el verano, los hombres y los perros cargaban cargas sobre sus espaldas.

کله چې اوړی راغی، سړیو او سپیو به په خپلو شاګانو بارونه بارول.

Navegaron por lagos azules escondidos en bosques de montaña.

دوی د غرونو په ځنګلونو کې پټو نیلي جهیلونو ته بېړۍ وهلې۔
Navegaban en delgadas embarcaciones por ríos que ningún hombre había cartografiado jamás.
دوی په هغو سیندونو کې نرۍ کښتۍ چلولې چې هیڅ انسان یې نقشه نه وه کړې۔
Esos barcos se construyeron a partir de árboles que cortaban en la naturaleza.
هغه کښتۍ د هغو ونو څخه جوړې شوې وې چې دوی یې په ځنګل کې پرې کولې۔

Los meses pasaron y ellos serpentearon por tierras salvajes y desconocidas.
میاشتې تېرې شوې، او دوی په وحشي نامعلومو ځمکو کې ګرځېدل۔
No había hombres allí, aunque había rastros antiguos que indicaban que había habido hombres.
هلته هیڅ سړی نه وو، خو زړو نښو ښودله چې سړي هلته وو۔
Si la Cabaña Perdida fue real, entonces otras personas habían pasado por allí alguna vez.
که ورک شوی کوټه ریښتیا وای، نو نور هم یو وخت دلته راغلي وو۔
Cruzaron pasos altos en medio de tormentas de nieve, incluso en verano.
دوی د واورې په طوفانونو کې هم له لوړو لارو تېرېدل، حتی د اوړي په موسم کې۔
Temblaban bajo el sol de medianoche en las laderas desnudas de las montañas.
دوی د نیمې شپې لمر لاندې په لوڅو غرونو کې لړزېدل۔
Entre la línea de árboles y los campos de nieve, subieron lentamente.
د ونو د کرښې او د واورې د ساحو ترمنځ، دوی ورو ورو پورته شول۔
En los valles cálidos, aplastaban nubes de mosquitos y moscas.
په تودو درو کې، دوی د مچانو او مچانو په وریځو باندې دزې کولې۔
Recogieron bayas dulces cerca de los glaciares en plena floración del verano.
دوی د دوبي په بشپړ غوړېدو سره د ګلخانو ته نږدې خواږه توتان راټول کړل۔

Las flores que encontraron eran tan hermosas como las de las Tierras del Sur.

هغه ګلان چې دوی وموندل هغومره ښکلي وو لکه د ساوت لېنډ ګلان.

Ese otoño llegaron a una región solitaria llena de lagos silenciosos.

په هغه مني کې دوی يوې تنها سيمې ته ورسېدل چې له خاموشو جهيلونو ډکه وه.

La tierra estaba triste y vacía, una vez llena de pájaros y bestias.

ځمکه غمجنه او تشه وه، يو وخت د مرغانو او حيواناتو څخه ډکه وه.

Ahora no había vida, sólo el viento y el hielo formándose en charcos.

اوس ژوند نه و، يوازې باد او يخ په حوضونو کې جوړېدل.

Las olas golpeaban las orillas vacías con un sonido suave y triste.

څپې د خالي ساحلونو سره په نرم او غمجن غږ سره ټکر شوې.

Llegó otro invierno y volvieron a seguir los viejos y tenues senderos.

يو بل ژمی راغی، او دوی بيا په زړو او کمزورو لارو روان شول.

Éstos eran los rastros de hombres que habían buscado mucho antes que ellos.

دا د هغو انسانانو لارې وې چې له دوی څخه ډېر مخکې يې لټون کړی و.

Un día encontraron un camino que se adentraba profundamente en el bosque oscuro.

يو ځل دوی په تياره ځنګل کې ژوره لاره وموندله.

Era un sendero antiguo y sintieron que la cabaña perdida estaba cerca.

دا يوه زړه لاره وه، او دوی احساس کاوه چې ورک شوی کوټه نږدې ده.

Pero el sendero no conducía a ninguna parte y se perdía en el espeso bosque.

خو لاره هيڅ ځای ته نه وه تللې او په ګنو ځنګلونو کې ورکه شوه.

Nadie sabe quién hizo el sendero ni por qué lo hizo.

چا لاره جوړه کړه، او ولې يې جوړه کړه، هيڅوک نه پوهېدل.

Más tarde encontraron los restos de una cabaña escondidos entre los árboles.

وروسته، دوی د ونو په مينځ کې پټ شوي د يوې کوټې ټوټې وموندلې.

Mantas podridas yacían esparcidas donde alguna vez alguien había dormido.

خرابې شوې کمپلې هلته خپرې شوې وې چېرته چې يو څوک يو وخت ويده شوی و.

John Thornton encontró una pistola de chispa de cañón largo enterrada en el interior.

جان تورنتون دننه يو اوږد بيرل لرونکی چقمق وموند.

Sabía que se trataba de un cañón de la Bahía de Hudson desde los primeros días de su comercialización.

هغه د سوداګرۍ له لومړيو ورځو راهيسې پوهيده چې دا د هډسن خليج توپک دی.

En aquella época, estas armas se intercambiaban por montones de pieles de castor.

په هغو ورځو کې دا ډول توپکونه د بيور پوستکي په ډېريو کې پلورل کيدل.

Eso fue todo: no quedó ninguna pista del hombre que construyó el albergue.

بس همدا وو - د هغه سړي هيڅ نښه پاتې نه شوه چې لاج يې جوړ کړی و.

Llegó nuevamente la primavera y no encontraron ninguna señal de la Cabaña Perdida.

پسرلی بيا راغی، او دوی د ورک شوي کوټې هيڅ نښه ونه موندله.

En lugar de eso encontraron un valle amplio con un arroyo poco profundo.

پرځای يې دوی يوه پراخه دره وموندله چې يو کم ژور وياله يې درلوده.

El oro se extendía sobre el fondo de las sartenes como mantequilla suave y amarilla.

سره زر د لوښي په تلو کې داسې پراته وو لکه نرم، ژيړ مکهن.

Se detuvieron allí y no buscaron más la cabaña.

دوی هلته ودرېدل او د کوټې نور لټون يې ونه کړ.

Cada día trabajaban y encontraban miles en polvo de oro.

هره ورځ به يې کار کاوه او په زرګونو د سرو زرو په دوړو کې به يې موندل.

Empaquetaron el oro en bolsas de piel de alce, de cincuenta libras cada una.

دوی سره زر د موږکانو د پوستکي په کڅوړو کې ډک کړل، هر یو یې پنځوس پونده و.
Las bolsas estaban apiladas como leña afuera de su pequeña cabaña.
کڅوړې د دوی د کوچني کور څخه بهر د لرګیو په څیر ډکې شوې وې.
Trabajaron como gigantes y los días pasaban como sueños rápidos.
دوی د لویانو په څیر کار کاوه، او ورځې د چټکو خوبونو په څیر تیرېدې.
Acumularon tesoros a medida que los días interminables transcurrían rápidamente.
دوی خزانې راټولې کړې لکه څنګه چې بې پایه ورځې په چټکۍ سره تیرېدې.
Los perros no tenían mucho que hacer excepto transportar carne de vez en cuando.
سپو ته د غوښې له وړلو پرته بل څه نه وو.
Thornton cazó y mató el animal, y Buck se quedó tendido junto al fuego.
تورنتون ښکار وکړ او ښکار یې وکړ، او بک د اور په څنګ کې پروت و.
Pasó largas horas en silencio, perdido en sus pensamientos y recuerdos.
هغه ډېر ساعتونه په چوپتیا کې تېر کړل، په فکر او حافظه کې ورک شو.
La imagen del hombre peludo venía cada vez más a la mente de Buck.
د باک په ذهن کې د ویښتانو سړي انځور ډېر زیات راغی.
Ahora que el trabajo escaseaba, Buck soñaba mientras parpadeaba ante el fuego.
اوس چې کار کم و، باک د اور په سترګو کې د سترګو د رپولو په وخت کې خوب ولید.
En esos sueños, Buck vagaba con el hombre en otro mundo.
په هغو خوبونو کې، باک د سړي سره په یوه بله نړۍ کې ګرځېده.
El miedo parecía el sentimiento más fuerte en ese mundo distante.
وېره په هغه لرې نړۍ کې تر ټولو قوي احساس ښکارېده.
Buck vio al hombre peludo dormir con la cabeza gacha.
باک هغه ویښتان لرونکی سړی ولید چې سر یې ټیټ ویده و.

Tenía las manos entrelazadas y su sueño era inquieto y entrecortado.

لاسونه يې کلک تړلي وو، او خوب يې بې آرامه او مات و.

Solía despertarse sobresaltado y mirar con miedo hacia la oscuridad.

هغه به په چټکۍ سره له خوبه راويښ شو او په تياره کې به يې په ويره سره کتل.

Luego echaba más leña al fuego para mantener la llama brillante.

بيا به يې اور ته نور لرګي اچول ترڅو اور روښانه وساتي.

A veces caminaban por una playa junto a un mar gris e interminable.

ځيني وختونه دوی د خړ، بې پايه سمندر په غاړه د ساحل په اوږدو کې ګرځېدل.

El hombre peludo recogía mariscos y los comía mientras caminaba.

ويښتان لرونکي سړي د تګ په وخت کې کبان راټول کړل او وخوړل.

Sus ojos buscaban siempre peligros ocultos en las sombras.

د هغه سترګې تل په سيوري کې پټ خطرونه لټوي.

Sus piernas siempre estaban listas para correr ante la primera señal de amenaza.

د هغه پښې تل د ګواښ په لومړۍ نښه کې د منډې وهلو لپاره چمتو وې.

Se arrastraron por el bosque, silenciosos y cautelosos, uno al lado del otro.

دوی د ځنګله له لارې په خاموشۍ او احتياط سره څنګ په څنګ روان وو.

Buck lo siguió de cerca y ambos se mantuvieron alerta.

باک د هغه په پښو پسې لاړ، او دواړه هوښيار پاتې شول.

Sus orejas se movían y temblaban, sus narices olfateaban el aire.

د دوی غوږونه لړزېدل او حرکت يې کاوه، پوزې يې هوا بوی کوله.

El hombre podía oír y oler el bosque tan agudamente como Buck.

سړي د باک په څېر په تيزۍ سره ځنګل اوريدلی او بوی کولی شو.

El hombre peludo se balanceó entre los árboles con una velocidad repentina.

ويښتان لرونکی سړی په ناڅاپي سرعت سره د ونو له لارې وخوځېد.

Saltaba de rama en rama sin perder nunca su agarre.
هغه له یوې څانګې څخه بلې څانګې ته توپ وواهه، هیڅکله یې خپله ګرفت له لاسه ورنکړه.
Se movió tan rápido sobre el suelo como sobre él.
هغه د ځمکې څخه پورته په چټکۍ سره حرکت وکړ لکه څنګه چې هغه پرې کاوه.
Buck recordó las largas noches bajo los árboles, haciendo guardia.
باک د ونو لاندې اوږدې شپې په یاد درلودې، چې څار یې کاوه.
El hombre dormía recostado en las ramas, aferrado fuertemente.
سړی په څانګو کې په ځاله کې ویده شو، کلک یې ونیو.
Esta visión del hombre peludo estaba estrechamente ligada al llamado profundo.
د ویښتانو سړي دا لید د ژورې غږ سره نږدې تړلی و.
El llamado aún resonaba en el bosque con una fuerza inquietante.
غږ لا هم په ځنګله کې د ویرونکي ځواک سره غږېده.
La llamada llenó a Buck de anhelo y una inquieta sensación de alegría.
زنګ وهلو باک له لېوالتیا او د خوښۍ له بې ثباته احساس ډک کړ.
Sintió impulsos y agitaciones extrañas que no podía nombrar.
هغه عجیبې غوښتنې او تحرکات احساس کړل چې نوم یې نه شوای اخیستلی.
A veces seguía la llamada hasta lo profundo del tranquilo bosque.
کله ناکله به هغه د غږ تعقیب په ارام ځنګل کې ژور کړ.
Buscó el llamado, ladrando suave o agudamente mientras caminaba.
هغه د غږ په لټه کې و، په نرمۍ یا تیزۍ سره یې غپا وهله کله چې هغه روان و.
Olfateó el musgo y la tierra negra donde crecían las hierbas.
هغه هغه کای او توره خاوره بوی کړه چیرې چې وابښه وده کوله.
Resopló de alegría ante los ricos olores de la tierra profunda.
هغه د ژورې ځمکې د بدایه بویونو په لیدو سره په خوښۍ سره خوله وکړه.

Se agazapó durante horas detrás de troncos cubiertos de hongos.

هغه په ساعتونو ساعتونو د هغو ړډونو شاته چې په فنګس پوښل شوي وو، کښیناست.

Se quedó quieto, escuchando con los ojos muy abiertos cada pequeño sonido.

هغه غلی پاتې شو، په غټو سترګو یې هر کوچنی غږ واورېد.

Quizás esperaba sorprender al objeto que le había hecho el llamado.

هغه ښايي هیله درلوده چې هغه څه چې زنګ یې وهلی و، حیران کړي.

Él no sabía por qué actuaba así: simplemente lo hacía.

هغه نه پوهیده چې ولې یې دا ډول چلند وکړ - هغه یوازې دا کار وکړ.

Los impulsos venían desde lo más profundo, más allá del pensamiento o la razón.

غوښتنې له ژورو څخه راغلې، د فکر یا دلیل هاخوا.

Impulsos irresistibles se apoderaron de Buck sin previo aviso ni razón.

بې ساري غوښتنو پرته له خبرتیا یا دلیل څخه په باک باندې برید وکړ.

A veces dormitaba perezosamente en el campamento bajo el calor del mediodía.

کله ناکله به هغه په کمپ کې د غرمې په ګرمۍ کې په سستۍ سره ویده کېده.

De repente, su cabeza se levantó y sus orejas se levantaron en alerta.

ناڅاپه یې سر پورته شو او غوږونه یې په هوښیارۍ سره پورته شول.

Entonces se levantó de un salto y se lanzó hacia lo salvaje sin detenerse.

بیا هغه پورته شو او پرته له ځنډه په ځنګله کې منډه ووهله.

Corrió durante horas por senderos forestales y espacios abiertos.

هغه د ځنګلونو په لارو او خلاصو ځایونو کې ساعتونه منډې وهلې.

Le encantaba seguir los lechos de los arroyos secos y espiar a los pájaros en los árboles.

هغه د وچو ویالو د بسترونو تعقیبول او په ونو کې د مرغیو جاسوسي کول خوښول.

Podría permanecer escondido todo el día, mirando a las perdices pavonearse.

هغه توله ورځ پټ پاتې کېدای شوای، او د تیترونو لیدل یې کول چې شاوخوا ګرځي.
Ellos tamborilearon y marcharon, sin percatarse de la presencia todavía de Buck.
دوی ډول غږاوه او مارچ یې وکړ، د باک د شتون څخه بې خبره وو.
Pero lo que más le gustaba era correr al atardecer en verano.
خو هغه څه چې هغه یې تر ټولو ډېر خوښاوه هغه د دوبي په ماښام کې منډې وهل وو.
La tenue luz y los sonidos soñolientos del bosque lo llenaron de alegría.
د تیاره رڼا او د ځنګل د خوب غږونو هغه له خوښۍ ډک کړ.
Leyó las señales del bosque tan claramente como un hombre lee un libro.
هغه د ځنګل نښې په روښانه ډول لوستلې لکه څنګه چې یو سړی کتاب لولي.
Y siempre buscaba aquella cosa extraña que lo llamaba.
او هغه تل د هغه عجیب شی په لټه کې و چې هغه یې بللی و.
Ese llamado nunca se detuvo: lo alcanzaba despierto o dormido.
دا زنګ وهل هیڅکله نه ودرېدل - دا هغه ته په ویښ یا ویده حالت کې ورسېد.

Una noche, se despertó sobresaltado, con los ojos alerta y las orejas alerta.
یوه شپه، هغه په چټکۍ سره له خوبه راویښ شو، سترګې یې تیزې او غوږونه یې لوړ وو.
Sus fosas nasales se crisparon mientras su melena se erizaba en ondas.
د هغه پوزې لړزېدې ځکه چې د هغه د سر غوښنه په څپو کې ولاړه وه.
Desde lo profundo del bosque volvió a oírse el sonido, el viejo llamado.
د ځنګل له ژورو څخه بیا غږ راغی، هغه زوړ غږ.
Esta vez el sonido sonó claro, un aullido largo, inquietante y familiar.
دا ځل غږ په څرګنده توګه واورېدل شو، یوه اوږده، ځورونکې، پېژندل شوې چیغه.

Era como el grito de un husky, pero extraño y salvaje en tono.

دا د هسکي چیغي په څیر وه، مګر په غږ کې عجیب او وحشي وه.

Buck reconoció el sonido al instante: había oído exactamente el mismo sonido hacía mucho tiempo.

باک سمدلاسه غږ وپیژند - هغه ډېر وخت دمخه دقیق غږ اوریدلی و.

Saltó a través del campamento y desapareció rápidamente en el bosque.

هغه د کمپ له لارې ټوپ وواهه او په چټکۍ سره ځنګل ته ورک شو.

A medida que se acercaba al sonido, disminuyó la velocidad y se movió con cuidado.

کله چې هغه غږ ته نږدې شو، هغه ورو شو او په احتیاط سره حرکت وکړ.

Pronto llegó a un claro entre espesos pinos.

ډېر ژر هغه د صنوبر د ګڼو ونو ترمنځ یوې پاکې سیمې ته ورسېد.

Allí, erguido sobre sus cuartos traseros, estaba sentado un lobo de bosque alto y delgado.

هلته، په خپلو غېږونو کې ولاړ، یو اوږد، نری لرګین لیوه ناست و.

La nariz del lobo apuntaba hacia el cielo, todavía haciendo eco del llamado.

د لیوه پوزه اسمان ته اشاره وکړه، او لا هم غږ یې منعکس کاوه.

Buck no había emitido ningún sonido, pero el lobo se detuvo y escuchó.

باک هیڅ غږ نه کاوه، خو لیوه ودرېد او غوږ یې ونیو.

Sintiendo algo, el lobo se tensó y buscó en la oscuridad.

لیوه چې یو څه احساس کړل، تیاره یې لټوله، تنګ شو.

Buck apareció sigilosamente, con el cuerpo agachado y los pies quietos sobre el suelo.

باک په پټه سترګو کې رابنکاره شو، بدن یې ټیټ و، پښې یې په ځمکه کې خاموشې وې.

Su cola estaba recta y su cuerpo enroscado por la tensión.

لکۍ یې مستقیمه وه، بدن یې د فشار له امله کلک و.

Mostró al mismo tiempo una amenaza y una especie de amistad ruda.

هغه ګواښ او یو ډول سخته ملګرتیا دواړه وښودله.

Fue el saludo cauteloso que compartían las bestias salvajes.

دا هغه محتاطانه سلام وو چې د وحشي ځناورو لخوا شریک شوی و.

Pero el lobo se dio la vuelta y huyó tan pronto como vio a Buck.

خو لیوه د باک په لیدلو سره سمدلاسه مخ واړاوه او وتښتېد.

Buck lo persiguió, saltando salvajemente, ansioso por alcanzarlo.

باک تعقیب کړ، په وحشیانه ډول توپ وواهه، او د هغه د نیولو لپاره لیواله و.

Siguió al lobo hasta un arroyo seco bloqueado por un atasco de madera.

هغه د لیوه پسې په یوه وچه ویاله کې لاړ چې د لرګیو د بندیدو له امله بنده شوې وه.

Acorralado, el lobo giró y se mantuvo firme.

لیوه په کونج کې وګرځېد او په خپله ځمکه ودرېد.

El lobo gruñó y mordió a su presa como un perro husky atrapado en una pelea.

لیوه په جګړه کې د بند پاتې شوي سپي په څیر چیغې وهلې او چیغې یې وهلې.

Los dientes del lobo chasquearon rápidamente y su cuerpo se erizó de furia salvaje.

د لیوه غاښونه په چټکۍ سره تکان وخوړ، بدن یې د وحشي قهر څخه ډک و.

Buck no atacó, sino que rodeó al lobo con cautelosa amabilidad.

باک برید ونه کړ، خو په احتیاط سره یې د لیوه شاوخوا چاپیره وګرځېد.

Intentó bloquear su escape con movimientos lentos e inofensivos.

هغه هڅه وکړه چې د ورو او بې ضرره حرکتونو له لارې د خپل تېښتې مخه ونیسي.

El lobo estaba cauteloso y asustado: Buck pesaba tres veces más que él.

لیوه محتاط او وېرېدلی و - بک درې ځله له هغه څخه دېر و.

La cabeza del lobo apenas llegaba hasta el enorme hombro de Buck.

د لیوه سر په سختۍ سره د باک لوی اوږې ته ورسید.

Al acecho de un hueco, el lobo salió disparado y la persecución comenzó de nuevo.

لیوه د یوې تشې په لټه کې ودرېد او تعقیب یې بیا پیل شو.

Varias veces Buck lo acorraló y el baile se repitió.
څو ځله باک هغه ته نږدې شو، او نڅا تکرار شوه.
El lobo estaba delgado y débil, de lo contrario Buck no podría haberlo atrapado.
لیوه نری او کمزوری و، یا بک نشوای کولی هغه ونیسي.
Cada vez que Buck se acercaba, el lobo giraba y lo enfrentaba con miedo.
هر کله چې باک نږدې کېده، لیوه به ګرځېده او په ویره کې به ورسره مخامخ کېده.
Luego, a la primera oportunidad, se lanzó de nuevo al bosque.
بیا په لومړي فرصت کې، هغه یو ځل بیا ځنګل ته وتښتېد.
Pero Buck no se dio por vencido y finalmente el lobo comenzó a confiar en él.
خو باک تسلیم نه شو، او بالاخره لیوه په هغه باور وکړ.
Olió la nariz de Buck y los dos se pusieron juguetones y alertas.
هغه د باک پوزه بوی کړه، او دواړه لوبیدونکي او هوښیار شول.
Jugaban como animales salvajes, feroces pero tímidos en su alegría.
دوی د وحشي ځناورو په څیر لوبې کولې، په خوښۍ کې سخت خو شرمیدونکي وو.
Después de un rato, el lobo se alejó trotando con calma y propósito.
یو څه وخت وروسته، لیوه په ارامه ارادې سره لاړ.
Le demostró claramente a Buck que tenía la intención de que lo siguieran.
هغه په څرګنده توګه باک ته وښودله چې هغه غواړي تعقیب شي.
Corrieron uno al lado del otro a través de la penumbra del crepúsculo.
دوی د ماښام په تیاره کې په څنګ په څنګ منډه وهله.
Siguieron el lecho del arroyo hasta el desfiladero rocoso.
دوی د ویالې په غاړه پسې د ډبرینو درې ته پورته شول.
Cruzaron una divisoria fría donde había comenzado el arroyo.
دوی له یوې سړې لارې څخه تېر شول چیرې چې جریان پیل شوی و.

En la ladera más alejada encontraron un extenso bosque y numerosos arroyos.
په لرې غره کې دوی پراخ ځنګل او ډیری ویالې وموندلې۔
Por esta vasta tierra corrieron durante horas sin parar.
په دې پراخه ځمکه کې، دوی د ساعتونو لپاره پرته له ځنډه منډې وهلې۔
El sol salió más alto, el aire se calentó, pero ellos siguieron corriendo.
لمر لوړ شو، هوا ګرمه شوه، خو دوی منډه وهله۔
Buck estaba lleno de alegría: sabía que estaba respondiendo a su llamado.
باک له خوښی ډک و - هغه پوهیده چې هغه د هغه زنګ ته ځواب ورکوي۔
Corrió junto a su hermano del bosque, más cerca de la fuente del llamado.
هغه د خپل ځنګلي ورور تر څنګ منډه کړه، د زنګ وهلو سرچینې ته نږدې۔
Los viejos sentimientos regresaron, poderosos y difíciles de ignorar.
زاړه احساسات بیرته راغلل، قوي او له پامه غورځول یې ګران وو۔
Éstas eran las verdades detrás de los recuerdos de sus sueños.
دا د هغه د خوبونو د خاطرو تر شا حقیقتونه وو۔
Todo esto ya lo había hecho antes, en un mundo distante y sombrío.
هغه دا ټول مخکې په یوه لرې او سیوري نړۍ کې کړي وو۔
Ahora lo hizo de nuevo, corriendo salvajemente con el cielo abierto encima.
اوس یې بیا دا کار وکړ، پورته خلاص اسمان ته په وحشیانه ډول منډه وهله۔
Se detuvieron en un arroyo para beber del agua fría que fluía.
دوی د یوې ویالې سره ودرېدل ترڅو د سړو بهېدونکو اوبو څخه وڅښي۔
Mientras bebía, Buck de repente recordó a John Thornton.
کله چې هغه شراب څښل، نو ناڅاپه یې جان تورنټن یاد شو۔
Se sentó en silencio, desgarrado por la atracción de la lealtad y el llamado.
هغه په چوپتیا کې ناست و، د وفادارۍ او بلنې له امله مات شوی و۔

El lobo siguió trotando, pero regresó para impulsar a Buck a seguir adelante.

لیوه په پښو وخوځېد، خو بیرته راغی ترڅو بک مخکې کړي.

Le olisqueó la nariz y trató de convencerlo con gestos suaves.

هغه خپله پوزه بوی کړه او هڅه یې وکړه چې په نرمو اشارو سره هغه قانع کړي.

Pero Buck se dio la vuelta y comenzó a regresar por donde había venido.

خو بک شا وګرځېد او په هماغه لاره بیرته پیل وکړ چې راغلی و.

El lobo corrió a su lado durante un largo rato, gimiendo silenciosamente.

لیوه د ډېر وخت لپاره د هغه تر څنګ منډه کړه، په خاموشۍ سره یې چیغې وهلې.

Luego se sentó, levantó la nariz y dejó escapar un largo aullido.

بیا هغه کښېناست، خپله پوزه یې پورته کړه، او یوه اوږده چیغه یې وکړه.

Fue un grito triste, que se suavizó cuando Buck se alejó.

دا یوه غمجنه چیغه وه، چې د باک د تګ په وخت کې نرمه شوه.

Buck escuchó mientras el sonido del grito se desvanecía lentamente en el silencio del bosque.

باک غوږ ونیو څکه چې د ژړا غږ ورو ورو د ځنګل په چوپتیا کې ورک شو.

John Thornton estaba cenando cuando Buck irrumpió en el campamento.

جان تورنټن ډوډۍ خوړله کله چې بک کمپ ته ننوت.

Buck saltó sobre él salvajemente, lamiéndolo, mordiéndolo y haciéndolo caer.

باک په بې رحمۍ سره پرې ټوپ وواهه، هغه یې چاټ کړ، چیچلو یې او غورځولو یې.

Lo derribó, se subió encima y le besó la cara.

هغه یې وغورځاوه، په سر یې وخوځاوه، او مخ یې ښکل کړ.

Thornton lo llamó con cariño "hacer el tonto en general".

تورنټون دا په مینه سره "د عمومي احمق لوبه کول "وبلل.

Mientras tanto, maldijo a Buck suavemente y lo sacudió de un lado a otro.

په دې ټولو وختونو کې، هغه په نرمۍ سره باک ته لعنت ووایه او هغه یې مخکې او وروسته وخوځاوه.

Durante dos días y dos noches enteras, Buck no abandonó el campamento ni una sola vez.
د دوو بشپړو ورځو او شپو لپاره، باک یو ځل هم له کمپ څخه نه دی وتلی۔
Se mantuvo cerca de Thornton y nunca lo perdió de vista.
هغه تورنټن ته نږدې و او هیڅکله یې له خپل نظره نه پریښود۔
Lo siguió mientras trabajaba y lo observó mientras comía.
هغه د کار په وخت کې د هغه تعقیب کاوه او د خوړلو پرمهال یې ورته کتل۔
Acompañaba a Thornton con sus mantas por la noche y lo salía cada mañana.
هغه تورنټن د شپې په خپلو کمپلو کې او هره سهار بهر ولید۔
Pero pronto el llamado del bosque regresó, más fuerte que nunca.
خو ډېر ژر د ځنګل غږ بیرته راغی، د پخوا په پرتله لوړ۔
Buck volvió a inquietarse, agitado por los pensamientos del lobo salvaje.
باک بیا بې هوښه شو، د وحشي لیوه په فکرونو کې ډوب شو۔
Recordó el terreno abierto y correr uno al lado del otro.
هغه خلاصه ځمکه او څنګ په څنګ منډې وهل په یاد درلودل۔
Comenzó a vagar por el bosque una vez más, solo y alerta.
هغه یو ځل بیا په ځنګله کې ګرځېدل پیل کړل، یوازې او هوښیار۔
Pero el hermano salvaje no regresó y el aullido no se escuchó.
خو وحشي ورور بیرته را نه غی، او چیغې یې نه اوریدل کېدې۔
Buck comenzó a dormir a la intemperie, manteniéndose alejado durante días.
باک بهر ویده کېدل پیل کړل، څو ورځې په یو وخت کې لرې پاتې کېدل۔
Una vez cruzó la alta divisoria donde había comenzado el arroyo.
یوځل چې هغه له لوړې درز څخه تیر شو چیرې چې ویاله پیل شوې وه۔
Entró en la tierra de la madera oscura y de los arroyos anchos y fluidos.
هغه د تیاره لرګیو او پراخو بهیدونکو ویالو ځمکې ته ننوتل۔
Durante una semana vagó en busca de señales del hermano salvaje.
هغه د یوې اونۍ لپاره ګرځېده، د وحشي ورور نښې لټوي۔

Mataba su propia carne y viajaba con pasos largos e incansables.

هغه خپله غوښه ووژله او په اوږدو او نه ستړي کېدونکو ګامونو سره يې سفر وکړ.

Pescaba salmón en un ancho río que llegaba al mar.

هغه په یوه پراخه سیند کې چې سمندر ته رسیدلی و، د سالمون کب نیول.

Allí luchó y mató a un oso negro enloquecido por los insectos.

هلته، هغه د يو تور ريچھ سره جګړه وکړه او هغه يې وواژه چې د حشراتو له امله لیونی شوی و.

El oso estaba pescando y corrió ciegamente entre los árboles.

یږه کب نیولی و او په ړانده ډول د ونو له لارې منډه وهله.

La batalla fue feroz y despertó el profundo espíritu de lucha de Buck.

جګړه ډېره سخته وه، د باک ژوره جنګي روحیه یې راویښ کړه.

Dos días después, Buck regresó y encontro glotones en su presa.

دوه ورځې وروسته، باک بیرته راستون شو ترڅو په خپل ښکار کې ولورین ومومي.

Una docena de ellos se pelearon con furia y ruidosidad por la carne.

د دوی څخه لسګونو کسانو په غوسه او شورماشور کې د غوښې پر سر شخړه وکړه.

Buck cargó y los dispersó como hojas en el viento.

باک په باد کې داسې پاڼې خورې کړې او خپرې کړې يې.

Dos lobos permanecieron atrás, silenciosos, sin vida e inmóviles para siempre.

دوه لیوان شاته پاتې شول - خاموش، بې ژونده، او د تل لپاره بې حرکته.

La sed de sangre se hizo más fuerte que nunca.

د وینې تنده تر بل هر وخت ډېره شوه.

Buck era un cazador, un asesino, que se alimentaba de criaturas vivas.

باک یو ښکاری، قاتل وو، او د ژوندیو موجوداتو خواړه یې ورکول.

Sobrevivió solo, confiando en su fuerza y sus sentidos agudos.

هغه یوازې ژوندی پاتې شو، په خپل ځواک او تیزو حواسو تکیه وکړه.

Prosperó en la naturaleza, donde sólo los más resistentes podían vivir.
هغه په ځنګل کې وده وکړه، چیرې چې یوازې تر ټولو سخت خلک ژوند کولی شي.
A partir de esto, un gran orgullo surgió y llenó todo el ser de Buck.
له دې څخه، یو لوی غرور راپورته شو او د باک ټول وجود یې ډک کړ.
Su orgullo se reflejaba en cada uno de sus pasos, en el movimiento de cada músculo.
د هغه غرور په هر ګام کې، د هر عضلاتو په څپو کې څرګند شو.
Su orgullo era tan claro como sus palabras, y se reflejaba en su manera de comportarse.
د هغه غرور د خبرو په څیر څرګند و، چې د هغه د چلند له مخې څرګندېده.
Incluso su grueso pelaje parecía más majestuoso y brillaba más.
حتی د هغه غټ کوټ ډیر شاندار او روښانه ښکاریده.
Buck podría haber sido confundido con un lobo gigante.
باک کېدای شي د لوی لرګیو لیوه په توګه غلط شوی وي.
A excepción del color marrón en el hocico y las manchas sobre los ojos.
پرته له هغه چې د هغه په خوله نسواري رنګ او د سترګو پورته داغونه وي.
Y la raya blanca de pelo que corría por el centro de su pecho.
او د ویښتو سپینه لیکه چې د هغه د سینې له مینځه روانه وه.
Era incluso más grande que el lobo más grande de esa feroz raza.
هغه د هغه وحشي نسل تر ټولو لوی لیوه څخه هم لوی و.
Su padre, un San Bernardo, le dio tamaño y complexión robusta.
د هغه پلار، چې سینټ برنارډ و، هغه ته یې اندازه او درونډ بدن ورکړ.
Su madre, una pastora, moldeó esa masa hasta darle forma de lobo.
د هغه مور، چې شپون وه، هغه ټولګه یې د لیوه په څیر شکل ورکړه.
Tenía el hocico largo de un lobo, aunque más pesado y ancho.
د هغه خوله د لیوه په څیر اوږده وه، که څه هم درنه او پراخه وه.

Su cabeza era la de un lobo, pero construida en una escala enorme y majestuosa.

د هغه سر د لیوه وو، خو په یوه لویه او شانداره پیمانه جوړ شوی وو.

La astucia de Buck era la astucia del lobo y de la naturaleza.

د باک چالاکي د لیوه او وحشي چالاکي وه.

Su inteligencia provenía tanto del pastor alemán como del san bernardo.

د هغه هوښیارتیا د جرمن شیفرډ او سینټ برنارډ دواړو څخه راغلې وه.

Todo esto, más la dura experiencia, lo convirtieron en una criatura temible.

دې ټولو، او سختو تجربو، هغه یو ډارونکی مخلوق کړ.

Era tan formidable como cualquier bestia que vagaba por las tierras salvajes del norte.

هغه د هر هغه حیوان په څیر چې په شمالي ځنګل کې ګرځېده، ډېر خطرناک و.

Viviendo sólo de carne, Buck alcanzó el máximo nivel de su fuerza.

باک چې یوازې په غوښه ژوند کاوه، د خپل ځواک بشپړ اوج ته ورسید.

Rebosaba poder y fuerza masculina en cada fibra de él.

هغه د خپل بدن په هره برخه کې له ځواک او نارینه ځواک څخه ډک و.

Cuando Thornton le acarició la espalda, sus pelos brillaron con energía.

کله چې تورنټن خپل شا ته لاس ورکړ، ویښتان یې له انرژۍ څخه ځلېدل.

Cada cabello crujió, cargado con el toque de un magnetismo vivo.

هر ویښتان ټک وهل، د ژوندي مقناطیسي لمس سره چارج شوي.

Su cuerpo y su cerebro estaban afinados al máximo nivel posible.

د هغه بدن او دماغ د غوره ممکنه انداز سره سمون درلود.

Cada nervio, fibra y músculo trabajaba en perfecta armonía.

هر اعصاب، ریشې او عضلات په بشپړ همغږۍ کې کار کاوه.

Ante cualquier sonido o visión que requiriera acción, él respondía instantáneamente.

هر هغه غږ یا لید ته چې عمل ته اړتیا ولري، هغه سمدلاسه ځواب ورکړ.

Si un husky saltaba para atacar, Buck podía saltar el doble de rápido.

که چیرې یو هوسکی د برید لپاره کودتا وکړي، بک کولی شي دوه چنده ګړندی کودتا وکړي.
Reaccionó más rápido de lo que los demás pudieron verlo o escuchar.
هغه د نورو په پرتله چټک غبرګون وښود، حتی چې نور یې لیدلی یا اوریدلی هم شو.
La percepción, la decisión y la acción se produjeron en un momento fluido.
ادراک، پریکړه، او عمل ټول په یوه ناڅاپي شیبه کې راغلل.
En realidad, estos actos fueron separados, pero demasiado rápidos para notarlos.
په حقیقت کې، دا کړني جلا وې، مګر د پام وړ نه وې.
Los intervalos entre estos actos fueron tan breves que parecían uno solo.
د دې کړنو ترمنځ واټن دومره لنډ وو، چې یو شان ښکاریده.
Sus músculos y su ser eran como resortes fuertemente enrollados.
د هغه عضلات او وجود د کلکو تاو شویو چینو په څیر وو.
Su cuerpo rebosaba de vida, salvaje y alegre en su poder.
د هغه بدن د ژوند سره په جوش کې و، په خپل ځواک کې وحشي او خوشحاله.
A veces sentía como si la fuerza fuera a estallar fuera de él por completo.
کله ناکله به هغه داسې احساس کاوه چې ځواک به یې په بشپړه توګه له منځه لاړ شي.
"Nunca vi un perro así", dijo Thornton un día tranquilo.
تورنتن یوه خاموشه ورځ وویل" :هیڅکله داسې سپی نه و."
Los socios observaron a Buck alejarse orgullosamente del campamento.
ملګرو یې بک ولید چې په ویاړ سره له کمپ څخه وځي.
"Cuando lo crearon, cambió lo que un perro puede ser", dijo Pete.
پیټ وویل" :کله چې هغه جوړ شو، هغه بدل کړ چې سپی څه شی کیدی شي."
—¡Por Dios! Yo también lo creo —respondió Hans rápidamente.
په عیسی قسم"-زه پخپله هم داسې فکر کوم، "هانس ژر موافقه وکړه.

Lo vieron marcharse, pero no el cambio que vino después.

دوی هغه ولید چې روان شو، خو هغه بدلون نه چې وروسته راغی.

Tan pronto como entró en el bosque, Buck se transformó por completo.

کله چې باک ځنګل ته ننوت، نو په بشپړه توګه بدل شو.

Ya no marchaba, sino que se movía como un fantasma salvaje entre los árboles.

هغه نور حرکت نه کاوه، بلکې د ونو په منځ کې د وحشي روح په څیر حرکت کاوه.

Se quedó en silencio, con pasos de gato, un destello que pasaba entre las sombras.

هغه غلی شو، د پیشو په پښو، یو ځلیدونکی ځراغ چې له سیوري څخه تیریږي.

Utilizó la cubierta con habilidad, arrastrándose sobre su vientre como una serpiente.

هغه په مهارت سره د ځان ساتنه کوله، د مار په څېر په ګېډه ګرځېده.

Y como una serpiente, podía saltar hacia adelante y atacar en silencio.

او د مار په څیر، هغه کولی شي مخ په وړاندې توپ ووهي او په خاموشۍ سره ووهي.

Podría robar una perdiz nival directamente de su nido escondido.

هغه کولی شي یو پټ مرغی د هغې له پټ ځالې څخه مستقیم غلا کړي.

Mató conejos dormidos sin hacer un solo sonido.

هغه ویده سویان پرته له کوم غږ ووژل.

Podía atrapar ardillas en el aire cuando huían demasiado lentamente.

هغه کولی شوای چې چیمنګونه په هوا کې ونیسي ځکه چې دوی ډیر ورو تښتیدل.

Ni siquiera los peces en los estanques podían escapar de sus ataques repentinos.

حتی په حوضونو کې کبان هم د هغه د ناڅاپي ګوزارونو څخه خلاص نشول.

Ni siquiera los castores más inteligentes que arreglaban presas estaban a salvo de él.

حتی هغه هوښیار بیورونه چې د بندونو رغونه یې کوله، له هغه څخه خوندي نه وو.

Él mataba por comida, no por diversión, pero prefería matar a sus propias víctimas.

هغه د خوړو لپاره وژل، نه د تفریح لپاره - خو د خپلو وژلو سره یې ډېره مینه درلوده.

Aun así, un humor astuto impregnaba algunas de sus cacerías silenciosas.

بیا هم، د هغه په ځینو خاموش ښکارونو کې یو مکار طنز روان و.

Se acercó sigilosamente a las ardillas, pero las dejó escapar.

هغه د غویي مرغانو ته نږدې شو، یوازې یې پرېښودل چې وتښتي.

Iban a huir hacia los árboles, parloteando con terrible indignación.

دوی غوښتل چې ونو ته وتښتي، په ویره کې غوسه او چغې وهي.

A medida que llegaba el otoño, los alces comenzaron a aparecer en mayor número.

لکه څنګه چې مني راغله، موږک په زیات شمیر کې راڅرګندیدل پیل کړل.

Avanzaron lentamente hacia los valles bajos para encontrarse con el invierno.

دوی د ژمي د تېرېدو لپاره ورو ورو ټیټو درې ته لاړل.

Buck ya había derribado a un ternero joven y perdido.

باک لا دمخه یو کوچنی، بې کوره خوسکی غورځولی و.

Pero anhelaba enfrentarse a presas más grandes y peligrosas.

خو هغه د لوی او خطرناک ښکار سره د مخامخ کېدو لپوالتیا درلوده.

Un día, en la divisoria, a la altura del nacimiento del arroyo, encontró su oportunidad.

یوه ورځ د ویالې په غاړه، د ویالې په سر کې، هغه خپل چانس وموند.

Una manada de veinte alces había cruzado desde tierras boscosas.

د شلو موږکانو یوه ډله له ځنګلي ځمکو څخه را اوښتې وه.

Entre ellos había un poderoso toro; el líder del grupo.

د دوی په منځ کې یو پیاوړی غویی هم و؛ د ډلې مشر.

El toro medía más de seis pies de alto y parecía feroz y salvaje.

غویی له شپږو فوټو څخه زیات لوړ و او ډېر وحشتناک او وحشي ښکارېده.

Lanzó sus anchas astas, con catorce puntas ramificándose hacia afuera.

هغه خپل پراخ ښکرونه وغورځول، څوارلس تکي یې بهر ته څانګي درلودې.
Las puntas de esas astas se extendían siete pies de ancho.
د هغو ښکرونو څوکې اووه فوټه غځېدلې وې.
Sus pequeños ojos ardieron de rabia cuando vio a Buck cerca.
کله چې هغه نږدې باک ولید، د هغه کوچنۍ سترګې له غوسې ډکې شوې.
Soltó un rugido furioso, temblando de furia y dolor.
هغه یو قهرجن چیغه ووهله، له قهر او درد څخه لړزېده.
Una punta de flecha sobresalía cerca de su flanco, emplumada y afilada.
د غشي پای یې د څنډې ته نږدې و، بڼکې او تېز.
Esta herida ayudó a explicar su humor salvaje y amargado.
دې ټپ د هغه د وحشي او ترخې مزاج په تشریح کې مرسته وکړه.
Buck, guiado por su antiguo instinto de caza, hizo su movimiento.
باک، د لرغوني ښکار غریزې په لارښوونه، خپل حرکت وکړ.
Su objetivo era separar al toro del resto de la manada.
هغه موخه دا وه چې غویی د نورو رمو څخه جلا کړي.
No fue una tarea fácil: requirió velocidad y una astucia feroz.
دا اسانه کار نه و - سرعت او سخت چالاکۍ ته اړتیا وه.
Ladró y bailó cerca del toro, fuera de su alcance.
هغه غویی ته نږدې وخندل او نڅا یې وکړه، چې له حده بهر و.
El alce atacó con enormes pezuñas y astas mortales.
موږک د لویو سومونو او وژونکو ښکرونو سره ټوپونه وهل.
Un golpe podría haber acabado con la vida de Buck en un instante.
یوه ضربه کولی شي د باک ژوند په یوه ټکان کې پای ته ورسوي.
Incapaz de dejar atrás la amenaza, el toro se volvió loco.
غویی د ګواښ پریښودو توان نه درلود، او په غوسه شو.
Él cargó con furia, pero Buck siempre se le escapaba.
هغه په غوسه کې برید وکړ، خو بک تل له ځانه سره وتښتېد.
Buck fingió debilidad, lo que lo alejó aún más de la manada.
باک د کمزورۍ بڼه وکړه، او هغه یې له رمې څخه لرې وغځاوه.
Pero los toros jóvenes estaban a punto de atacar para proteger al líder.
خو ځوان غوایان به د مشر د ساتنې لپاره بیرته برید وکړي.

Obligaron a Buck a retirarse y al toro a reincorporarse al grupo.

دوی بک مجبور کړ چې شاته شي او غویی دې ته اړ کړ چې بیرته له دلې سره یوځای شي.

Hay una paciencia en lo salvaje, profunda e imparable.

په ځنګل کې یو صبر شته، ژور او نه درېدلی.

Una araña espera inmóvil en su red durante incontables horas.

یوه غنه په خپل جال کې بې حرکته بې شمېره ساعتونه انتظار کوي.

Una serpiente se enrosca sin moverse y espera hasta que llega el momento.

مار پرته له دې چې وخوځېږي، ځرخېږي، او تر هغه وخته پورې انتظار کوي چې وخت راشي.

Una pantera acecha hasta que llega el momento.

یو پنتر په کمین کې پروت دی، تر هغه چې شیبه راشي.

Ésta es la paciencia de los depredadores que cazan para sobrevivir.

دا د هغو ښکاریانو صبر دی چې د ژوندي پاتې کیدو لپاره ښکار کوي.

Esa misma paciencia ardía dentro de Buck mientras se quedaba cerca.

په باک کې هماغه صبر سوځېده ځکه چې هغه نږدې و.

Se quedó cerca de la manada, frenando su marcha y sembrando el miedo.

هغه د رمې سره نږدې پاتې شو، د هغوی تګ یې ورو کړ او ویره یې راوپاروله.

Provocaba a los toros jóvenes y acosaba a las vacas madres.

هغه ځوان غوایان ځورول او د مور غواګانې یې ځورولې.

Empujó al toro herido hacia una rabia más profunda e impotente.

هغه ټپي غویی په ژور او بې وسه غوسه کې وغورځاوه.

Durante medio día, la lucha se prolongó sin descanso alguno.

د نیمې ورځې لپاره، جګړه پرته له کوم آرام څخه روانه وه.

Buck atacó desde todos los ángulos, rápido y feroz como el viento.

باک له هرې زاویې برید وکړ، د باد په څیر ګړندی او سخت.

Impidió que el toro descansara o se escondiera con su manada.

هغه غويى د آرام کولو يا د هغې د رمې سره د پټيدو څخه منع کړ.

Buck desgastó la voluntad del alce más rápido que su cuerpo.

باک د موږک اراده د هغه د بدن په پرتله ګړندی له منځه یوړه.

El día transcurrió y el sol se hundió en el cielo del noroeste.

ورځ تېره شوه او لمر په شمال لویدیځ اسمان کې ښکته ډوبه شو.

Los toros jóvenes regresaron más lentamente para ayudar a su líder.

ځوان غوايان د خپل مشر سره د مرستې لپاره ورو ورو راستانه شول.

Las noches de otoño habían regresado y la oscuridad ahora duraba seis horas.

د مني شپې بيرته راغلي وې، او تياره اوس شپږ ساعته دوام وکړ.

El invierno los estaba empujando cuesta abajo hacia valles más seguros y cálidos.

ژمی دوی د خوندي او تودو درو په لور ښکته خوا ته اړ ایستل.

Pero aún así no pudieron escapar del cazador que los retenía.

خو بیا هم دوی د هغه ښکار څخه چې دوی یې نیولي وو، وتښتېدل.

Sólo una vida estaba en juego: no la de la manada, sino la de su líder.

یوازې د یو چا ژوند په خطر کې و - د رمې نه، یوازې د دوی د مشر.

Eso hizo que la amenaza fuera distante y no su preocupación urgente.

دې کار ګواښ لرې کړ او د دوی بیړنی اندیښنه یې نه وه.

Con el tiempo, aceptaron ese coste y dejaron que Buck se llevara al viejo toro.

په وخت سره، دوی دا لګښت ومانه او بک ته يې اجازه ورکړه چې زوړ غويى واخلي.

Al caer la tarde, el viejo toro permanecía con la cabeza gacha.

کله چې ماښام شو، زوړ غويى خپل سر ښکته ودرېد.

Observó cómo la manada que había guiado se desvanecía en la luz que se desvanecía.

هغه هغه ډله ولیده چې هغه یې رهبري کړې وه او د تیاره رڼا په لور ورکه شوه.

Había vacas que había conocido, terneros que una vez había engendrado.

هغه غواګاني پيژندلې، هغه خوسکي چې يو وخت يې زيږولي وو.
Había toros más jóvenes con los que había luchado y gobernado en temporadas pasadas.
په تیرو فصلونو کې هغه ځوان غوايان سره جګړه کړې او حکومت يې کړی و.
No pudo seguirlos, pues frente a él estaba agazapado nuevamente Buck.
هغه نشو کولی چې دوی تعقیب کړي - ځکه چې مخکې له دې چې هغه بيا باک ته ټکان ورکړي.
El terror despiadado con colmillos bloqueó cualquier camino que pudiera tomar.
بې رحمه وحشت هره لاره چې هغه يې اخیستلی شي بنده کړه.
El toro pesaba más de trescientos kilos de densa potencia.
د غويي وزن د درې سوه څخه زيات د کثافت ځواک درلود.
Había vivido mucho tiempo y luchado con ahínco en un mundo de luchas.
هغه ډېر وخت ژوند کړی و او د مبارزې په نړۍ کې يې سخته مبارزه کړې وه.
Pero ahora, al final, la muerte vino de una bestia muy inferior a él.
خو اوس، په پای کې، مرګ د هغه څخه ډیر ښکته د يو ځناور څخه راغی.
La cabeza de Buck ni siquiera llegó a alcanzar las enormes rodillas del toro.
د باک سر حتی د غويي د لويو ګونډو زنګونونو ته هم پورته نه شو.
A partir de ese momento, Buck permaneció con el toro noche y día.
له هغې شیبې وروسته، باک شپه او ورځ د غويي سره پاتې شو.
Nunca le dio descanso, nunca le permitió pastar ni beber.
هغه هیڅکله هغه ته آرام نه ورکاوه، هیڅکله يې د څړولو یا څښاک اجازه نه ورکوله.
El toro intentó comer brotes tiernos de abedul y hojas de sauce.
غويي هڅه وکړه چې د برچ ځواني ښانګې او د ولو پاڼې وخوري.
Pero Buck lo ahuyentó, siempre alerta y siempre atacando.
خو باک هغه وشړلو، تل هوښيار او تل برید کوونکی.

Incluso ante arroyos que goteaban, Buck bloqueó cada intento de sed.

حتی په بهیدونکو ویالو کې، بک د هرې تږې هڅې مخه ونیوله.

A veces, desesperado, el toro huía a toda velocidad.

ځیني وختونه، په نا امیدی کې، غویی په بشپړ سرعت سره وتښتېد.

Buck lo dejó correr, trotando tranquilamente detrás, nunca muy lejos.

باک هغه ته اجازه ورکړه چې منده وکړي، په ارامه توګه شاته وګرځي، هیڅکله لرې نه.

Cuando el alce se detuvo, Buck se acostó, pero se mantuvo listo.

کله چې موږک ودرېد، باک پرېووت، خو چمتو پاتې شو.

Si el toro intentaba comer o beber, Buck atacaba con toda furia.

که غویی هڅه کوله چې وخوري یا وڅښي، باک به په بشپړ قهر سره واهه.

La gran cabeza del toro se hundió aún más bajo sus enormes astas.

د غویي لوی سر د خپلو لویو ښکرونو لاندې ښکته شو.

Su paso se hizo más lento, el trote se hizo pesado, un paso tambaleante.

د هغه سرعت ورو شو، قدم وهل دروند شو؛ د ګوزار خوړلو وړ.

A menudo se quedaba quieto con las orejas caídas y la nariz pegada al suelo.

هغه به ډېر ځله په ځمکه کې د غوږونو او پوزې په ښکته کولو سره ولاړ و.

Durante esos momentos, Buck se tomó tiempo para beber y descansar.

په دې شیبو کې، باک د څښاک او آرام کولو لپاره وخت واخیست.

Con la lengua afuera y los ojos fijos, Buck sintió que la tierra estaba cambiando.

ژبه یې راوویسته، سترګې یې ټینګې وې، باک احساس وکړ چې ځمکه بدلیږي.

Sintió algo nuevo moviéndose a través del bosque y el cielo.

هغه د ځنګل او اسمان له لارې یو څه نوی حرکت احساس کړ.

A medida que los alces regresaban, también lo hacían otras criaturas salvajes.

لکه ځنګه چې موږک راستون شو، نو د ځنګل نور مخلوقات هم راستانه شول.

La tierra se sentía viva, con presencia, invisible pero fuertemente conocida.

ځمکه د شتون سره ژوندۍ احساس شوه، نه لیدل کیده مګر په کلکه پیژندل شوې وه.

No fue por el sonido, ni por la vista, ni por el olfato que Buck supo esto.

باک دا نه د غږ، نه د لید او نه هم د بوی له امله پوهیده.

Un sentimiento más profundo le decía que nuevas fuerzas estaban en movimiento.

ژور احساس هغه ته وویل چې نوي ځواکونه په حرکت کې دي.

Una vida extraña se agitaba en los bosques y a lo largo de los arroyos.

په ځنګلونو او د ویالو په اوږدو کې عجیب ژوند روان و.

Decidió explorar este espíritu, después de que la caza se completara.

هغه هوډ وکړ چې د ښکار له بشپړېدو وروسته به دا روح وپلټي.

Al cuarto día, Buck finalmente logró derribar al alce.

په څلورمه ورځ، باک بالاخره موږک راوویست.

Se quedó junto a la presa durante un día y una noche enteros, alimentándose y descansando.

هغه ټوله ورځ او شپه د وژل شوي ځای سره نږدې پاتې شو، خواړه یې وړکول او آرام یې کاوه.

Comió, luego durmió, luego volvió a comer, hasta que estuvo fuerte y lleno.

هغه وخوړل، بیا ویده شو، بیا یې وخوړل، تر هغه چې هغه قوي او مړ شو.

Cuando estuvo listo, regresó hacia el campamento y Thornton.

کله چې هغه چمتو شو، هغه بیرته د کمپ او تورنټن په لور وګرځېد.

Con ritmo constante, inició el largo viaje de regreso a casa.

په ثابت سرعت سره، هغه کور ته د راستنیدو اوږد سفر پیل کړ.

Corría con su incansable galope, hora tras hora, sin desviarse jamás.

هغه په خپل نه ستړي کېدونکي مزل کې ساعت په ساعت منډې وهلې، او یو ځل هم بې لارې نه شو.

A través de tierras desconocidas, se movió recto como la aguja de una brújula.
هغه د نامعلومو ځمکو له لارې د کمپاس ستنې په څېر مستقيم حرکت وکړ.
Su sentido de la orientación hacía que el hombre y el mapa parecieran débiles en comparación.
د هغه د لارښوونې حس انسان او نقشه د پرتله کولو له مخې کمزوري ښکاره کړل.
A medida que Buck corría, sentía con más fuerza la agitación en la tierra salvaje.
لکه څنګه چې باک منډه کړه، هغه په ځنګلي ځمکه کې شور او غوغا په شدت سره احساس کړه.
Era un nuevo tipo de vida, diferente a la de los tranquilos meses de verano.
دا د اوړي د ارامو مياشتو برعکس، يو نوی ډول ژوند و.
Este sentimiento ya no llegaba como un mensaje sutil o distante.
دا احساس نور د يو پټ يا لرې پيغام په توګه نه و راغلی.
Ahora los pájaros hablaban de esta vida y las ardillas parloteaban sobre ella.
اوس مرغانو د دې ژوند په اړه خبرې کولې، او غومبسو يې په اړه خبرې کولې.
Incluso la brisa susurraba advertencias a través de los árboles silenciosos.
حتی باد د خاموشو ونو له لارې خبرداری ورکړ.
Varias veces se detuvo y olió el aire fresco de la mañana.
څو ځله هغه ودرېد او د سهار تازه هوا يې بوی کړه.
Allí leyó un mensaje que le hizo avanzar más rápido.
هغه هلته يو پيغام ولوست چې هغه يې په چټکۍ سره مخ په وړاندې توپ کړ.
Una fuerte sensación de peligro lo llenó, como si algo hubiera salido mal.
د خطر يو دروند احساس هغه ډک کړ، لکه يو څه غلط شوي وي.
Temía que se avecinara una calamidad, o que ya hubiera ocurrido.
هغه وېرېده چې مصيبت راځي - يا لا دمخه راغلی و.
Cruzó la última cresta y entró en el valle de abajo.

هغه د وروستۍ څوکۍ څخه تېر شو او لاندې درې ته ننوتل.
Se movió más lentamente, alerta y cauteloso con cada paso.
هغه په هر ګام کې ورو، هوښيار او محتاط حرکت وکړ.
A tres millas de distancia encontró un nuevo rastro que lo hizo ponerse rígido.
درې ميله لرې هغه يوه تازه لاره وموندله چې هغه يې سخت کړ.
El cabello de su cuello se onduló y se erizó en señal de alarma.
د هغه د غاړې ويښتان په خطر کې څپې وهلې او ځلېدل.
El sendero conducía directamente al campamento donde Thornton esperaba.
لاره مستقيم د هغه کمپ په لور روانه وه چيرې چې تورنټن انتظار کاوه.
Buck se movió más rápido ahora, su paso era silencioso y rápido.
باک اوس ډېر ګړندی حرکت وکړ، د هغه قدمونه خاموش او ګړندي وو.
Sus nervios se tensaron al leer señales que otros no verían.
د هغه اعصاب سخت شول کله چې هغه هغه نښې ولولې چې نور به يې له لاسه ورکړي.
Cada detalle del recorrido contaba una historia, excepto la pieza final.
د لارې هر تفصيل يوه کيسه بيانوله — پرته له وروستۍ ټوټې څخه.
Su nariz le contaba sobre la vida que había transcurrido por allí.
د هغه پوزه هغه ته د هغه ژوند په اړه وويل چې پدې لاره کې تير شوی و.
El olor le dio una imagen cambiante mientras lo seguía de cerca.
کله چې هغه نږدې شاته روان و، بوی ورته يو بدليدونکی انځور ورکړ.
Pero el bosque mismo había quedado en silencio; anormalmente quieto.
خو ځنګل پخپله غلی شوی و؛ په غير طبيعي ډول ارام.
Los pájaros habían desaparecido, las ardillas estaban escondidas, silenciosas y quietas.
مرغان ورک شوي وو، غومبسې پټې وې، خاموشې او ارامې وې.
Sólo vio una ardilla gris, tumbada sobre un árbol muerto.
هغه يوازې يوه خړ غويی وليده، چې په يوه مړه ونې باندې چپه وه.

La ardilla se mimetizó, rígida e inmóvil como una parte del bosque.

ګیلري په ځنګل کې ګډه شوه، سخته او بې حرکته وه لکه د ځنګل یوه برخه.

Buck se movía como una sombra, silencioso y seguro entre los árboles.

باک د سیوري په څیر حرکت وکړ، خاموش او ډاډه د ونو له لارې.

Su nariz se movió hacia un lado como si una mano invisible la tirara.

د هغه پوزه داسې خوا ته وخوځېده لکه د یو ناڅرګند لاس لخوا راښکته شوې وي.

Se giró y siguió el nuevo olor hasta lo profundo de un matorral.

هغه مخ واړاوه او د نوي بوی تعقیب یې په یوه ځنګله کې ژور کړ.

Allí encontró a Nig, que yacía muerto, atravesado por una flecha.

هلته یې نیګ وموند، مړ پروت و، چې د غشي په واسطه سوری شوی و.

La flecha atravesó su cuerpo y aún se le veían las plumas.

د هغه له بدن څخه د هغه د بدن له لارې تېر شو، بڼکې یې لا هم ښکارېدې.

Nig se arrastró hasta allí, pero murió antes de llegar para recibir ayuda.

نګ ځان هلته کش کړ، خو مرستې ته له رسیدو مخکې مړ شو.

Cien metros más adelante, Buck encontró otro perro de trineo.

سل ګزه لرې، بک یو بل سلیج سپی وموند.

Era un perro que Thornton había comprado en Dawson City.

دا یو سپی و چې تورنتن په ډاوسن ښار کې بیرته اخیستی و.

El perro se encontraba en una lucha a muerte, agitándose con fuerza en el camino.

سپی د مرګ په مبارزه کې و، په لاره کې یې سخت وهل.

Buck pasó a su alrededor, sin detenerse, con los ojos fijos hacia adelante.

باک د هغه شاوخوا تېر شو، نه ودرېد، سترګې یې مخې ته ولاړې وې.

Desde la dirección del campamento llegaba un canto distante y rítmico.

د کمپ له لوري یو لرې، تال لرونکی سندره راغله.

Las voces subían y bajaban en un tono extraño, inquietante y cantarín.
غږونه په يوه عجيب، ويرونکي، سندرې غږ کې پورته او ښکته شول.
Buck se arrastró hacia el borde del claro en silencio.
باک په خاموشۍ سره د پاکولو څنډې ته مخ په وړاندې روان شو.
Allí vio a Hans tendido boca abajo, atravesado por muchas flechas.
هلته يې هانس وليد چې مخ يې ښکته پروت و، په ډېرو غشو سوری شوی و.
Su cuerpo parecía el de un puercoespín, erizado de plumas.
د هغه بدن د يو شکۍ په څير ښکاريده، چې د بڼکو لرونکو څانګو څخه ډک و.
En ese mismo momento, Buck miró hacia la cabaña en ruinas.
په همدې شيبه کې، باک د ويجاړ شوي لاج په لور وکتل.
La visión hizo que se le erizara el pelo de la nuca y de los hombros.
دې ليد د هغه په غاړه او اوږو باندې ويښتان سخت کړل.
Una tormenta de furia salvaje recorrió todo el cuerpo de Buck.
د باک په ټول بدن کې د وحشي غضب يو طوفان رابښکاره شو.
Gruñó en voz alta, aunque no sabía que lo había hecho.
هغه په لوړ غږ وخندل، که څه هم هغه نه پوهيده چې هغه يې کړی دی.
El sonido era crudo, lleno de furia aterradora y salvaje.
غږ خام و، له وېرووونکي او وحشي قهر څخه ډک و.
Por última vez en su vida, Buck perdió la razón ante la emoción.
په خپل ژوند کې د وروستي ځل لپاره، باک د احساساتو پر وړاندې دليل له لاسه ورکړ.
Fue el amor por John Thornton lo que rompió su cuidadoso control.
دا د جان تورنتن سره مينه وه چې د هغه محتاط کنټرول يې مات کړ.
Los Yeehats estaban bailando alrededor de la cabaña de abetos en ruinas.
يهات د ويجاړ شوي سپروس لاج شاوخوا نڅا کوله.
Entonces se escuchó un rugido y una bestia desconocida cargó hacia ellos.

بیا یو شور راغی - او یو نامعلوم څناور د دوی په لور برید وکړ.
Era Buck; una furia en movimiento; una tormenta viviente de venganza.
دا باک وو؛ یو غوسه چې په حرکت کې وه؛ د انتقام یو ژوندی طوفان.
Se arrojó en medio de ellos, loco por la necesidad de matar.
هغه ځان د هغوی په منځ کې وغورځاوه، د وژلو اړتیا څخه لیونی شو.
Saltó hacia el primer hombre, el jefe Yeehat, y acertó.
هغه په لومړي سړي، یهات مشر، توپ وواهه او ریښتیا یې وواهه.
Su garganta fue desgarrada y la sangre brotó a chorros.
د هغه ستونی څیری شوی و، او وینه په یوه ویاله کې بهیده.
Buck no se detuvo, sino que desgarró la garganta del siguiente hombre de un salto.
باک ونه درېد، خو په یوه توپ سره یې د بل سړي ستونی څیری کړ.
Era imparable: desgarraba, cortaba y nunca se detenía a descansar.
هغه نه درېدلی و - څیرې کول، پرې کول، هیڅکله یې د آرام کولو لپاره وقفه نه کوله.
Se lanzó y saltó tan rápido que sus flechas no pudieron tocarlo.
هغه دومره تېز منډه وکړه او منډې یې کړې چې د هغوی غشي یې هغه ته ونه رسیدل.
Los Yeehats estaban atrapados en su propio pánico y confusión.
یحیان په خپله ویره او ګډوډۍ کې ګیر وو.
Sus flechas no alcanzaron a Buck y se alcanzaron entre sí.
د دوی تیرونه د باک څخه ووتل او پرځای یې یو بل ولګېدل.
Un joven le lanzó una lanza a Buck y golpeó a otro hombre.
یوه ځوان په باک باندې نیزه وغورځوله او بل سړی یې وواهه.
La lanza le atravesó el pecho y la punta le atravesó la espalda.
نیزه یې له سینه څخه تېره کړه، نوک یې شاته ګوزار وکړ.
El terror se apoderó de los Yeehats y se retiraron por completo.
په یحیی ګانو باندې ویره خپره شوه، او دوی په بشپړ ډول په شاتګ ته اړ شول.
Gritaron al Espíritu Maligno y huyeron hacia las sombras del bosque.

هغوی د شیطان روح څخه چیغې وهلې او د ځنګل سیوري ته وتښتېدل.
En verdad, Buck era como un demonio mientras perseguía a los Yeehats.
په ریښتیا سره، باک د شیطان په څیر و کله چې هغه د ییهاتانو تعقیب کاوه.
Él los persiguió a través del bosque, derribándolos como si fueran ciervos.
هغه د ځنګله له لارې هغوی پسې وویشتل، او د هوسۍ په څېر یې لاندې راوستل.
Se convirtió en un día de destino y terror para los asustados Yeehats.
دا د ویره لرونکو یحیاتو لپاره د برخلیک او وحشت ورځ شوه.
Se dispersaron por toda la tierra, huyendo lejos en todas direcciones.
هغوی په ټوله ځمکه کې خپاره شول، او په هره خوا کې وتښتېدل.
Pasó una semana entera antes de que los últimos supervivientes se reunieran en un valle.
یوه بشپړه اونۍ تېره شوه مخکې لدې چې وروستي ژوندي پاتې شوي کسان په یوه دره کې سره ولیدل.
Sólo entonces contaron sus pérdidas y hablaron de lo sucedido.
یوازې بیا یې خپل زیانونه وشمېرل او د هغه څه په اړه یې خبرې وکړې چې پیښ شوي وو.
Buck, después de cansarse de la persecución, regresó al campamento en ruinas.
باک، د تعقیب څخه ستړی کیدو وروسته، ویجاړ شوي کمپ ته راستون شو.
Encontró a Pete, todavía en sus mantas, muerto en el primer ataque.
هغه پیټ وموند، چې لا هم په خپلو کمپلو کې و، په لومړي برید کې ووژل شو.
Las señales de la última lucha de Thornton estaban marcadas en la tierra cercana.
د تورنټن د وروستۍ مبارزې نښې نښانې په نږدې خاوره کې لیدل شوې وې.
Buck siguió cada rastro, olfateando cada marca hasta un punto final.

باک هره نښه تعقیب کړه، هر نښه یې تر وروستی نقطې پورې بوی کړه.
En el borde de un estanque profundo, encontró al fiel Skeet, tumbado inmóvil.
د یوې ژورې حوض په څنډه کې، هغه وفادار سکیټ وموند، چې ارام پروت و.
La cabeza y las patas delanteras de Skeet estaban en el agua, inmóviles por la muerte.
د سکیټ سر او مخکینی پښې په اوبو کې وې، په مرګ کې بې حرکته وې.
La piscina estaba fangosa y contaminada por el agua que salía de las compuertas.
حوض ختکی و او د سیندونو د بندونو څخه د اوبو په بهېدو ککړ و.
Su superficie nublada ocultaba lo que había debajo, pero Buck sabía la verdad.
د هغې وریځې سطحې هغه څه پټ کړل چې لاندې وو، مګر بک حقیقت پوهیده.
Siguió el rastro del olor de Thornton hasta la piscina, pero el olor no lo condujo a ningún otro lugar.
هغه د تورنتون بوی په حوض کې تعقیب کړ - مګر بوی بل ځای ته ونه رسېد.
No había ningún olor que indicara que salía, solo el silencio de las aguas profundas.
هیڅ بوی نه وو راوتلی - یوازې د ژورو اوبو چوپتیا.
Buck permaneció todo el día cerca de la piscina, paseando de un lado a otro del campamento con tristeza.
توله ورځ باک د حوض سره نږدې پاتې شو، او په غم کې یې کمپ ته مخه کړه.
Vagaba inquieto o permanecía sentado en silencio, perdido en pesados pensamientos.
هغه په نارامه توګه ګرځېده یا په خاموشۍ کې ناست و، په درنو فکرونو کې ورک و.
Él conocía la muerte; el fin de la vida; la desaparición de todo movimiento.
هغه مرګ پوهیده؛ د ژوند پای؛ د ټولو حرکتونو ورکیدل.
Comprendió que John Thornton se había ido y que nunca regresaría.
هغه پوه شو چې جان تورنتن تللی دی، هیڅکله به بیرته نه راځي.

La pérdida dejó en él un vacío que palpitaba como el hambre.

دې زيان په هغه کې يو تش ځای پرېښود چې د لوږې په څېر ټکان ورکاوه.

Pero ésta era un hambre que la comida no podía calmar, por mucho que comiera.

خو دا هغه لوږه وه چې خواړه يې نه شوای کمولی، مهمه نه ده چې هغه څومره وخوړل.

A veces, mientras miraba a los Yeehats muertos, el dolor se desvanecía.

کله ناکله، کله چې هغه مړو يهاتانو ته کتل، درد به يې کم شو.

Y entonces un orgullo extraño surgió dentro de él, feroz y completo.

او بيا د هغه دننه يو عجيب غرور راپورته شو، سخت او بشپړ.

Había matado al hombre, la presa más alta y peligrosa de todas.

هغه انسان وژلی و، چې تر ټولو لوړه او خطرناکه لوبه وه.

Había matado desafiando la antigua ley del garrote y el colmillo.

هغه د کلپ او فينګ د لرغوني قانون په خلاف ورزي کې وژل شوی و.

Buck olió sus cuerpos sin vida, curioso y pensativo.

باک د دوی بې جانه بدنونه بوی کړل، په ليوالتيا او فکر کې.

Habían muerto con tanta facilidad, mucho más fácil que un husky en una pelea.

دوی په ډېره اسانۍ سره مړه شوي وو - په جګړه کې د هسکي په پرتله ډېر اسانه.

Sin sus armas, no tenían verdadera fuerza ni representaban una amenaza.

د دوی د وسلو پرته، دوی هيڅ رېښتينی ځواک يا ګواښ نه درلود.

Buck nunca volvería a temerles, a menos que estuvieran armados.

باک به بيا هيڅکله له دوی څخه ونه وېرېږي، پرته لدې چې دوی وسله وال وي.

Sólo tenía cuidado cuando llevaban garrotes, lanzas o flechas.

يوازې هغه وخت چې دوی به ډنډې، نېزې يا غشي وړل، هغه به يې خبر وو.

Cayó la noche y la luna llena se elevó por encima de las copas de los árboles.

شپه شوه، او یوه بشپړه سپوږمۍ د ونو له سرونو پورته راښکاره شوه.

La pálida luz de la luna bañaba la tierra con un resplandor suave y fantasmal, como el del día.

د سپوږمۍ سپکې رڼا ځمکه د ورځې په څېر په نرم، ارواحي رڼا کې غسل کړه.

A medida que la noche avanzaba, Buck seguía de luto junto al estanque silencioso.

لکه څنګه چې شپه ژوره شوه، باک لا هم د خاموش حوض په غاړه غمجن و.

Entonces se dio cuenta de que había un movimiento diferente en el bosque.

بیا هغه په ځنګله کې د یو بل خوځښت څخه خبر شو.

El movimiento no provenía de los Yeehats, sino de algo más antiguo y más profundo.

دا خوځښت د یحیاتانو له خوا نه و، بلکې د یو څه زاړه او ژور څخه و.

Se puso de pie, con las orejas levantadas y la nariz palpando la brisa con cuidado.

هغه ولاړ شو، غوږونه یې پورته کړل، پوزه یې په احتیاط سره د باد ازموینه کوله.

Desde lejos llegó un grito débil y agudo que rompió el silencio.

له لرې څخه یو سپک او تیز چیغه راغله چې چوپتیا یې ماته کړه.

Luego, un coro de gritos similares siguió de cerca al primero.

بیا د لومړي تر شا د ورته چیغو یوه ډله راغله.

El sonido se acercaba cada vez más y se hacía más fuerte a cada momento que pasaba.

غږ نږدې کېده، د هرې تېرېدونکې شیبې سره لوړېده.

Buck conocía ese grito: venía de ese otro mundo en su memoria.

باک دا ژړا پېژندله - دا د هغه په حافظه کې له بلې نړۍ څخه راغلې وه.

Caminó hasta el centro del espacio abierto y escuchó atentamente.

هغه د خلاصې فضا مرکز ته لاړ او په دقت سره یې غوږ ونیو.

El llamado resonó, múltiple y más poderoso que nunca.

زنګ وواهه، ډېر د پام وړ او تر بل هر وخت ډېر قوي.
Y ahora, más que nunca, Buck estaba listo para responder a su llamado.
او اوس، د پخوا په پرتله، باک د هغه غوښتنې ته د ځواب ویلو لپاره چمتو و.
John Thornton había muerto y ya no tenía ningún vínculo con el hombre.
جان تورنټن مړ شو، او د انسان سره هیڅ اړیکه یې په ځان کې پاتې نه شوه.
El hombre y todos sus derechos humanos habían desaparecido: él era libre por fin.
انسان او ټولې انساني ادعاوې له منځه لاړې - بالاخره هغه آزاد شو.
La manada de lobos estaba persiguiendo carne como lo hicieron alguna vez los Yeehats.
د لیوانو ډله د یهاتانو په څیر غوښې تعقیبوي.
Habían seguido a los alces desde las tierras boscosas.
دوی د ځنګلي ځمکو څخه د موږک په تعقیب راوتلي وو.
Ahora, salvajes y hambrientos de presa, cruzaron hacia su valle.
اوس، وحشي او د ښکار وږي، دوی د هغه دره ته ننوتل.
Llegaron al claro iluminado por la luna, fluyendo como agua plateada.
دوی د سپوږمۍ روښانه ځاه ته راغلل، د سپینو زرو اوبو په څیر بهېدل.
Buck permaneció quieto en el centro, inmóvil y esperándolos.
باک په مرکز کې ولاړ و، بې حرکته او د دوی په تمه و.
Su tranquila y gran presencia dejó a la manada en un breve silencio.
د هغه ارام او لوی شتون ټولګیوال په یوه لنډه چوپتیا کې حیران کړل.
Entonces el lobo más atrevido saltó hacia él sin dudarlo.
بیا تر ټولو زړور لیوه پرته له ځنده په مستقیم ډول پر هغه توپ وواهه.
Buck atacó rápidamente y rompió el cuello del lobo de un solo golpe.
باک په چټکۍ سره وواهه او په یوه ګوزار کې یې د لیوه غاړه ماته کړه.
Se quedó inmóvil nuevamente mientras el lobo moribundo se retorcía detrás de él.
هغه بیا بې حرکته ولاړ و کله چې مړ لیوه یې شاته تاو شو.

Tres lobos más atacaron rápidamente, uno tras otro.
درې نورو لیوانو په چټکۍ سره برید وکړ، یو په بل پسې.
Todos retrocedieron sangrando, con la garganta o los hombros destrozados.
هر یو په وینه بهېدو سره شاته شو، د دوی ستوني یا اوږې پرې شوې.
Eso fue suficiente para que toda la manada se lanzara a una carga salvaje.
دا کافي وه چې ټوله ډله په وحشي ډول برید ته وهڅوي.
Se precipitaron juntos, demasiado ansiosos y apiñados para golpear bien.
دوی یوځای منډه کړه، ډېر لیواله او ګڼه ګونه وه چې ښه برید یې ونه کړ.
La velocidad y habilidad de Buck le permitieron mantenerse por delante del ataque.
د باک سرعت او مهارت هغه ته اجازه ورکړه چې د برید څخه مخکې پاتې شي.
Giró sobre sus patas traseras, chasqueando y golpeando en todas direcciones.
هغه په خپلو شاته پښو تاوېده، په ټولو خواوو کې یې ټوپونه وهل او وهل.
Para los lobos, esto parecía como si su defensa nunca se abriera ni flaqueara.
لیوانو ته، دا داسې ښکاریده چې د هغه دفاع هیڅکله خلاصه یا ناکامه نه شوه.
Se giró y atacó tan rápido que no pudieron alcanzarlo.
هغه وګرځېد او دومره ژر یې وواهه چې دوی یې شاته نشوای راتلای.
Sin embargo, su número le obligó a ceder terreno y retroceder.
سره له دې، د دوی شمېر هغه دې ته اړ کړ چې تسلیم شي او بیرته راشي.
Pasó junto a la piscina y bajó al lecho rocoso del arroyo.
هغه د حوض څخه تېر شو او د ډبرین ویالي ته ښکته شو.
Allí se topó con un empinado banco de grava y tierra.
هلته هغه د جغل او خاورې یوې لوړې غاړې ته ورسېد.
Se metió en un rincón cortado durante la antigua excavación de los mineros.
هغه د کان کیندونکو د زاړه کیندلو په جریان کې په یوه کنده کې وخوت.
Ahora, protegido por tres lados, Buck se enfrentaba únicamente al lobo frontal.

اوس، چې له دريو خواوو خوندي و، بک يوازې د مخکينۍ ليوه سره مخ و.
Allí se mantuvo a raya, listo para la siguiente ola de asalto.
هلته، هغه په خليج کې ولاړ و، د بريد بلې څپې ته چمتو و.
Buck se mantuvo firme con tanta fiereza que los lobos retrocedieron.
باک دومره په کلکه خپله ځمکه ونيوله چې ليوان بيرته ووتل.
Después de media hora, estaban agotados y visiblemente derrotados.
د نيم ساعت وروسته، دوی ستړي شول او په ښکاره ډول ماتې وخوړه.
Sus lenguas colgaban y sus colmillos blancos brillaban a la luz de la luna.
ژبې يې خپرې شوې وې، سپينې غاښونه يې د سپوږمۍ په رڼا کې ځلېدل.
Algunos lobos se tumbaron, con la cabeza levantada y las orejas apuntando hacia Buck.
ځينې ليوان پراته وو، سرونه يې پورته کړي وو، غوږونه يې د باک په لور نيولي وو.
Otros permanecieron inmóviles, alertas y observando cada uno de sus movimientos.
نور ولاړ وو، هوښيار وو او د هغه هر حرکت يې څارلو.
Algunos se acercaron a la piscina y bebieron agua fría.
څو تنه حوض ته لاړل او سړې اوبه يې وڅښلې.
Entonces un lobo gris, largo y delgado, se acercó sigilosamente.
بيا يو اوږد، نری خړ ليوه په نرمۍ سره مخ په وړاندې روان شو.
Buck lo reconoció: era el hermano salvaje de antes.
باک هغه وپېژنده - دا د پخوا وحشي ورور و.
El lobo gris gimió suavemente y Buck respondió con un gemido.
خړ ليوه په نرمۍ سره چيغې وهلې، او بک په چيغې سره ځواب ورکړ.
Se tocaron las narices, en silencio y sin amenaza ni miedo.
دوی په خاموشۍ او پرته له ګواښ يا ويرې پوزې ته لاس ورکړ.
Luego vino un lobo más viejo, demacrado y lleno de cicatrices por muchas batallas.
ورپسې يو زوړ ليوه راغی، کمزوری او د ډيرو جګړو له امله ټپي شوی و.

Buck empezó a gruñir, pero se detuvo y olió la nariz del viejo lobo.

باک په ژړا پیل وکړ، خو ودرېد او د زاړه لیوه پوزه یې بوی کړه.

El viejo se sentó, levantó la nariz y aulló a la luna.

بوډا کښېناست، پوزه یې پورته کړه، او سپوږمۍ ته یې چیغه کړه.

El resto de la manada se sentó y se unió al largo aullido.

پاتې ډله کښېناسته او په اوږده چیغه کې یې ګډون وکړ.

Y ahora el llamado llegó a Buck, inconfundible y fuerte.

او اوس زنګ باک ته راغی، بې له شکه او قوي.

Se sentó, levantó la cabeza y aulló con los demás.

هغه کښېناست، سر یې پورته کړ، او د نورو سره یې چیغې وهلې.

Cuando terminaron los aullidos, Buck salió de su refugio rocoso.

کله چې چیغې پای ته ورسېدې، باک له خپل ډبرین سرپناه څخه راووت.

La manada se cerró a su alrededor, olfateando con amabilidad y cautela.

کڅوړه یې شاوخوا وتړله، په مهربانۍ او احتیاط سره یې بوی کاوه.

Entonces los líderes dieron un grito y salieron corriendo hacia el bosque.

بیا مشرانو چیغه وکړه او ځنګل ته وتښتېدل.

Los demás lobos los siguieron, aullando a coro, salvajes y rápidos en la noche.

نور لیوان هم ورپسې راغلل، په ګډه یې چیغې وهلې، په شپه کې وحشي او ګړندي وو.

Buck corrió con ellos, al lado de su hermano salvaje, aullando mientras corría.

باک د دوی سره منډه کړه، د خپل وحشي ورور تر څنګ، د منډې وهلو په وخت کې یې چیغې وهلې.

Aquí la historia de Buck llega bien a su fin.

دلته، د باک کیسه ښه پای ته رسیږي.

En los años siguientes, los Yeehat notaron lobos extraños.

په راتلونکو کلونو کې، ییهاتانو عجیب لیوان ولیدل.

Algunos tenían la cabeza y el hocico de color marrón y el pecho de color blanco.

د ځینو په سرونو او مخونو نسواري رنګ وو، او په سینه یې سپین رنګ وو.

Pero aún más temían una figura fantasmal entre los lobos.
خو تر دې هم زيات، دوی د ليوانو په منځ کې د يوې ارواحي څېرې څخه وېرېدل.
Hablaban en susurros del Perro Fantasma, líder de la manada.
دوی د ډلې مشر، د غوسټ سپي په اړه په غوړ.ونو کې خبرې کولې.
Este perro fantasma tenía más astucia que el cazador Yeehat más audaz.
دا سپی د تر ټولو زړور ښکاری يهات څخه ډير چالاک وو.
El perro fantasma robó de los campamentos en pleno invierno y destrozó sus trampas.
ارواحي سپی په ژور ژمي کې له کمپونو څخه غلا وکړه او د هغوی جالونه يې جلا کړل.
El perro fantasma mató a sus perros y escapó de sus flechas sin dejar rastro.
د ارواحو سپي خپل سپي ووژل او خپل تيرونه يې پرته له کومې نښې څخه وتښتول.
Incluso sus guerreros más valientes temían enfrentarse a este espíritu salvaje.
حتی د دوی زړور جنګيالي هم د دې وحشي روح سره د مخ کيدو څخه ويره درلوده.
No, la historia se vuelve aún más oscura a medida que pasan los años en la naturaleza.
نه، کيسه نوره هم تياره کيږي، لکه څنګه چې کلونه په ځنګل کې تيريږي.
Algunos cazadores desaparecen y nunca regresan a sus campamentos distantes.
ځيني ښکاريان ورک کيږي او هيڅکله خپلو لرې کمپونو ته نه راستنيږي.
Otros aparecen con la garganta abierta, muertos en la nieve.
نور يې په داسې حال کې موندل شوي چې ستوني يې پرې شوي او په واورو کې وژل شوي دي.
Alrededor de sus cuerpos hay huellas más grandes que las que cualquier lobo podría dejar.
د دوی د بدن شاوخوا نښې دي - د هر ليوه څخه لوی.
Cada otoño, los Yeehats siguen el rastro del alce.
هر منې کې، ييهات د موږک لاره تعقيبوي.
Pero evitan un valle con el miedo grabado en lo profundo de sus corazones.

خو دوی له یوې داسي درې ښخه ډده کوي چي ویره یې په زړونو کې ژوره نقش شوې ده۔
Dicen que el valle fue elegido por el Espíritu Maligno para vivir.
دوی وایي چې دا دره د شیطان روح لخوا د خپل کور لپاره غوره شوې ده۔
Y cuando se cuenta la historia, algunas mujeres lloran junto al fuego.
او کله چې کیسه ویل کیږي، ځیني ښځې د اور تر څنګ ژاړي۔
Pero en verano, un visitante llega a ese tranquilo valle sagrado.
خو په دوبي کې، یو لیدونکی دې ارامه او مقدسي درې ته راځي۔
Los Yeehats no saben de él, ni tampoco pueden entenderlo.
یحیان د هغه په اړه نه پوهیږي، او نه هم دوی پوهیدلی شي۔
El lobo es grande, revestido de gloria, como ningún otro de su especie.
لیوه یو لوی لیوه دی، په جلال پوښل شوی، لکه د بل چا په څیر نه۔
Él solo cruza el bosque verde y entra en el claro.
هغه یوازې د شنه لرګیو څخه تیریږي او د ځنګله ګلیډ ته ننوځي۔
Allí, el polvo dorado de los sacos de piel de alce se filtra en el suelo.
هلته، د موږکانو د پټو کڅوړو څخه طلایي دوړې په خاوره کې ننوځي۔
La hierba y las hojas viejas han ocultado el amarillo al sol.
واښو او زړو پاڼو ژیړ رنګ د لمر څخه پټ کړی دی۔
Aquí, el lobo permanece en silencio, pensando y recordando.
دلته، لیوه په چوپتیا کې ولاړ دی، فکر کوي او یادونه کوي۔
Aúlla una vez, largo y triste, antes de darse la vuelta para irse.
هغه یو ځل چیغې وهي - اوږده او غمجن - مخکې لدې چې بیرته لاړ شي۔
Pero no siempre está solo en la tierra del frío y la nieve.
خو هغه تل د سړې او واورې په ځمکه کې یوازې نه وي۔
Cuando las largas noches de invierno descienden sobre los valles inferiores.
کله چې د ژمي اوږدې شپې په ټیټو دره کې راښکته شي۔
Cuando los lobos persiguen a la presa a través de la luz de la luna y las heladas.

کله چې لیوان د سپوږمۍ رڼا او یخنۍ له لارې لوبه تعقیبوي۔
Luego corre a la cabeza del grupo, saltando alto y salvajemente.
بیا هغه د ډلې په سر منډه وهي، لوړ او وحشي ټوپ وهي۔
Su figura se eleva sobre las demás y su garganta está llena de canciones.
د هغه بڼه د نورو په پرتله لوړه ده، د هغه ستونی د سندرو سره ژوندی دی۔
Es la canción del mundo más joven, la voz de la manada.
دا د ځوانې نړۍ سندره ده، د ټولګي غږ۔
Canta mientras corre: fuerte, libre y eternamente salvaje.
هغه د منډې وهلو په وخت کې سندرې وايي — قوي، آزاد، او د تل لپاره وحشي۔

www.ingramcontent.com/pod-product-compliance
Lightning Source LLC
Chambersburg PA
CBHW011733020426
42333CB00024B/2867

* 9 7 8 1 8 0 5 7 2 8 7 7 1 *